Jan von Flocken/Michael F. Scholz

Ernst Wollweber

Jan von Flocken
Michael F. Scholz

Ernst Wollweber

Saboteur - Minister - Unperson

Aufbau-Verlag

Mit 22 Abbildungen

ISBN 3-351-02419-3

1. Auflage 1994

Einbandgestaltung Torsten Lemme
Satz Dörlemann-Satz, Lemförde
Druck und Binden Wiener Verlag, Himberg
Printed in Austria

Inhalt

Wege ins Leben (1898–1918)

Trotzig und schweigend steht ein 13jähriger im Schloßhof der Welfenherzöge von Braunschweig-Lüneburg. Das spätmittelalterliche Gemäuer gerinnt zur bedrohlichen Kulisse. Der kalte Aprilwind saust dem Jungen um die Ohren. Er hat einen Scheiterhaufen errichtet und füttert die Flammen mit seinen Schulbüchern. Ihm zur Seite agieren zwei Kameraden. Auch sie werfen Fibeln und Hefte mit demonstrativ-verächtlichem Gestus in die Flammen. Fast scheint das seltsame Autodafé beendet, da packt der untersetzte Jüngling ein schwarz gebundenes Heft und legt es in die Glut. „Ernst!“ schreien die anderen entsetzt. Ihre Warnung kommt zu spät. Die Flammen verschlingen auch das letzte Papier – die gebündelten Schulzeugnisse des Ernst Wollweber.

Die Szene ist verbürgt. Anfang April 1912 – der oberste Volksschuljahrgang war gerade entlassen worden – wurden Ernst Wollweber, Otto Maier und Karl Rieß für einen Tag zum Stadtgespräch von Hannoversch-Münden. Mit den dreien, so war jedermann überzeugt, werde es kein gutes Ende nehmen. Ernst Wollweber freilich hatte nach diesem kleinstädtischen Feuersturm eine außerordentliche Zukunft vor sich. Es sind 45 Jahre intensiven Lebens, denen selbst dieser phantasiebegabte Rebell des Frühlings 1912 wohl erschrocken und fasziniert zugleich entgegengesehen hätte.

Hannoversch-Münden war zu Beginn des 20. Jahrhunderts ein gemütliches preußisch-westfälisches Provinzstädtchen. Auf halbem Weg zwischen Kassel und Göttingen, am Zusammenfluß von Fulda und Werra zur Weser gelegen, zählte es knapp 11000 Einwohner. Neben dem unbewohnten Herzogsschloß wies die Stadt als Attraktion das Grabmal des Heilkünstlers und Operateurs Dr. Johann

Andreas Eisenbart gleich hinter der Sankt-Ägidius-Kirche auf. Der große Reisende Alexander von Humboldt nannte Hannoversch-Münden „eine der sieben am schönsten gelegenen Städte der Welt". Das umliegende Weserbergland, viele prächtige Bürgerhäuser in Fachwerk, mittelalterliche Tore und Türme sowie die gotische Sankt-Blasius-Kirche trugen zu diesem Ruf bei. Neben Mündens verträumter Fachwerkromantik existierte auch eine beträchtliche Industrie: Fabriken für Gummi-, Holz- und Bleiwaren, Leder, Tabak, Papier, Zellulose und Kunstdünger; es gab eine Zuckerraffinerie und eine Kesselschmiede, die Weser-Schiffahrt florierte. Entsprechend zahlreich war die Arbeiterschaft. Schon vor der Jahrhundertwende galt Hannoversch-Münden als Hochburg der linken Sozialdemokratie.

Die Wollwebers zählten nicht zu den Alteingesessenen. Ihre Familie stammte ursprünglich aus Schlesien und war im 19. Jahrhundert ins hessische Sooden-Allendorf gewandert, wo Karl Wollweber 1867 geboren wurde. Der gelernte Tischler heiratete dort die ein Jahr ältere Elise Stichtennot und zog mit ihr Ende der achtziger Jahre nach Hannoversch-Münden. Ein Jahrzehnt später, am 29. Oktober 1898, wurde „Am oberen Kattenbühl" in der Burgstraße Ernst Friedrich Wollweber geboren und zwei Monate später ins Taufregister der evangelisch-reformierten Gemeinde aufgenommen. Standardquellen wie das SBZ-Handbuch, Munzinger oder Hermann Webers „Grundriß der DDR-Geschichte" nennen bis heute den 28. Oktober als Geburtsdatum. Das wird jedoch durch Dokumente aus Ernst Wollwebers persönlichem Nachlaß, u.a. die Geburtsurkunde und den Taufschein, eindeutig widerlegt.

Die Familie Wollweber lebte in einem jener für Münden typischen schmalschultrigen Häuser oft mehr schlecht als recht dahin. Vater Karl verdiente noch 1900 als Tischler am städtischen Bauhof gutes Geld. Doch als überzeugter Sozialist überwarf er sich nicht selten mit seinen Arbeitgebern. Nachdem er als vermutlicher Brandstifter inhaftiert worden war, konnte er lange keine feste Anstellung finden

1. Ernst Wollwebers Geburtshaus in Hannoversch-Münden, Burgstraße

und suchte immer öfter Trost im Alkohol. Schließlich mußte er als unterbezahlter Latrinenmann bei der städtischen Abfuhranstalt arbeiten. Seiner Familie bot der alte Wollweber fortan das unerfreuliche Beispiel eines notorischen Säufers.

Ernst war das drittjüngste von sechs Geschwistern. Die Brüder Karl und August sowie die Schwestern Sophie, Else und Marie wurden ausschließlich von der Mutter erzogen. „Unsere Mutter war sehr streng, sehr fromm, aber manchmal auch eigensinnig ungläubig", resümierte Wollweber in späten Jahren. Den Vater erwähnt Ernst Wollweber fast nie in seinen ungedruckten Memoiren. Allenfalls erinnert er sich daran, wie demütigend es für ihn war, mit seiner Schwester Sophie Woche um Woche in der örtlichen Schnapsbrennerei preisgünstigen Fusel für das Familienoberhaupt besorgen zu müssen.

Mutter Elise blieb nichts anderes übrig, als ihre Kinder frühzeitig zur Selbständigkeit - sprich zum Geldverdienen - zu erziehen. Vor Schulbeginn mußten Ernst und seine Geschwister der Mutter beim Austragen von Brötchen helfen, nachmittags lieferte er für einen Schuhmacher die reparierten Stiefel aus. Abends wurden Zeitungen verkauft. Dafür gab es pro Stück einen Pfennig sowie ein Gratisexemplar. So geriet Ernst Wollweber schon als Zwölfjähriger unter die regelmäßigen Zeitungsleser. Später behauptete er, ihm habe ein Foto aus den Tagen der portugiesischen Revolution vom Oktober 1910 besonders imponiert: Zu sehen war ein aufständischer Matrose mit Gewehr. Darunter stand: „Ein Revolutionär schießt aus dem Hinterhalt." Das mag Selbststilisierung sein, scheint aber keineswegs unmöglich.

Bittere Not zwang die Kinder, in den angrenzenden Wäldern heimlich Holz zu sammeln. Für den Erwerb eines Sammelscheins fehlte das Geld. Wenn am Mündener Bahnhof Kohlen aus den Waggons auf Pferdefuhrwerke verladen wurden, dann lagen Ernst und seine zwei Jahre ältere Schwester Sophie - offenbar die Couragierteste des Clans - regelmäßig auf der Lauer und nahmen, was

2. Ernst Wollwebers Mutter, Juli 1934

sie erwischen konnten. Dabei mußten sie ständig Angst haben, gefaßt und in eine Erziehungsanstalt gesteckt zu werden.

1905 kam Ernst Wollweber in die siebenklassige Volksschule. Man kann nicht sagen, daß er sich dort hervortat. Zum Klassenhelden gerieten er und seine Freunde regelmäßig, wenn der Lehrer sie züchtigte, etwa weil sie sich weigerten, Ferdinand Freiligraths patriotisches Gedicht „Trompete von Vionville“ aufzusagen. Als Lohn für derartige Widersetzlichkeit winkte meist der Rohrstock des Lehrers. Wissen mochte sich der Volksschüler nur autodidaktisch und nach eigenem Geschmack aneignen. In den letzten beiden Schuljahren lernte er oft aus Protest nicht oder schwänzte die Schule, weil ihn politische Aktionen der Arbeiter mehr anzogen. Auch Fußballspiele und Raufereien mit gutsituierten Schülern des örtlichen Gymnasiums lockten ihn.

Wollweber kann man als Gegenpart jenes dumpfen Proletentyps bezeichnen, der oft aus ähnlichen sozialen Verhältnissen hervorgeht. Er war ein aufgeweckter Junge, der sich nicht unterordnete. Die Prügel der Lehrer nahm er standhaft in Kauf. Früh muß er den Widerspruch von Pflicht und Neigung gespürt haben, sein Charakter schwankte zwischen Disziplin und Anarchie, zwischen Verantwortungsgefühl und Rebellentum. Bei allem klassenkämpferischen Impetus, der schon den Schüler beseelte, sollte Wollweber doch nie zum Buchstabengelehrten oder gar zum blind gehorchenden Parteisoldaten werden.

Der jugendliche Ernst Wollweber wirkte auf den ersten Blick nicht sympathisch. Allerdings besaß er ein Naturtalent: Er konnte überzeugend reden. Bald gehörte er zu den Anführern der Arbeiterjugend von Hannoversch-Münden. Mit seinen Junggenossen zog er am Wochenende in die nahegelegenen Bergforste Bramwald, Solling oder Kaufunger Wald und lernte dort das Einmaleins des Marxismus von dem Linkssozialdemokraten Georg Gastrock, genannt „Buckel“. In den dichten Wäldern sang man dann zur Gitarre Revolutionslieder und griff auch zur Schnapskanne.

Wollweber galt als verschlossener Typ. Manche nannten ihn einen Bücherwurm und staunten über seine agitatorischen Tiraden. Freilich war die Weltsicht des 15jährigen noch sehr begrenzt. Wenn Kaiser Wilhelm II. alljährlich auf der Fahrt zu seiner Sommerresidenz Wilhelmshöhe durch Hannoversch-Münden fuhr, intonierte Wollweber mit seinen Freunden am Straßenrand despektierliche Verse und fühlte sich als revolutionärer Held. Anfang 1912 unterstützten sie mit viel Elan den Reichstagswahlkampf der SPD und ihres Hannoveraner Kandidaten August Brey. Als Wollweber später Brey begegnete, der zum gemäßigten Gewerkschaftsflügel der SPD gehörte, war die Enttäuschung groß, daß er für einen „Bonzen" Wahlpropaganda gemacht hatte.

Wie viele Arbeiterfamilien waren auch Wollwebers zu arm, ihre Kinder ein Handwerk erlernen zu lassen. Ernst mußte gleich mitverdienen. Für ihn hatte das Verbrennen der Zeugnisse unangenehme Folgen. Keine Fabrik war bereit, ihn ohne gültiges Schulzeugnis einzustellen. Eine Zeitlang konnte er sich mit Hilfsarbeiten auf Baustellen über Wasser halten. Schließlich geriet er Ende 1912 im Binnenhafen von Münden auf einen alten Lastkahn der Weser-Schiffahrt. Der Kapitän zeigte sich willig, den 14jährigen als Schiffsjungen anzuheuern. So begann Ernst Wollwebers Seemannslaufbahn.

Im Matrosenmilieu ging es alles andere als vornehm zu. Die Schiffsjungen mußten sich nicht nur grobe Worte sagen lassen, auch körperliche Züchtigungen waren an der Tagesordnung. Prügel hatte Wollweber bisher schon in pubertären Raufereien und in der Schule bezogen. Schläge als Erziehungsmittel waren ihm daher nicht neu und wirkten weder schockierend noch demoralisierend auf ihn. So berichtet er über seine Schiffsjungenzeit mit grimmigem Humor: „Ich habe niemals eine Ohrfeige bekommen. Immer waren es mindestens zwei, so daß ich nie in eine schiefe Lage geraten konnte."

Bei 30 Mark Monatslohn wurde dem jungen Mann manche Lektion erteilt. Er mußte stets als erster aufstehen,

Feuer anmachen und Kaffee kochen. Hatte er vergessen, Holz zu trocknen, nahm er oftmals verbotenerweise Petroleum zu Hilfe. Wieder setzte es Prügel, dagegen waren die vom Lehrer ein Kinderspiel gewesen. Wollweber lernte so früh, welche Gefahr für Schiff, Ladung und Menschen entstand, wenn an einer bestimmten Stelle Feuer ausbrach.

An Bord zeigte sich Wollweber geschickt und anstellig. Den Ausbruch des Ersten Weltkrieges erlebte er auf einem alten Kahn. Mit knapp 16 Jahren war er noch zu jung, um Wehrdienst leisten zu müssen, doch der Kapitän und der Bootsmann erhielten schon am 2. August 1914 Gestellungsbefehle. Der Schlepper wurde außer Dienst gestellt und Wollweber auf einen modernen Schleppdampfer der Bremer Arcus-Linie versetzt. In jener Zeit kam er mit einem alten Kapitän ins Gespräch. Dieser Sozialdemokrat war in bezug auf Frankreich ein Hurra-Patriot, ansonsten aber sehr skeptisch und klärte den wißbegierigen und, wie er sagte, „altklugen jungen Mann“ über die Kriegskredite auf. In den ersten beiden Kriegsjahren transportierte Wollweber schwedisches Erz, Ruhrkohle oder sogenanntes Beutegut über Deutschlands Wasserstraßen. Vor allem das Beutegut aus belgischen und französischen Textilfabriken war auch für die Mannschaften eine begehrte Ladung, denn ein kleiner Teil ging an sie. Das nannten sie „Klarmachen“, wie Wollweber in seinen Erinnerungen schrieb. „Wir hatten unsere Tricks, um selbst an die bestplombierteste Ladung heranzukommen. Selbst wenn Soldaten zur Bewachung mitfuhren, sicherten wir uns unseren Teil.“ Das konnte dann gegen andere begehrenswerte Dinge getauscht werden. Die Reeder wußten, daß sich die Schiffer aus der Ladung ein zusätzliches Einkommen verschafften. Die Ladung gehörte aber nicht ihnen, und sie konnten bei guter Fracht einen entsprechend geringeren Lohn zahlen. Daß Wollweber damals defätistische Propaganda-Literatur an die Westfront geschmuggelt habe, ist ebenso frei erfunden wie die Behauptung, er hätte in einem belgischen Kanal Zementschiffe versenkt, um den Nachschub von Kriegsmaterial an die Front zu behindern. Die oft zu lesende Behauptung, der Bootsmann habe sich zu jener Zeit die typischen Insignien der seefahrenden Zunft (Anker und Steuerrad) tätowieren lassen, gehört gleichfalls ins Reich der Legenden.

1915 erreichte Wollweber die Nachricht, daß sein Vater als Infanterist an der Westfront gefallen war. Ein Jahr später, am 1. Oktober 1916, wurde der 18jährige zur Kaiserlichen Marine eingezogen. Bis heute hält sich in den meisten biographischen Skizzen die Fama, er habe als Heizer auf einem großen Kriegsschiff gearbeitet. Das sollte sicher der proletarischen Stilisierung dienen, galten doch die Schiffsheizer, des Kaisers Kulis, als entschlossene Revolutionäre. Noch 1972 erklärte Horst Günter Tolmein in seinem Buch „Partisanen unter uns", Wollweber habe „ganz gewiß" als Heizer auf dem Linienschiff SMS [„Seiner Majestät Schiff", Bezeichnung sämtlicher deutschen Kriegsschiffe] „Helgoland" gedient. Abgesehen von der Tatsache, daß die „Helgoland" kein Linienschiff, sondern lediglich ein kleiner Kreuzer war, mußte Ernst Wollweber keinen Tag seiner Marinelaufbahn als Kesseltrimmer dienen. Er hat dergleichen auch nie behauptet.

Auf den jungen Rekruten wartete in Wilhelmshaven neben dem obligatorischen Infanteriedienst vielmehr eine sorgfältige Ausbildung als U-Boot-Matrose. Somit gehörte er fortan einer Elitetruppe der Kriegsflotte an. In „Schlicktown", wie Wilhelmshaven im Marine-Jargon hieß, kam Wollweber erstmals mit Explosivstoffen in Berührung. Für seine künftigen Aufgaben an Bord eines U-Boot-Kreuzers wurde er zum Sprengvormann ausgebildet. Zu dessen Aufgaben zählte es, gekaperte feindliche Schiffe nach Gefangennahme der Besatzung durch Dynamitladungen in kurzer Frist zu versenken.

Wollweber mußte auch an U-Boot-Geleitfahrten teilnehmen. Die mehrwöchigen Einsätze glichen einem „Himmelfahrtskommando", da in der Nordsee von der britischen Marine zahllose Minenfelder gelegt worden waren. Die sogenannten A-Boote hatten Suchgeräte an Bord und fuhren vor den U-Booten, damit diese heil aus den minenverseuchten Gebieten manövriert werden konnten. Dennoch sank manches Boot schon während der ersten Übungsfahrt. Ende 1917 wurde Wollweber zum Frontdienst auf einen U-Boot-Kreuzer versetzt. In seinem Militärpaß stand: „Infanteriedienst ungenügend, Signaldienst ausgezeichnet, bei seemännischen Arbeiten tüchtig, besitzt nautische Kenntnisse“.

Zwischen Offizieren und Mannschaften der U-Boot-Besatzungen herrschte gewöhnlich ein lockerer Ton, weil einer auf den anderen angewiesen war. Im Gegensatz zur Hochseeflotte gab es bessere Verpflegung und höheren Sold. Beispielsweise erhielt jeder Matrose pro Tag 1,50 Mark sogenannte Tauchzulage. War die Besatzung nach dreimonatiger Fahrt wieder an Land, wurde die Disziplin eher lax gehandhabt. Wollweber erinnerte sich mit Befremden daran, wie normale Marinesoldaten gnadenlos geschliffen wurden, während die U-Boot-Männer an Bord des außer Dienst gestellten Linienschiff SMS „Deutschland“, das als Wohn- und Ausbildungsort diente, müßig zusehen konnten.

Politisch trat der Matrosenobergefreite Ernst Wollweber 1917/18 mehrmals in Erscheinung: Während eines Heimaturlaubs wurde er auf dem Bahnhof von Hannover kurzzeitig wegen „hetzerischer Reden“ verhaftet; in Bremen geriet er auf die Polizeiwache, weil er an einer „Zusammenrottung“ der sozialistischen Arbeiterjugend teilgenommen hatte; bei einer Spindkontrolle fand sich Agitationsmaterial der linkssozialistischen Partei USPD. Das hatte für ihn zunächst keine negativen Auswirkungen. Wesentlich härter griff die Admiralität im Sommer 1917 durch, als rebellische Matrosen und Heizer des Schlachtschiffes SMS „Prinzregent Luitpold“ auf der Reede vor Wilhelmshaven den Befehl verweigerten. 50 hohe Zuchthausstrafen und zwei Todesurteile folgten auf dem Fuße.

Anfang 1918 traten die verkappten Revolutionäre der Hochseeflotte mit Wollweber in Kontakt. Unter den U-Boot-Männern fehlte es bislang an Verbündeten. Ein Abgesandter der radikalen Besatzung des Linienschiffes

3. Ernst Wollweber als U-Boot-Matrose, 1917

SMS „Friedrich der Große“ namens Lüderitz traf sich mehrmals konspirativ mit Wollweber. Er wurde schließlich als erklärter Anhänger des Linkssozialisten Karl Liebknecht in das illegale Verbindungsnetz der Kaiserlichen Marine aufgenommen und avancierte zum Vertrauensmann der U-Boot-Besatzungen. Seine erstrangige Aufgabe bestand indes nicht darin, die Kameraden zum revolutionären Kampf zu bekehren, vielmehr sollte er sie davon abhalten, gegen meuternde Besatzungen der Hochseeflotte aktiv einzugreifen. Wollweber muß in dieser Hinsicht erfolgreich gewesen sein, denn die U-Boot-Besatzungen verhielten sich weitgehend neutral.

Im Oktober 1918 standen Deutschland und seine Verbündeten vor dem militärischen Abgrund. Der Krieg war mit Sicherheit verloren. Am 20. Oktober hatte die Reichsregierung den sogenannten uneingeschränkten U-Boot-Krieg eingestellt. Nun suchten führende Marine-Offiziere diese Scharte gleichsam in letzter Stunde auszuwetzen. Mittels einer großangelegten militärischen Aktion der Flotte wollte man den endgültigen Nibelungenkampf gegen Albion führen. Auf die Gefahr hin, „mit Ehren unterzugehen“, müsse man zur Entscheidungsschlacht mit der englischen Flotte auslaufen, proklamierten die Admirale Reinhard Scheer und Adolf von Trotha am 22. Oktober; das gefährliche, wenn nicht selbstmörderische Unternehmen sollte eine Woche später beginnen.

Den Matrosen blieben die Vorbereitungen ihrer Führung nicht verborgen. Am 28. Oktober, einen Tag vor dem geplanten Auslaufen der Flotte, schrieb ein Marine-Soldat aus Wilhelmshaven seinem Vater, daß, wenn nicht bald ein Waffenstillstand komme, „hier die schönste Militärrevolte ausbricht und man gezwungen ist, den Weg nach der Heimat mit dem Gewehr zu ebnen“. Wollweber erinnerte sich an jenen 29. Oktober 1918, als auf der Außenreede von Wilhelmshaven das Kommando „Dampf für Marschfahrt!“ gegeben wurde: „Da wußten wir, was die Glocke geschlagen hatte. Das Leben von 80000 Matrosen und Heizern sollte aufs Spiel gesetzt werden.“

Die Mannschaften der Hochseeflotte nahmen das Feuer aus den Kesseln. Schon am ersten Tag waren viele Schiffe manövrierunfähig. Das III. Geschwader lag seit dem 31. Oktober untätig auf der Schillig-Reede vor Wilhelmshaven. Zunächst versuchte die Flottenführung, sich mit Gewalt durchzusetzen. 200 Matrosen wurden verhaftet. Doch am 2. November, nach einer stürmischen Versammlung im Kieler Gewerkschaftshaus, an der auch Ernst Wollweber teilnahm, wuchs sich die Revolte zur veritablen Revolution aus. Am 3. November kam es in der Kieler Karlstraße zu blutigen Zusammenstößen zwischen Heeresverbänden und aufständischen Matrosen. Wollweber befand sich mitten im Geschehen und berichtete später, wie kaiserliche Offiziere „niedergetreten oder in die Flucht gejagt" wurden, nachdem sie befohlen hatten, scharf zu schießen, und es neben Verletzten mehrere Tote gab. Nun war kein Halten mehr. Die aufständischen Matrosen und Soldaten besetzten die wichtigsten Ämter, und am 4. November wehten auf den kaiserlichen Schiffen rote Fahnen.

Zur Wollweber-Legende zählt die Schilderung, er habe als erster das Revolutionsbanner auf der SMS „Helgoland" gehißt. Nach zuverlässigen Augenzeugenberichten war indes nicht Wollweber der Held, sondern sein alter Schulfreund Otto Maier aus Hannoversch-Münden, der gleichfalls als Matrose diente. Die latente Rivalität zwischen Wollweber und dem Haudegen Maier muß im November 1918 erste traumatische Züge erreicht haben. Beide versuchten, sich damals gegenseitig an Radikalität und Tollkühnheit mindestens verbal zu überbieten. „Unreif und unerfahren", so Wollwebers spätere Einschätzung, habe man das Ganze eher als persönliches Abenteuer erlebt.

Schon am 5. November 1918 gerieten Kiel und Hamburg in die Hände der Revolutionäre. Vier Tage später dankte Deutschlands Kaiser ab, der Erste Weltkrieg ging zu Ende. Ernst Wollweber, der mittlerweile nur noch mit Gewehr und Pistole bewaffnet auf die Straße ging, glaubte sich zu den Siegern zählen zu dürfen. Doch die Revolution nahm einen anderen Verlauf, als er und seine revolutionären

Matrosen erwartet hatten. Besonnene und gemäßigte Sozialdemokraten wie Friedrich Ebert und Philipp Scheidemann ergriffen nun das Ruder des Staates. Sie wollten die Revolution erklärtermaßen in ruhigere Bahnen lenken. In Kiel führte der SPD-Vorständler Gustav Noske das Kommando. Er bestand auf Einhaltung sämtlicher Waffenstillstandsbestimmungen, die unter anderem vorsahen, Deutschlands stolze Flotte an Großbritannien auszuliefern, wofür ihn Rechte und Linke einen Verräter schimpften. Auch Wollweber empörten solche Pläne. Er und seine radikalen Kameraden waren drauf und dran, im Januar 1919 mehrere Schlachtschiffe handstreichartig zu besetzen und den sowjetrussischen Kriegshafen Kronstadt anzusteuern. Das wurde in letzter Minute verhindert.

Die Novemberrevolution hatte die alte Ordnung schwer angeschlagen, von einem Demokratiebeginn war indes wenig zu spüren. Auf den Straßen herrschte das Chaos. Partisanenaktionen waren an der Tagesordnung. Rechte wie linke Gruppen hatten volle Handlungsfreiheit. Auch innerhalb der politischen Arbeiterbewegung tobten erbitterte Richtungskämpfe. Unter dem Eindruck ihres trotz weniger Mitglieder großen Einflusses während der Revolutionstage drängten viele Spartakistenführer auf die Gründung einer eigenen Partei. Zum Jahreswechsel 1918/19 trafen sich 83 Delegierte des Spartakusbundes mit Vertretern der früheren Bremer Linksradikalen, um über Ziele, Strategie und Taktik einer neuen Partei zu beraten, die „Kommunistische Partei Deutschlands (Spartakusbund)“ heißen sollte. Die heterogene Zusammensetzung dieser KPD, welcher neben Marxisten auch Anarchisten und Syndikalisten beitraten, die vor Radikalismus und Selbstüberschätzung strotzten, führte zu antidemokratischen und putschistischen Tendenzen in der Parteiprogrammatik. Frei nach dem Motto „Zehn Mann auf der Straße sind mehr wert als tausend Stimmen bei den Wahlen“ lehnte eine Mehrheit die Beteiligung an der bevorstehenden Wahl zur Nationalversammlung ab. Der Gründungsparteitag der KPD zeigte, daß die Kommunisten den radikalen

Flügel des deutschen Sozialismus vertreten wollten; er machte aber auch deutlich, daß die neue Partei in ihren Reihen noch viele Widersprüche vereinte. Einig waren sich die Delegierten in ihrer Begeisterung für die russische Revolution und für den Leninschen Bolschewismus, den sie jedoch noch kritisch einschätzten. Nur wenige Tage nach Gründung der KPD begann in Berlin ein bewaffneter Aufstand; er dauerte bis zum 15. Januar und endete mit einer verheerenden Niederlage der Spartakisten, deren Protagonisten Karl Liebknecht und Rosa Luxemburg ermordet wurden.

Für Wollweber war Kiel Anfang 1919 zum Pflaster der „Konterrevolution" geworden. Wenn es ihm schon verwehrt blieb, Lenins hart bedrängten Bolschewisten Hilfe zu leisten, so konnte er doch in Deutschland selbst zur Fackel greifen. Das Zentrum aller inländischen Revolutionäre war Berlin, wo Ende 1918 aus dem Spartakusbund die Kommunistische Partei Deutschlands (KPD) hervorging. Hier sah Ernst Wollweber seine eigentliche politische Heimat. Der 20jährige wollte als unbeugsamer Klassenkämpfer seine Biographie künftig mit bleiernen Lettern schreiben.

Der junge Revoluzzer (1919–1922)

Im Januar 1919 war Wollweber vorübergehend in seiner Heimatstadt Hannoversch-Münden. Dort fand er sofort Kontakt zu seinen radikalen Jugendgefährten Georg „Buckel" Gastrock und Otto Maier. Gemeinsam gründeten sie eine Filiale der Kommunistischen Partei, die zwar kaum 50 Mann umfaßte, aber um so lautstärker in Erscheinung treten sollte.

Während in Berlin schwere Kämpfe zwischen Regierungstruppen und den von den Bolschewisten unterstützten Spartakisten tobten, gingen die Kleinstadtrevolutionäre von Münden daran, sich zu bewaffnen. Wollweber leistete sich dabei ein Husarenstück, dessen Motive wohl auch in Profilierungssucht gegenüber dem zehn Jahre älteren Gastrock und dem eloquenten Maier zu suchen sind.

Auf dem Bahnhof traf im Februar 1919 ein Güterzug mit acht Panzern von der aufgelösten Westfront ein. Spartakisten unter Wollwebers Führung „beschlagnahmten" diese Fahrzeuge im Handstreich, schmückten sie mit roten Fahnen und fuhren auf den von alten Fachwerkhäusern gesäumten Marktplatz. Dort machte man vor dem Rathaus halt, einem sandsteinernen Renaissance-Bau, dessen Eingangstür die Worte „Pax et concordia" (Frieden und Eintracht) zierten. Auf der Rathaustreppe hielt Wollweber seine erste öffentliche Rede. „Wir haben Panzer und werden den Teufel nicht fürchten und schon gar nicht den lieben Gott. Aber es gibt Leute, die uns bald fürchten werden!" drohte er. Die Regierungstruppen in der örtlichen Kaserne, wo sich von der ehemaligen Westfront zurückkehrende Soldaten sammelten, zeigten sich zunächst überrumpelt.

Doch offensichtlich wußten die Revoluzzer um Maier, Wollweber und Genossen mit ihren Waffen außer Prahlereien nichts Rechtes anzufangen. Wenige Tage später verständigten sich Offiziere mit dem Mündener SPD-Büro. Während die Spartakisten in der Rathaushalle schliefen – dem Vernehmen nach hatte sie ein patriotischer Weinstubenwirt systematisch betrunken gemacht –, marschierte eine Sturmkompanie aus der Kaserne und eroberte die Panzer zurück. Wollweber soll daraufhin einen furchtbaren Wutanfall bekommen haben. Aber er zog auch Lehren. Schlampige Planung, mangelnde Wachsamkeit, fehlende Initiative – dergleichen sollte ihm nicht mehr unterlaufen.

Freilich hatte das mißglückte Panzer-Abenteuer den jungen Berufsrevolutionär unbeliebt und lächerlich gemacht. Für Wollweber schien es allmählich Zeit, Hannoversch-Münden zu verlassen. Mit der Polizei stand er ohnehin auf schlechtem Fuß. Seiner drohenden Verhaftung entging er nur knapp. Angeblich soll ihm eine bewaffnete Sympathisantin, die schwarzhaarige „Dolch-Dora“, bei der Flucht behilflich gewesen sein. Wollweber hielt es für angebracht, sich ins Zentrum der kommenden Weltrevolution, nach Berlin, zu begeben.

In der Reichshauptstadt traf er in der Zentrale der Spartakisten erstmalig den KPD-Funktionär Wilhelm Pieck, der ihn als Wanderredner rekrutierte. Wollweber erhielt den Auftrag, von seiner Heimatstadt aus in den Provinzen Hessen-Waldeck und Süd-Hannover KPD-Ortsgruppen bilden. Zuvor sollte dort auf Versammlungen die Programmatik der Partei dargelegt werden. Wollweber, der noch nicht einmal ein Mitgliedsbuch der jungen Partei besaß, formal also noch gar kein Mitglied war, hatte von Politik kaum eine Ahnung. Er sagte aber nichts, denn man hatte ihn in Berlin großzügig mit Propagandamaterial ausgerüstet und er dachte, „dort wirst du schon alles finden“. In seinem Seesack trug er u. a. das unter dem Titel „Was will der Spartakusbund?“ gedruckte Parteiprogramm und das „Kommunistische Manifest“. Die Reichshauptstadt hinterließ bei dem Provinzler keine bleibenden Eindrücke. Schon wenige Wochen später begann er seine Wanderschaft als Agitator.

Bald wagte er sich in seine Heimatstadt Hannoversch-Münden zurück, wo man ihn im Sommer 1919 an der Spitze des KPD-Ortsverbandes fand. Auf Weisung der Zentrale schloß sich die Ortsgruppe der Bezirksleitung Hannover an, deren Mitglied Wollweber wurde.

Die Partei schickte den Jungfunktionär kurz darauf zu einem illegalen Militärtraining in die Lüneburger Heide. Dort wurden unter Leitung des Dresdener Linksradikalen und KPD-Mitbegründers Otto Rühle Nachwuchskader mit Handfeuerwaffen, Bomben und Sprengstoff vertraut gemacht. Wollweber absolvierte diesen Kursus mit vielen bald weithin bekannten Kommunisten, darunter dem „Robin Hood des Erzgebirges", Max Hoelz, und Karl Fugger, damals Leiter der kommunistischen Jugend in Niedersachsen.

Seine neugewonnenen Kenntnisse durfte Wollweber wenig später anwenden. Während Hannoversch-Münden als rote Hochburg galt, war die benachbarte Kreishauptstadt Kassel laut kommunistischer Diktion ein „Hort der Reaktion", weil es noch keine KPD-Organisation gab. Man beschloß, dort mittels mehrerer Massenumzüge Stärke zu demonstrieren. Der „Überfall auf Kassel" an einem Wochenende geriet zum unglaublichen Tumult. Die Demonstration artete in einen Plünderungszug aus. „Zuhälter oder sonstige kriminelle Elemente", so Wollweber später, hätten sich dem KPD-Trupp angeschlossen. Statt Massenversammlungen gab es Massenschlägereien. Schließlich fanden sich die Initiatoren nebst Wollweber für einige Stunden auf der Kasseler Polizeiwache wieder. Zwei Tote und etliche Verletzte bildeten die traurige Bilanz des Unternehmens.

In den folgenden Monaten profilierte Wollweber sich als Wanderredner. Im Raum Hessen/Südhannover wurden zu jener Zeit zahlreiche KP-Ortsgruppen gegründet. Dabei ging es nicht selten handgreiflich zu. Wollweber lernte schnell die Praktiken des politischen Kampfes mit allen Mitteln. Aber von Politik allein konnte er schließlich nicht leben. Er gehörte noch keineswegs zu den Privilegierten, die aus der Parteikasse bezahlt wurden. Er mußte sich nicht nur seinen Lebensunterhalt selbst verdienen, auch die Unkosten der politischen Arbeit sollte er selbst decken. Dafür nahm er Arbeiten beim Bau von Straßen und Wasserleitungen an. Damals trat er auch als aktiver Gewerkschaftsfunktionär ins politische Leben. In seiner Heimatstadt waren die Kommunisten in den Gewerkschaften recht einflußreich, insbesondere im Bauarbeiterverband, als dessen Delegierter Wollweber in das sogenannte Gewerkschaftskartell gewählt wurde. In diesem entscheidenden Machtzentrum am Ort wurde er mit 21 Jahren zweiter Vorsitzender.

Erste Meriten als KPD-Funktionär verdiente Wollweber sich, als am 13. März 1920 der sogenannte Kapp-Putsch ausbrach, ein Aufstand rechtsgerichteter Militärs, die kurzzeitig sogar Reichskanzler Ebert und die meisten Reichsminister unter Kanzler Gustav Bauer aus Berlin vertrieben. Doch die Putschisten konnten sich nur vier Tage halten, weil fast das gesamte politische Spektrum von konservativen Demokraten bis zu Kommunisten gegen sie stand. Für die KPD schien die Kapp-Revolte idealer Anlaß, ihre eigenen Pläne durchzusetzen. Zwei Tage, nachdem der Putsch gescheitert war, am 19. März 1920, rief die KP-Zentrale ihre Anhänger auf, „den Kampf bis zur endgültigen Niederringung der Militaristen zu führen". Das hieß im Klartext, dem rechten sollte nun ein linker Gewaltstreich folgen. Überall in Deutschland hatten sich Mitglieder kommunistischer Zellen bewaffnet und zogen als „Proletarische Hundertschaften" gegen die bürgerliche Staatsmacht zu Felde.

Auch in Hannoversch-Münden wurde ein kommunistisch dominierter Aktionsausschuß gebildet. Um den Vorsitz stritten Ernst Wollweber und Otto Maier, dessen Vater als SPD-Kommunalpolitiker hohes Ansehen genoß. Maier galt vielen Genossen jedoch als unsteter Anarchist, Wollweber schien verläßlicher. Deshalb übernahm er den Vorsitz und avancierte gleichzeitig zum Chef der örtlichen „Arbeiterwehr". Zu dieser Truppe gehörte auch Wollwebers jüngster Bruder, der 17jährige Karl. Die bewaffneten

Proletarier fanden indes wenig Gelegenheit, sich auszuzeichnen. Das nächtliche Einfangen eines durchgegangenen Pferdes gehörte noch zu den spannendsten Ereignissen. Als die Reichswehr auf Münden vorstieß und die Außenposten der Kommunisten überrumpelte, gab man den Widerstand klugerweise auf. In der Stadt sollte „mit Rücksicht auf Frauen und Kinder" nicht geschossen werden.

Wollwebers militärische Karriere fand so ein vorläufiges Ende. Seine Rivalität mit Otto Maier hatte noch ein politisches Nachspiel. Kurz nach dem Kapp-Putsch spaltete sich die KPD-Ortsgruppe. Nahezu die Hälfte aller Mitglieder wechselte mit Maier zur Kommunistischen Arbeiterpartei Deutschlands (KAPD). Die im April 1920 gegründete KAPD war eine ultralinke, halbanarchistische Variante zur KPD. Wollweber blieb mit sicherem Instinkt bei der Partei mit größerer Zukunft. Während die KAPD als Splittergruppe bald in politischer Bedeutungslosigkeit versank, entwickelte sich die KPD nach dem Zusammenschluß mit der USPD im Dezember 1920 mit fast 300.000 Mitgliedern zu einer Massenpartei. Wollweber konnte nun weitere Sprossen seiner Funktionärslaufbahn erklimmen.

Im März 1921 wurde Wollweber als festbesoldeter Erster Sekretär des KPD-Bezirkes Hessen-Waldeck eingesetzt und residierte forthin im „reaktionären" Kassel. Im selben Monat begann die Vereinigte Kommunistische Partei in Mitteldeutschland eine Aktion, die nicht zuletzt von den Interessen Sowjetrußlands diktiert war. Rußland befand sich in einer schweren Krise, die ihren Ausdruck u.a. im Aufstand von Kronstadt gefunden hatte. Eine kommunistische Erhebung in Deutschland, unabhängig von Erfolg oder Mißerfolg, sollte den an den Erfolgen der Weltrevolution zweifelnden Russen neuen Mut geben und die Lage stabilisieren. Deshalb drängte besonders Grigori Sinowjew, Vorsitzender des Exekutivkomitees der Kommunistischen Internationale auf eine Aktion, für die er den gescheiterten Führer der ungarischen Revolution, Béla Kun, nach Deutschland beorderte. Gegen den Willen des

KPD-Vorsitzenden Paul Levi brachen am 21. März bewaffnete Aufstände der Arbeiter im mitteldeutschen Industrierevier aus. Die KPD-Zentrale rief die Arbeiter auf, in den Generalstreik zu treten und „mit der Waffe in der Hand die Gegenrevolution zu bekämpfen“. In der Gegend von Kassel war es jedoch ruhig geblieben. So fuhr Wollweber mit einigen Untergebenen in den KP-Nachbarbezirk Thüringen. Es ist nicht ganz klar, ob er dabei einem Auftrag folgte oder auf eigene Faust handelte. In Erfurt nahm man seine Hilfe dankbar an. Zur Unterstützung der kämpfenden Arbeiter im Raum Halle-Merseburg wollten die Thüringer Kommunisten Polizei und Militärkräfte binden und Waffentransporte stören. Wollwebers Freischärler sollten eine Eisenbahnbrücke kurz vor Erfurt in die Luft sprengen. Der Erfolg war mäßig. „Es knallte ganz anständig, doch die Brücke blieb stehen,“ erinnerte sich Wollweber. Die Explosion hatte nur einige Polizisten herbeigelockt, mit denen man sich Scharmützel lieferte.

Am 1. April 1921 wurde der Aufstand endgültig niedergeschlagen. Die KPD geriet in eine große Krise. Die Kritik der Parteivorsitzenden Paul Levi und Ernst Däumig, wurde von vielen, darunter auch von Ernst Wollweber, zuallererst als Kampagne gegen die Partei, als „Dolchstoß in den Rücken kämpfender Arbeiter“ aufgefaßt. Levi und weitere Führungsmitglieder wurden aus der Partei ausgeschlossen bzw. verließen sie freiwillig. Der Versuch, den Aufstand zu verteidigen, führte zur sogenannten „Offensivtheorie“, die aber bereits im Juli desselben Jahres auf dem III. Weltkongreß der Kommunistischen Internationale (Komintern) in Moskau verworfen wurde.

Ende August 1921 fand in Jena der 7. KPD-Parteitag statt. Wollweber nahm teil und wurde in den Zentralausschuß der Partei gewählt, eine zusätzliche politische Stimulanz für den knapp 23jährigen. Der Jenenser Parteitag ging vorläufig ab vom Kurs der offenen Revolution. Statt dessen wollte man den Sturz des Kapitalismus in erster Linie durch terroristische Untergrundarbeit erreichen – eine Weisung, die direkt von Lenin und der Komintern ergangen war. Systematisch wurde nun ein subversiver Apparat aufgebaut, der an aggressiver Perfektion seinesgleichen suchte.

Parteieigene Geheimapparate, ob Nachrichtendienste oder Terror-Organisationen, bauten nicht nur die Kommunisten auf; sie gehörten vielmehr zum Alltag der Weimarer Republik. Zur „Vermeidung russischer Zustände" hatten der sozialdemokratische Reichskanzler Friedrich Ebert und General Wilhelm Groener schon im November 1918 Grundlagen für die Bildung sogenannter Freikorps geschaffen, die ein Gegengewicht zu den revolutionären Arbeiteraktionen darstellen sollten. Verständlicherweise erkannten diese halblegalen bewaffneten Verbände bald in der KPD ihren Hauptfeind. Die Bildung eines geheimen Militärapparates bei der KPD-Zentrale ging also auf ureigene Interessen der kurz nach ihrer Gründung gegenüber Moskau noch relativ selbständig agierenden Partei zurück. Neben Nachrichtenbeschaffung und dem Aufbau von Kurierverbindungen galt das Bestreben der M-Abteilungen (M = Militär oder militärisch) besonders der Liquidierung von Spitzeln und Verrätern. Dabei wurde nach dem Grundsatz verfahren, lieber einen Unschuldigen ins Jenseits zu befördern, als die Partei irgendwelchen Gefahren auszusetzen.

Die Komintern verpflichtete ihre Mitgliedsparteien, darunter die KPD, neben legalen auch illegale Parteiorgane aufzubauen. Eine beachtliche Zahl russischer „Berater" wachte über bedingungslose und zügige Ausführung aller Weisungen Moskaus. Als „Berichterstatter" besaß der in Rußland geborene Deutsche Felix Wolff schon seit 1921 das Recht, an den Sitzungen der KPD-Spitze teilzunehmen und Informationen nach Moskau zu liefern. Von eminenter Bedeutung war die Finanzierung der deutschen Revolutionäre. Aus Moskau flossen von 1919 bis 1925 mehr als 200 Millionen Reichsmark in die Kassen der KPD. Der geheimnisumwitterte Galizier Jakob Reich aus Lemberg alias „Genosse Thomas" brachte allein im Februar 1921 mindestens 25 Millionen Mark Bargeld und

Wertsachen in Höhe von 37 Millionen Mark nach Deutschland. Bei letzteren handelte es sich hauptsächlich um konfiszierten Schmuck russischer Adelsfamilien. Während in Sowjetrußland Hungersnöte grassierten, schleppten Jakob Reichs Beauftragte kofferweise Geld über die Grenze. Als Ende 1922 die Reichsmark rapide an Wert zu verlieren drohte, wurden enorme Summen in US-Dollar umgetauscht. Vertrauenswürdige Kommunisten verwahrten das Geld zu Hause in Kisten und Bücherschränken.

Im Sommer 1921 hatte der III. Komintern-Kongreß von den Mitgliedsparteien gefordert, überall straff organisierte Nachrichtendienste aufzubauen, deren Aufgabe darin bestehen sollte, „möglichst genaue Auskünfte über alle Umstände von irgendwelcher Bedeutung für den revolutionären Klassenkampf zu beschaffen". In einer Broschüre der KPD wurden die Aufgaben des eigenen Dienstes beschrieben. An erster Stelle stand bemerkenswerterweise die „genaue Beobachtung der eigenen Genossen", dann erst folgte die Observierung konservativer und sozialdemokratischer Organisationen und schließlich der Aufbau von Kurierverbindungen. Für diese Zwecke bediente sich die KPD rücksichtslos ihrer Mitglieder und Sympathisanten. So waren Postangestellte, die der KPD angehörten, verpflichtet, eine Postüberwachung für ihre Partei zu organisieren und nötigenfalls Briefe zu unterschlagen.

Auf militärischem Gebiet hatte die KPD mehrere Verbände geschaffen, die sogenannten M-Leitern unterstellt waren: die Proletarischen Hundertschaften, die Partisanengruppen und den Ordnungsdienst. In diesen Geheimapparat wurde Wollweber ebenso allmählich wie stetig einbezogen. 1922 trat er an verschiedenen Orten als Diskussionsredner auf und lieferte sich u.a. ein rhetorisches Duell mit Philipp Scheidemann. Der SPD-Vorsitzende und Kasseler Oberbürgermeister sagte über seinen Kontrahenten damals: „Dieser junge Spartakist gehört nicht zu den ganz Verrückten seiner Partei, sondern zu den Halbvernünftigen."

Vom 14. August bis 28. Oktober 1922 fand in den Berliner Sophiensälen die 1. Reichsparteischulung der KPD statt. Gemeinsam mit 33 ausgewählten Funktionären wurde Wollweber ideologisch-politisch gedrillt. Unter seinen Lehrern fanden sich prominente Kommunisten wie Hermann Duncker und August Thalheimer.

Kurz darauf erhielt Ernst Wollweber gleichsam den bolschewistischen Ritterschlag. Er gehörte zu den deutschen Genossen, die am IV. Weltkongreß der Komintern im damaligen Petrograd und in Moskau teilnehmen durften. Gewählt wurden die Delegierten vom KPD-Zentralausschuß. Dort existierten eine rechte, eine ultralinke und eine sogenannte Mittelgruppe. Die fraktionelle Arbeit für letztere, der auch Wollweber angehörte, organisierte der Leipziger KPD-Funktionär Walter Ulbricht.

Der 29jährige Ulbricht war im Zuge der Auseinandersetzungen um die mißglückte März-Aktion 1921 Bezirkssekretär in Thürigen geworden. Wollweber und er waren damit Nachbarn und gehörten zum „Oberbezirk Mitte", zu dem noch die Bezirke Halle-Merseburg und die drei sächsischen Bezirke zählten. Auf den Oberbezirksberatungen waren sich Wollweber und Ulbricht mehrfach begegnet. Wollweber beeindruckte der Fleiß des Sachsen, der offenbar keine Laster und Schwächen besaß: „Er rauchte nicht, er trank nicht und hatte schon damals keinen persönlichen Umgang." Ulbricht machte nun im Zentralausschuß mit seiner Vorschlagsliste für den Komintern-Kongreß Politik und lancierte seinen Bekannten Wollweber unter die Delegierten. Er erhoffte sich natürlich eine Gegenleistung für diesen Dienst.

Auf dem IV. Weltkongreß der Komintern im November 1922 erlebte Wollweber auch den sowjetischen Übervater Lenin, der schwer krank war und nur ein kurzes Referat hielt. Doch Wollweber beeindruckte gerade der Verzicht auf alle rhetorischen Floskeln und die Beschränkung auf die Behandlung von zwei Hauptpunkten, der Durchführung der Neuen Ökonomischen Politik in Rußland und der Gewinnung der Massen im kapitalistischen Ausland für die kommunistische Bewegung. Der große Lehrmeister las den Deutschen die Leviten „außerordentlich verbindlich in der Form, aber scharf in der Sache“. In einer Kongreßpause sprach eine ältere russische Genossin Wollweber an. Da es damals auf Parteiveranstaltungen noch üblich war, mit jedem ganz offen zu sprechen, auch wenn man ihn nicht kannte, klagte ihr Wollweber sein Leid über die schwierige Lage in der KPD. Im Sonderzug von Petrograd nach Moskau war er zufällig Zeuge eines Gesprächs zwischen dem KPD-Vorsitzenden Ernst Meyer und der Führerin des ultralinken Flügels der Partei, Ruth Fischer, geworden. Wollweber berichtete freimütig von deren Absprache, in Moskau nichts von den innerparteilichen Differenzen verlauten zu lassen, wobei er deutlich zeigte, für wie gefährlich er solcherart Tun halte. Erst später erfuhr er, daß seine interessierte Zuhörerin keine andere als Nadeshda Krupskaja, Lenins Ehefrau, war.

Einen Monat lang, bis zum 5. Dezember 1922, konnte Jungkommunist Wollweber sich im Vaterland aller Werktätigen umsehen. Auf einer der vielen Exkursionen traf er Béla Kun, den Lenin wegen seiner Haltung zur Märzaktion der KPD scharf kritisiert hatte. Wollweber war neugierig zu erfahren, wie dem erfahrenen ungarischen Revolutionär diese Kritik bekommen war. Kun antwortete lachend: „Das ist so wie beim Schwimmenlernen. Man ist an der Leine und kann nicht ertrinken. Damit man aber schwimmen lernt, läßt der Schwimmlehrer mal die Leine etwas locker, dann sackt man ab und hat ein beängstigendes Gefühl. Man wird wieder hochgezogen und freut sich, daß man etwas dazu gelernt hat, und zwar, wie es ist, wenn man schon will, aber noch nicht kann.“

Es ist ziemlich sicher, daß an dieser Jahreswende 1922/23 auch die Eignung Wollwebers für Untergrundaktionen getestet wurde. Purer Zufall war es jedenfalls nicht, wenn nur wenige Monate nach dem Komintern-Kongreß ein für alle Zeiten prägender Umschwung in seinem Leben eintrat.

Zwischen Gefängnis und Parlament (1923–1930)

1923 sollte für die junge Weimarer Republik das schwerste Jahr werden. Mitte Januar besetzten französische und belgische Truppen das Ruhrgebiet, eine Hyper-Inflation trieb zahllose Menschen in den Ruin, Hungersnöte grassierten, durch Revolten von rechts und links drohte dem Land ein permanenter Bürgerkrieg. Die Kommunisten interpretierten das als „Heranreifen einer revolutionären Situation". Sie glaubten jetzt, die Macht ergreifen und doch noch ein Sowjetdeutschland errichten zu können. Zu offensichtlich schien die Schwäche des kapitalistischen Widerparts. Aber die KPD war letztlich zu sehr in Richtungsstreit und Cliquenkämpfe verstrickt, um ihre Chance wirklich nutzen zu können.

Wollweber hatte nach seiner Rückkehr aus Moskau Anfang 1923 wieder die Funktion des Bezirkssekretärs von Hessen-Waldeck übernommen, wo er sich sofort als Sachwalter sowjetischer Interessen betätigte. Auf dem Bezirksparteitag Mitte Januar verkündete er eifrig, die Komintern stünde „fester denn je" da, obwohl es gerade mit der deutschen Delegation offenkundig einige Differenzen gegeben hatte. Eine von ihm eingebrachte Resolution, die einstimmig bestätigt wurde, war eine deutliche Unterwerfung unter die Politik Moskaus. Getreu dortiger Vorstellungen forderte er mit Blick auf die Gesamtpartei eine bessere Einhaltung der Parteidisziplin, „sowohl in der Unterordnung und Vertretung der gefaßten Mehrheitsbeschlüsse in politischen Fragen, als auch in der Ausführung der erteilten Aufträge".

Das geschah zu einer Zeit, in der Moskau treu ergebene Funktionäre sehr gefragt waren, denn auf dem 8. KPD-Parteitag Ende Januar 1923 in Leipzig wurde die zugespitzte innerparteiliche Lage offenbar. Bezirkssekretär Wollweber, der als Zentralausschuß-Mitglied teilnahm, wurde nicht zuletzt wegen seiner guten Beziehungen zur sowjetischen KP erneut in dieses formal höchste Gremium zwischen den Parteitagen gewählt. Walter Ulbricht wollte gleichfalls Mitglied des Zentralausschusses werden. Er erinnerte Wollweber in Leipzig an seine noch ausstehende Revanche für die Delegierung zum IV. Kominternkongreß. Wollweber setzte sich daraufhin für den Aufsteiger aus Sachsen ein, obwohl ihn alle vor diesem Karrieristen warnten. Am Ende wurde Ulbricht mit denkbar knapper Mehrheit gewählt und kam in das sogenannte Org.Büro unter Wilhelm Pieck. Fortan traf Wollweber ihn nicht mehr auf den Oberbezirksberatungen, sondern im Zentralausschuß.

Im Sommer 1923 verschlechterten sich die Lebensverhältnisse weiter. In allen Teilen Deutschlands kam es zu anhaltenden Teilstreiks, zu Demonstrationen und Hungerunruhen. Am 11. August beschlossen die Berliner Betriebsräte den Generalstreik gegen die Regierung Cuno. Die KPD und der Reichsausschuß der deutschen Betriebsräte riefen zur Ausdehnung des Generalsstreiks auf das ganze Land aus. Unter diesem Druck mußte die Regierung zurücktreten. Am 13. August 1923 wurde unter Gustav Stresemann, dem Vorsitzenden der Deutschen Volkspartei, eine Regierung der Großen Koalition gebildet, der sich auch die Sozialdemokraten anschlossen. Die Kommunisten glaubten, die revolutionäre Krise für einen Aufstand ausnutzen zu können. In Moskau wurde noch im August beschlossen, im Deutschen Reich eine Revolution nach bolschewistischem Vorbild anzuzetteln. Die Sowjets waren bereit, die KPD bei ihren Aufstandsvorbereitungen finanziell und mit „Beratern“ zu unterstützen. Auf Wunsch des KPD-Vorsitzenden Heinrich Brandler waren schon Ende 1922 russische Bürgerkriegsspezialisten nach Deutschland gekommen; jetzt wurde ihre Zahl wesentlich erhöht. Die KPD-Zentrale musterte die Reihen ihrer Proletarischen Hundertschaften und bevollmächtigte Brandler, acht bis zehn Instrukteure für die Bewältigung militärischer Aufgaben einzustellen. Am 24. August rief die Zentrale ihre Bezirkssekretäre nach Berlin. Brandler erklärte ihnen offen: „Wir müssen in der Partei die Frage des Bürgerkrieges aktuell praktisch stellen."

Wenige Tage später begann ein mit diktatorischen Vollmachten ausgestatteter zentraler Ausschuß, den Aufstand vorzubereiten. Entsprechend den militärischen Plänen wurde das Reich in sechs Oberbezirke geliedert. Ostpreußen, Schlesien und Bayern galten als Sonderbezirke. An der Spitze eines Oberbezirks stand eine Kommission, die in ihrem Gebiet den bewaffneten Aufstand eigenständig durchführen sollte. Wo der Parteieinfluß für große Aktionen nicht ausreichte, sollten Partisanengruppen zum Einsatz kommen. In diesem schicksalsschweren Sommer 1923 wurde Ernst Wollweber von KPD-Chef Brandler als M-Leiter eingesetzt und mit dem Aufbau sowie der Leitung einer illegalen Militärorganisation zunächst in Hessen-Waldeck, dann in Thüringen beauftragt. Er beschrieb später in seinen Memoiren anschaulich, wie man damals „Terrorgruppen für Einzelaktionen geschaffen, Waffen beschafft und Sprengstofflager angelegt" hatte. Den Vorsitz des zentralen Revolutionskomitees (Revko) übernahm Brandler, Leiter der M-Kommissionen bei der KPD-Zentrale wurde der Russe Alexander Skoblewski (alias Helmuth, alias Gorew, alias Gorewski). Damit befand sich Ende 1923 der gesamte Geheimapparat der KPD erstmals direkt unter sowjetischem Einfluß. Im Revko für Hessen-Waldeck wurde Ernst Lohagen für die Ernährung verantwortlich gemacht, und zwar sollte er diese Funktion nach der bald erwarteten Machtübernahme antreten. Der kommunistische Reichstagsabgeordnete Walter Stoecker forderte in einer Schrift über die „Taktik der Partei" zu Terroraktionen auf: „Attentate auf führende Kapitalisten im jetzigen Stadium in Deutschland sind Vollstreckungen des Willens der proletarischen Klasse. Sie werden [. . .] die revolutionäre Leidenschaft des Proletariats wecken und beflügeln."

4. Ernst Wollweber als 1. Bezirkssekretär des KPD-Bezirks Hessen-Waldeck, 1923

Die KPD hatte zur Ausführung von einzelnen Terroraktionen außer einer zentralen Terrorgruppe (nach Sowjetmuster „Tscheka“ genannt) auch örtliche Terrorgruppen (T-Gruppen) gebildet, die den Nachrichtenleitern unterstanden. Zu deren Aufgaben gehörte neben der Liquidierung führender Persönlichkeiten unter den Gegnern der KPD auch die Bestrafung und Beseitigung von Spitzeln oder Parteiverrätern. Wie rücksichtslos man dabei vorging, zeigt der Fall des Arbeiters Jonas, eines Vaters von acht Kindern, im mecklenburgischen Hagenow. Der Fuhrmann war in die Sabotagearbeit integriert und erhielt dafür von der KPD ein damals recht beträchtliches Monatsgehalt von 40 Dollar. Während der Inflation zogen auch höhere Funktionäre diese krisenfeste Währung der wertlosen Mark generell vor. Schließlich hatte ihn seine Partei im Verdacht, ein Verräter zu sein. Der M-Leiter Mecklenburgs, Arno Eckelmann, der schon zu den Gefährten des sächsischen Terroristen Max Hoelz gehört hatte, drängte auf die Beseitigung von Jonas. Im April 1923 wurde der Arbeiter ermordet.

Anfang Oktober 1923 erging von der Berliner Zentrale die Weisung an alle Bezirksleitungen, Geschäfte jeglicher Art, insbesondere aber Kartoffel- oder Getreideläden, auch Schokoladengeschäfte, zu übernehmen bzw. einzurichten, um unter dieser Tarnung den Mitgliedern der Partisanengruppen sichere Anlaufstellen zu schaffen. Wollweber berichtet in seinen Memoiren von einer „Generalstabsbesprechung“ unter Alexander Skoblewski in einer Berliner illegalen Wohnung. Vor einer auf dem Boden ausgebreiteten riesigen Deutschland-Karte hätte Skoblewski erklärt: „Die Macht wird durch einen Aufstand erobert – in Berlin und Hamburg, in Sachsen, Thüringen und Halle-Merseburg, in den Großstädten des Ruhrgebietes und am Niederrhein.“ Da man damit rechnen müsse, daß der Gegner versuchen würde, Berlin von der Versorgung abzuschneiden, sollten sofort „starke bewaffnete Abteilungen nach Mecklenburg und Vorpommern in Marsch gesetzt“ werden. Partisanenaktionen sollten die Gutsbesitzer vertreiben. Vor allem Stettin mit seinem Hafen sollte für die Verbindung mit der Sowjetunion gesichert werden.

Nach der erwarteten Eroberung Hamburgs wollte Skoblewski bewaffnete Abteilungen in die Städte Kiel und Hannover schicken und nach der Sicherung der Eisenbahnlinie Berlin-Ruhrgebiet etwa „dreißigtausend Mann nach Osten in Bewegung setzen, um zuerst das konterrevolutionäre Dreieck Paderborn zu zerschlagen". Laut Wollwebers Schilderung „schlurfte der den Plan erklärende Genosse mit Filzpantoffeln über die am Boden liegende Karte, zeigte Punkte, Verbindungslinien, Entwicklungen der Operationen, die mutmaßlichen Bewegungen der Konterrevolution". Die Zuhörer bekamen vor Aufregung rote Köpfe. Wieder „zehn Tage, die die Welt erschütterten", diesmal in Deutschland und nach einem Plan. Am Vorabend des Aufstandes glaubten zumindest die M-Leiter fest an ihren Sieg, getreu den Worten Brandlers: „Höchstens sechs Wochen nach Beginn des Aufstandes ist ganz Deutschland in unserer Hand. Nach der Oktoberrevolution hat es in Rußland ein paar Jahre gedauert, um das Land von weißgardistischen und Interventionsarmeen zu säubern. Bei uns geht eben alles schneller."

Die von Moskau geplante und von vielen Kommunisten heiß erwartete Revolution schlug jedoch fehl, was am deutlichsten die blutige Niederwerfung des Hamburger Aufstands im Oktober 1923 bewies. Für die Exponenten des Aufstandes wurden Schutzhaftbefehle wirksam. Auch für Wollweber war ein solcher erlassen worden. Am 3. November trat in Berlin der KPD-Zentralausschuß zusammen. Parteichef Brandler ließ sein Revoluzzertum von den Funktionären absegnen. Mit 40 gegen 16 Stimmen brachte er eine Resolution durch, die weiter auf den unmittelbaren bewaffneten Aufstand und die Errichtung der Diktatur des Proletariats orientierte: Der „faschistischen Diktatur" (gemeint war die Regierung Stresemann) müsse ein Kampf bis aufs Messer geliefert werden. Aufgabe der KPD sei es, diesen Kampf sofort zu organisieren und die Eroberung der Macht vorzubereiten.

Wollweber, der den Berliner Beschluß des Zentralausschusses mitgetragen hatte, reiste wenig später in die Sowjetunion. Unter dem Decknamen „Stein“ absolvierte er einen Lehrgang an der Ersten Militärschule in Moskau. Sie unterstand dem gefürchteten Sowjetgeheimdienst GPU (Gossudarstwennyje Polititscheskoje Uprawlenije = Staatliche Politische Verwaltung). Hier lernte er letzte Feinheiten auf dem Gebiet der Sabotage, des Waffenschmuggels und des Anzettelns illegaler Streiks. Als Wollweber im Frühjahr 1924 nach Deutschland zurückkehrte, gehörte er zu den Verbindungsleuten des „Klara-Apparates“, der Vierten Geheimdienstabteilung der Roten Armee, zuständig für Sabotage und Diversion.

Kaum wieder in Deutschland, erhielt Wollweber eine brisante Aufgabe. Die schlesische M-Organisation, ein „Siebenerkopf“ (so genannt, weil sieben KP-Genossen die Führungsspitze bildeten) war offenbar von einem Verräter infiltriert worden. Etliche illegale Kreisleitungen der KPD waren in Schlesien schon aufgeflogen. Auf Anweisung des ZK-Mitglieds Hugo Eberlein, zuständig für Abwehrarbeit, sollte Wollweber versuchen, den gegnerischen Spitzel zu entlarven und zu liquidieren. „Wenn du den geringsten Fehler machst, wirst du verhaftet“, mahnte Eberlein. Wollweber ahnte, daß irgend etwas nicht in Ordnung war. Niemand wollte ihm sagen, wo Skoblewski, der sowjetische Drahtzieher des KPD-Nachrichtendienstes, sich aufhielt und warum er sich nicht selbst um diese Angelegenheit kümmerte. Mit der saloppen Bemerkung „nette Aussichten“ verabschiedete er sich und fuhr nach Breslau, der Landeshauptstadt Schlesiens. In seinem Gepäck führte Wollweber einen gefälschten Paß auf den Namen Wilhelm Trautmann, angeblich Papierhändler aus Köln.

Die Breslauer Mission geriet zum Fiasko. Wollweber wohnte in der Taschenstraße 16 beim Leiter der Kommunistischen Jugend Schlesiens. Sein Verbindungsmann war ein gewisser „Eugen“. Der wirkliche Name des 32jährigen lautete Christian Heuck, der aktive KP-Funktionär und Spezialist für Untergrundarbeit hatte vor Jahresfrist in

Mecklenburg eine illegale M-Organisation aufgebaut. Gemeinsam mit Heuck machte sich Wollweber auf die Suche nach dem Verräter. Sämtliche Mitglieder des „Siebenerkopfes“ wurden überprüft. Zu ihnen gehörte auch der Reichstagsabgeordnete Alfred Hamann, ein Protegé der einflußreichen KPD-Führerin Ruth Fischer.

Vorerst blieben die Nachforschungen ergebnislos. Allerdings ermittelte Wollweber zu seinem Entsetzen, daß Hamann mit seiner 16jährigen Tochter offenbar ein blutschänderisches Verhältnis unterhielt. Er drängte darauf, diesen Mann, der die ganze Partei zu kompromittieren drohte, auszuschließen. Heuck indes meinte, der Verdächtigte sei „ein Prolet und anständiger Kerl“. Dies war Hamann keineswegs. Er arbeitete insgeheim für die Abteilung I A (politische Kriminalität) beim Breslauer Polizeipräsidium. Als Hamann sich durch Wollwebers Untersuchungen bedroht sah, gab er der Kripo einen diskreten Wink. Am 27. Mai 1924 wurde Christian Heuck verhaftet. In seinem Rasierzeug fand man einen Zettel mit der Adresse Taschenstraße 16. Einen Tag später wurde dort auch Ernst Wollweber festgenommen. Daß Hamann die Ursache des Debakels gewesen war, kam erst ein Jahr später ans Licht.

Zunächst hatten die Polizeibehörden Schwierigkeiten, die Identität ihrer Gefangenen festzustellen. Anfänglich hielt man sie für russische Spione; in Zeitungsmeldungen war von „Tscheka-Führern“ die Rede. Erst dem ermittelnden Kriminalrat Vogel gelang es, die wahren Namen herauszufinden. Wollweber und Heuck, in Breslau voneinander völlig isoliert, wurden schließlich nach Berlin überführt und saßen im Untersuchungsgefängnis Moabit ein. Die Häftlinge erfuhren dort eine sehr strenge Behandlung. Wochenlang mußten sie Handschellen tragen, die man ihnen nur zum Essen abnahm.

Inzwischen war auch Alexander Skoblewski festgenommen worden. Der Chef aller sowjetischen Militärberater in Deutschland schien den Behörden mit Recht ein wichtiger Fang. Der Prozeß gegen ihn sollte gleichsam eine Pilotfunktion erhalten, um die Gefährlichkeit kommunistischer Aufstandspläne zu beweisen. Eine Schlüsselrolle spielte dabei der Ende Februar 1924 in Stuttgart verhaftete Felix Neumann, ehedem Leiter der KPD-Terrorgruppe „Hans" und jetzt Sekretär eines „Zentralen Revolutionskomitees". Er machte nach anfänglichem Leugnen dem Untersuchungsrichter detaillierte Angaben zu seiner illegalen Tätigkeit. Dabei fiel auch mehrfach der Name Ernst Wollweber. Der Fall wurde dem Staatsgerichtshof zum Schutze der Republik in Leipzig übergeben. Gegen Wollweber und Genossen wurde seit Juli 1924 wegen gemeinschaftlichem Hochverrat ermittelt, da „sie Organisationen gründeten, bewaffneten und ausrüsteten, die in einem bewaffneten Kampf der KPD zur Errichtung der Rätediktatur Verwendung finden sollten".

Wollweber wurde ins Gerichtsgefängnis von Stargard (Pommern) verlegt. Der Zufall fügte es, daß ihn dort Dr. Jürgens, der Untersuchungsrichter am Staatsgerichtshof, mehrfach vernahm. Beide waren sich schon einmal begegnet: im Jahre 1917, als Matrose Wollweber auf dem Bahnhof von Hannover kurzzeitig wegen hetzerischer Reden inhaftiert wurde. Jürgens hatte damals den Aufsässigen in seiner Eigenschaft als Gerichtsoffizier befragt. Das Wiedersehen verlief nicht gerade freudig. Die Unterhaltung mit seinem Vernehmer charakterisierte Wollweber als „zähes Ringen". Immerhin gelang es ihm, seine Beteiligung an Umsturzaktionen weitgehend zu verschleiern. Der Vorwurf des vollendeten Hochverrats konnte somit nicht aufrechterhalten werden.

Das Selbstbewußtsein der inhaftierten Kommunisten wurde 1924 durch verschiedene Vorfälle gedämpft. Die KPD hatte bei den Reichstagswahlen vom 7. Dezember nahezu eine Million Stimmen verloren; ins Parlament zog sie mit 45 Abgeordneten nur als fünftstärkste Partei ein, der verhaßte Konkurrent SPD errang hingegen 131 Sitze. Im Stargarder Gefängnis traten die politischen Häftlinge auf Weisung der Partei am 2. Januar 1925 in den Hungerstreik. Wollweber und seine 15 Mitgefangenen sollten damit eine Amnestiekampagne der KPD im Reichstag unterstützen. Das Hungern setzte dem starken Esser Wollweber heftig zu. Nach einer Woche fing er an, von riesigen Zervelatwürsten zu phantasieren, die in seiner Einzelzelle herumflögen. Doch letztlich zählte nur der Parteibefehl. Als ein Kalfaktor bei Wollweber erschien und ihm ein appetitliches Beefsteak präsentierte, flogen Wärter und Braten in hohem Bogen auf den Korridor. Nach neun Tagen Hungerstreiks erschien endlich das ZK-Mitglied Werner Scholem im Gefängnis und sagte: „Ihr habt euch glänzend gehalten, aber jetzt ist Schluß." Die Amnestie-Debatte im Parlament war gescheitert.

Die KPD behandelte ihre gefangenen Mitglieder höchst stiefmütterlich. Wollweber erhielt während zehn Monaten Untersuchungshaft lediglich 50 Mark und auch dies nur aufgrund seines dringenden Schreibens an Politbüro-Mitglied Wilhelm Pieck. Bücher oder Zeitungen bekam er überhaupt nicht. In dieser Situation sandte er am 19. März 1925 ein verärgertes Schreiben an die KPD-Reichstagsfraktion. „Wundert Ihr Euch darüber, daß unter solchen Umständen die nicht festen Genossen umfallen und dann zu den Angaben kommen, durch die Hunderte unserer besten Genossen auf Jahre ins Zuchthaus wandern?", hieß es da. Auf ihn könne man sich verlassen, versicherte Wollweber, aber er benötige Geld für Zeitungen und Zigaretten.

So wichtig auch Zigaretten für den Kettenraucher gewesen sein mögen, wesentlich bedeutsamer war die Tatsache, daß sein Fall dem Staatsgerichtshof zum Schutze der Republik entzogen und dem 4. Strafsenat des Reichsgerichts übertragen wurde. Damit gehörte Wollweber nicht mehr zu den Angeklagten im sogenannten Tscheka-Prozeß, der im April 1925 vor dem Staatsgerichtshof stattfand. Dort wurden von 16 Angeklagten drei zum Tode verurteilt, darunter Alexander Skoblewski und Felix Neumann, dem seine Redseligkeit nichts geholfen hatte. Ihre Strafen wurden später in lebenslängliche umgewandelt, Skoblewski tauschte man im November 1927 sogar gegen deutsche Studenten aus, die wegen angeblicher Spionage in der

Sowjetunion verurteilt worden waren. Wäre Wollweber in den „Tscheka-Prozeß“ verwickelt worden, hätte er mit Sicherheit eine mehrjährige Zuchthausstrafe absitzen müssen. Nachteilig war hingegen, daß das Reichsgericht sich sehr viel Zeit ließ. Obwohl die Anklage des Oberreichsanwalts vom 2. Juni 1925 datierte, wurde der Prozeß gegen Wollweber und Genossen erst sechseinhalb Monate später, Mitte Dezember 1925 eröffnet.

Die Aussichten schienen nicht ungünstig. Wollwebers Rechtsanwalt Ernst Hegewisch rechnete zweckoptimistisch gar mit Freispruch. Das Urteil vom 23. Dezember 1925 fiel ernüchternd aus. Darin hieß es: „Der Angeklagte wird wegen Verbrechen nach § 7 Ziff. 4 des Republikschutzgesetzes in Tateinheit mit Vorbereitung eines hochverräterischen Unternehmens mit einer Gefängnisstrafe von drei Jahren und zu einer Geldstrafe von dreihundert Reichsmark verurteilt. Die Geldstrafe und 1 Jahr sechs Monate der Freiheitsstrafe sind durch die Untersuchungshaft verbüßt.“ Zutreffend hielt es das Gericht für erwiesen, daß der Angeklagte „die militärische Organisation und die Beschaffung von Waffen für den bewaffneten Aufstand zu überwachen“ hatte. Unter diesen Voraussetzungen mußte Wollweber damit rechnen, erst im Mai 1927 aus dem Gefängnis (er saß mittlerweile in der Zentral-Haftanstalt von Cottbus) entlassen zu werden. Doch ein ungewöhnlicher Zufall kam ihm zu Hilfe.

Landgerichtsdirektor Dr. Jürgens, der die Ermittlungen gegen Wollweber geführt hatte, wurde im Januar 1926 selbst wegen betrügerischer Manipulationen verhaftet. Das belastende Material hatten angeblich Kommunisten bei einem Einbruch in Jürgens' Wohnung beschafft. Das Ganze geriet zum veritablen Justizskandal. Obwohl die Behörden jeden Zusammenhang leugneten, hatte der Fall Jürgens auch Auswirkungen auf die Lage Wollwebers. Am 24. Februar 1926 ordnete Reichspräsident von Hindenburg an, dem Gefangenen seinen noch nicht verbüßten Teil der Freiheitsstrafe zu erlassen. Drei Tage später verkündete der Cottbuser Gefängnisdirektor dem Häftling seine sofortige Entlassung. Wollweber besaß noch genügend Geistesgegenwart, um sich einen makabren Spaß zu leisten. Er lehne die Begnadigung ab und weigere sich, das Gefängnis zu verlassen, erklärte er dem perplexen Direktor. Als dieser von seinem Hausrecht Gebrauch machen wollte und dem Widerspenstigen mit sofortigem Hinauswurf drohte, verwies Wollweber auf die Strafvollzugsordnung, wonach ein Gefangener, der an Ort und Stelle kein Quartier besitzt, nach Beendigung der Haft die Nacht noch im Gefängnis verbringen dürfe. Der Direktor gab nach. Am folgenden Morgen, dem 28. Februar 1926, einem Sonntag, verließ Ernst Wollweber die Haftanstalt. Der 27jährige gehörte nun als „Opfer der kapitalistischen Klassenjustiz" zur kommunistischen Elite und wurde sofort nach Berlin in die KPD-Zentrale beordert.

Im Frühjahr 1926 absolvierte Wollweber binnen zwölf Tagen zehn Versammlungen u.a. im Hamburg, Essen, Köln und Frankfurt/Main, auf denen er die „Klassenjustiz" anprangerte. Danach schickte ihn der im September 1925 neugewählte KPD-Vorsitzende Ernst Thälmann als Instrukteur des Zentralkomitees nach Schlesien. Das sei nur eine vorübergehende Aufgabe, erklärte der kahlköpfige Hamburger geheimnisvoll. Man habe ihn für Höheres ausgewählt. Vorläufig gelte es jedoch, unter der ideologisch verlotterten schlesischen KP-Leitung aufzuräumen. Der 1. Bezirkssekretär Erich Hausen stand im Verdacht, ein „Rechtsabweichler" zu sein.

Hintergrund solcher Beschuldigungen war die Tatsache, daß Hausen, sein Stellvertreter Max Gläser sowie die meisten schlesischen KP-Sekretäre eine kritische Haltung zur Person Thälmanns und zu seiner totalen Bolschewisierung der Partei einnahmen. Kurzum, „die Lage in Breslau war nicht gut", konstatierte Wollweber. Er konnte Hausen, der immerhin dem ZK angehörte und dort Verbündete besaß, keineswegs frontal angreifen. Zunächst galt es, Meriten zu erwerben. 1927 erregte eine Aktion Wollwebers Aufsehen. Im Zentral-Ballsaal von Breslau fand eine Veranstaltung der NSDAP satt, auf der auch Berlins Gauleiter Joseph

Goebbels sprechen sollte. Damals liefen solcherart Versammlungen in allen Lagern nach einem klaren Schema ab. Auf die Hauptrede folgte eine freie Diskussion, ein Schlußwort des Hauptredners beendete die Veranstaltung. Wollweber und Genossen suchten bewußt die Auseinandersetzung mit den sogenannten nationalen Sozialisten. Gedacht war nicht nur an provokante Fragen, die den Etikettenschwindel der Nazis aufdecken sollten. Man wollte Goebbels auch keine Gelegenheit geben, ein Schlußwort zu halten. Wollweber stellte Stoßtrupps aus den Reihen des paramilitärischen Roten Frontkämpferbundes (RFB) zusammen, die als Zuhörer getarnt in den Saal kamen. Zuvor hatte ein RFB-Kommando das hölzerne Podest angesägt. Als Goebbels nach der Rede die provozierenden Fragen Wollwebers nicht sofort beantworten wollte, zettelten die Kommunisten eine Saalschlacht an, die erste in der denkwürdigen Geschichte blutiger Raufereien zwischen nationalsozialistischer SA und den Kommunisten. Das Podest brach unter lautem Krachen samt den NS-Aktivisten zusammen.

Innerhalb der schlesischen KPD gingen die Fraktionskämpfe indessen weiter. Wollweber suchte Verbündete und fand sie. Einer von ihnen war Karl Schirdewan, ein 20jähriger Funktionär des Kommunistischen Jugendverbandes. Beide verstanden sich auf Anhieb – eine schicksalhafte Freundschaft begann, die drei Jahrzehnte später spektakuläre Folgen zeitigen sollte. Schirdewan, den Wollweber als „langaufgeschossenen, stets sehr sachlich und entschlossen auftretenden Genossen“ charakterisierte, zählte zu den Aktivisten im Kampf gegen „Rechtsopportunisten und Versöhnler“. Die Lage wurde kritisch, als im Sommer 1928 KPD-Chef Thälmann persönlich in die Schußlinie geriet. Sein Schwager John Wittorf, ZK-Mitglied und vormals Politischer Sekretär des Bezirkes Wasserkante, war in eine üble Unterschlagungsaffäre mit Parteigeldern verwickelt. Ob und inwieweit Thälmann selbst daran beteiligt war, konnte nie geklärt werden. Hochrangige Parteirebellen nutzten jedoch diesen Prestigeverlust und forderten den Rücktritt Thälmanns, bis eine Untersuchung abgeschlossen sei. Erich Hausen stellte auf der ZK-Sitzung vom 26. September 1928 sogar einen Antrag auf Parteiausschluß. Einstimmig beschloß das Zentralkomitee, Thälmann seiner Funktionen zu entheben.

Wollweber stellte sich voll auf die Seite seines angeschlagenen Vorsitzenden. Auf die Frage der Thälmann-Gegner, wen Wollweber als ZK-Instrukteur eigentlich vertrete, wenn er weiter zu Thälmann hielte und damit den Beschluß des ZK ignoriere, war sicherlich damals nicht so leicht zu beantworten, wie Wollweber das später in seinen Memoiren tat: „Formell war das [die Kritik – d. A.] richtig, aber politisch vollkommen falsch in dieser Situation. ... Die Entscheidung, die jetzt von mir getroffen werden mußte, war eine der schwersten meines Lebens; denn ich mußte jetzt gegen einen Beschluß des ZK handeln." Gemeinsam mit seinen Gefolgsleuten, unter ihnen Schirdewan, inszenierte Wollweber in Breslau einen regelrechten Putsch. „Mit ein paar zuverlässigen RFB-Kameraden wurde das Parteibüro besetzt. Erich Hausen und seine Anhänger wurden buchstäblich herausgeworfen", so Wollwebers Schilderung. Die schlesische KP-Spitze sah sich überrumpelt; auf sämtliche Posten gelangten stramme Thälmann-Anhänger. Während eines Bezirksparteitags Mitte Dezember 1928 betonte die neue Führung ausdrücklich: „Jede versöhnliche Haltung gegenüber den Trägern opportunistischer Auffassungen ist falsch und verderblich." In die Thälmann-Kontroverse hatte inzwischen Stalin persönlich eingegriffen, der seinen deutschen Gefolgsmann nicht verlieren wollte. Mit Hilfe seiner Anhänger im Exekutivkomitee der Komintern ließ er den Hamburger Vorzeigeproletarier wieder in alle Funktionen einsetzen. Nun durfte auch in Deutschland gegen die „Rechten und Versöhnler" zu Felde gezogen werden.

Wollweber hatte in den Augen Moskaus erneut seine Treue bewiesen. Zum Lohn für seinen Einsatz wurde er als Breslauer KP-Spitzenkandidat für die preußischen Landtagswahlen aufgestellt. Tatsächlich gelang ihm 1928 der

Sprung ins Landesparlament - ein durchaus übliches Verfahren, mit dem die KPD exponierten Genossen, welche stets mit einem Bein im Gefängnis standen, parlamentarische Immunität verschaffte. 30jährig, durfte sich der geschulte Terrorist Ernst Wollweber Abgeordneter mit allen Privilegien nennen. Er verließ Breslau bald und zog nach Berlin, wo er 1930 den ständigen Wohnsitz nahm. Seine Diensträume befanden sich in der KPD-Zentrale am Bülowplatz, dem Karl-Liebknecht-Haus. In der vierten Etage des Gebäudes, Zimmer 39, zog Wollweber künftig schweigend, aber wirkungsvoll ein neues Untergrundnetz der Komintern auf.

Sabotage an allen Küsten (1931–1939)

Der erste Tarnmantel, den Wollweber sich überstreifte, hieß „Rote Gewerkschaftsopposition“ (RGO). Als Mitglied des Reichskomitees dieser streng kommunistisch ausgerichteten Gewerkschaft sichtete er künftiges Terrain. Sein Chef war der Spitzenfunktionär Fritz Heckert, Politbüro-Mitglied und zuständig für Untergrundarbeit in Westeuropa.

Anfang der dreißiger Jahre hatte die Lebenslage der Bevölkerung erneut ein Tief erreicht. Die Arbeitslosigkeit war auf 30 Prozent gestiegen. Mit drastischen Einsparungen und Kürzungen versuchte der Zentrumspolitiker Heinrich Brüning mit einem Kabinett bürgerlicher Mitte die zerrütteten Staatsfinanzen zu retten. Im Juli löste er den Reichstag auf und regierte mit Notverordnungen. Die sozialdemokratischen Parteiführer versuchten, die empörte Arbeiterschaft zu beruhigen. Streikkämpfe würden die Krise nur verschärfen. Vor allem warnten sie vor Aktionen außerhalb des Gesetzes, also auch vor solchen gegen die durch die Reichsverfassung sanktionierten Notverordnungen. Unter den Arbeitern kam es deshalb nicht selten zu spontanen Streiks. Bei der Anzettelung und der politischen Ausrichtung solcher illegalen Streiks bewies Wollweber einiges Talent. Im Ruhrgebiet agitierte er beispielsweise gemeinsam mit dem später bekannten Widerstandskämpfer Anton Saefkow unter den Binnenschiffern. Beide mochten einander anfangs nur wenig leiden. Doch die politische Arbeit führte sie zusammen. Ein übriges taten mehrere Besuche in Hamburg, wo sie mit Seemännern und Schauerleuten erste konspirative Kontakte knüpften. Mit der Zeit waren sie sich menschlich nähergekommen. Ein Jahr später fungierte Wollweber schon als

Trauzeuge Saefkows, der eine Proletarierin aus Bochum ehelichte. Die Recherchen an der Nordseeküste fielen so erfolgversprechend aus, daß sich Heckert im Politbüro für eine Beförderung Wollwebers einsetzte, die von entscheidender Bedeutung war. 1931 wurde er zum Reichsleiter des „Einheitsverbandes der Seeleute, Hafenarbeiter und Binnenschiffer" ernannt. Der maritime Einheitsverband unterstand der ISH („Internationale der Seeleute und Hafenarbeiter"), deren Sekretariat Wollweber gleichfalls angehörte.

Am 2. Oktober 1930 hatten 38 Delegierte aus 16 Ländern in Hamburg die ISH gegründet. Hinter diesem Akt steckte die Kommunistische Internationale. Der VI. Kominternkongreß im Sommer 1928 hatte die KI endgültig zu einer weisungsgebundenen Außenstelle der Sowjetmacht degradiert. Stalin hatte angewiesen, „parallele Massenvereinigungen der Arbeiterklasse", das heißt Sondergewerkschaften, zu schaffen, woraufhin auch die RGO entstanden war. Damit die enge Verflechtung zwischen der ISH und Moskau nicht allzu offensichtlich wurde, wählte man als Organisationssitz die Hansestadt Hamburg. Chef der ISH wurde der britische Kommunist George Hardy, Sekretär der Deutsche Albert Walter. Letzterer lief 1934 zur Gestapo über und saß von 1949 bis 1953 für die rechtskonservative Deutsche Partei im Bundestag. Die entscheidenden Weisungen an die ISH kamen aus Moskau, wo Salomon Losowski alias Alexander, seit 1921 Generalsekretär der Roten Gewerkschafts-Internationale, sämtliche Fäden in der Hand hielt.

Schon 1932 besaß die ISH Organisationen in 22 Ländern und 19 Kolonien. Die deutsche Sektion, deren Chef Wollweber wurde, zählte ungefähr 16000 Mitglieder und tat sich erstmals beim Streik der Weserschiffer und der Hafenarbeiter in deutschen Seehäfen 1931 hervor. Der ahnungslosen Öffentlichkeit präsentierte sie sich als normale Gewerkschaftsorganisation, quasi als Gegenstück zum sozialdemokratisch beherrschten Internationalen Transportarbeiterverband (ITF), dessen Leitung in Amsterdam saß.

5. Internationaler Seemann-Klub in der Hamburger Rothsoodstraße 8, Sitz der Internationale der Seeleute und Hafenarbeiter, September 1931
6. Kongreß der Internationale der Seeleute und Hafenarbeiter (ISH) in Hamburg-Altona vom 21. bis 24. Mai 1932

Doch neben ihren gewerkschaftlichen Aufgaben war die ISH auf einem Feld tätig, von dem die Masse ihrer Mitglieder nur wenig wußte. Dazu zählte das Schleusen von Menschen, Propagandamaterial und Waffen. Außerdem organisierten Spezialisten der ISH Sabotagegruppen, die im Kriegsfall aktiv werden sollten. Zu weiteren Aufgaben gehörten Devisenschmuggel für die Sowjetunion, Marinespionage und Anstiftungen von Streiks. Vorläufer der ISH war der „Internationale Seeleute-Club", der auf sowjetische Weisung 1921 gegründet worden war. Er besaß Zweigstellen u.a. in Hamburg, Rotterdam, Antwerpen, Marseille und New York. Sein Hauptstützpunkt befand sich in Leningrad, wo Hermann Knüfken residierte. Dieser Knüfken gehörte zu den verwegensten Gestalten der modernen Seefahrerszene. 1920 hatte er den Kapitän des deutschen Ostseedampfers „Senator Schröder" auf hoher See mit vorgehaltener Pistole gezwungen, einen sowjetischen Hafen anzulaufen, um Parteiaktivisten und kommunistische Agenten abzusetzen. Solche Männer konnte Stalin gut gebrauchen, wobei die Pikanterie darin bestand, daß Knüfken wahrscheinlich schon seit den 20er Jahren für den britischen Geheimdienst arbeitete.

Im März 1932, sprach Wollweber vor ausgewählten Kadern der deutschen ISH über „Verhinderung von Kriegstransporten, die für die Imperialisten bestimmt sind" und forderte dafür „konkrete wirksame Aktionen". Offenbar bereitete man sich mit aller Energie auf den Eventualfall vor, worauf auch die Anwesenheit von Hermann Knüfken schließen läßt, der seit 1932 wieder in Deutschland agierte. Knüfken war nur knapp Stalins Geheimpolizei entronnen, die ihn inzwischen der Spionage für England verdächtigte. Ein Jahr später wurde er im Interclub Rotterdam Leiter einer Gruppe deutscher Binnenschiffer aus dem Ruhrgebiet. Im Auftrag Wollwebers hatte er die Aufgabe, das Industriegebiet um Mannheim mit illegaler Literatur zu versorgen.

Beim ersten internationalen ISH-Kongreß Ende Mai 1932 saß Ernst Wollweber im Präsidium. Er hielt sich damals schon häufig in Hamburg auf, wo die ISH ihr Hauptquartier in der Rothesoodstraße 8 besaß. Dort traf er öfter den KPD-Vorsitzenden Ernst Thälmann. Gemeinsam mit Wollwebers Adlatus Saefkow besuchten sie den „Dragonerstall" am Valentinskamp, offiziell ein Arbeiterlokal, inoffiziell ein Bordell.

Über das private Leben Ernst Wollwebers, geschweige denn über das intime, ist aus diesen und künftigen Zeiten nur wenig zu berichten. Die Vita kommunistischer Parteikader ist allgemein mit persönlichen Daten karg versehen; noch viel mehr gilt das für Angehörige des geheimen Apparates. Der Moralkodex war streng. Oft galt die Partei als einzige Braut des Klassenbewußten. Das bedeutet freilich nicht, es hätte an sexueller Abwechslung gefehlt. Da sich Funktionäre vom Schlage Wollwebers ein häusliches Leben bewußt versagten, sorgte ihre Partei immerhin dafür, daß wichtigen Kadern von Zeit zu Zeit attraktive Bettgenossinnen (was durchaus doppeldeutig gemeint ist) zugeführt wurden. Darauf spielte Wollweber wohl auch in seinen Erinnerungen an, wo es heißt, man habe „mitunter aus konspirativen Gründen die kleinbürgerliche Moral verletzen" müssen. Selbst ein Ernst Thälmann, von der kommunistischen Legende zum trieblosen Säulenheiligen verklärt, ergötzte sich im internen Kreis an saftigen Zoten und dies keineswegs nur als Zuhörer. Des Hamburger Rollkutschers schönstes Erlebnis war ein singuläres sexuelles Abenteuer mit einer verarmten russischen Gräfin. Ruth von Mayenburg schreibt in ihrem autobiographischen Roman „Hotel Lux", wie Thälmann bei seinem ersten Aufenthalt in Moskau eines Morgens beim Frühstück lautstark verkündete: „Wat sagt ihr – heut hab ich für 'ne Dose Kondensmilch mit 'ner Großfürstin gepennt!" – man mag sich vorstellen, was dies im schlichten Gemüt des KPD-Chefs anrichtete.

Wollweber, der stärker noch als manches ZK-Mitglied an straffste Parteidisziplin gebunden blieb, konnte mit derlei Anekdoten kaum dienen. Daß er dem Schnaps zuneigte, wird oft kolportiert. Doch offensichtlich vertrug

Wollweber eine Menge, sonst wäre er im Dschungel der Geheimdiensttätigkeit rettungslos gescheitert. Viele Mitkämpfer bescheinigten ihm statt dessen Kaltblütigkeit und Cleverneß. „Ich hatte von ihm den Eindruck, daß er niemals in Eile und äußerst furchtlos war, daß ihn nichts überraschen konnte und daß er sich bewußt von allen Illusionen freigemacht hatte", schreibt Richard Krebs alias Jan Valtin, ein Adept des KP-Geheimdienstes, der Wollweber seit 1929 kannte. Gelegentlich konnte er auch ausfallend reagieren. „Er hatte die Gewohnheit, jedes Wort wie einen Felsen auf seine Zuhörer zu schleudern, dann zwei oder drei Sätze sehr rasch hervorzustoßen, um das, was er gesagt hatte, zu erweitern", so Krebs-Valtin.

Von seiner Familie, die Wollweber auf seinen Agitationsreisen zu Beginn der zwanziger Jahre noch wiederholt besucht hatte, mußte er sich spätestens 1926 aus konspirativen Gründen lossagen. Selbst der Tod seiner Mutter - sie starb mit 72 Jahren 1938 in einem Altersheim von Hannoversch-Münden - blieb ihm verborgen; er erfuhr davon erst nach Kriegsende.

Schriftliche Äußerungen Wollwebers sind eine absolute Rarität. Die Regeln des Geheimdienstes lassen dergleichen nicht zu. Ein Terroristenchef, der Privatbriefe versendet, Tagebuch führt oder mit Seelenfreunden diskutiert, ist schlecht vorstellbar. Über die Psyche Wollwebers, seine Wünsche und Hoffnungen, Ängste und Befürchtungen, Visionen und Reflexionen gibt es schlichtweg nichts zu berichten. Seine Memoiren verströmen von der ersten bis zur letzten Seite den Odem des Klassenkampfes, der Parteiarbeit, des Dienstes am Weltkommunismus, verraten aber nur wenig darüber hinaus. Allenfalls ist aus diesen Aufzeichnungen zu entnehmen, daß Wollweber (wie letztlich jeder Autobiograph) die eigene Vita möglichst vorteilhaft ins Licht setzen möchte.

Auf seine unmittelbare Umgebung wirkte der nur 1,65 Meter große Mann als Autoritätsperson. Im offiziellen Umgang eher finster und mürrisch, taute Wollweber bei internen Festivitäten auf und lieferte Proben seines Talents, andere verbal zu parodieren. „Er war ein hervorragender Menschenkenner und ein guter Kamerad", erinnert sich Karl Schirdewan. „Wollweber besaß eine eigene Meinung ebenso wie den Blick für Realitäten. Strammer Genosse, der er war, leistete er sich dennoch Kritik." Diese Einschätzung wird von einer Charakterstudie des Bundesnachrichtendienstes aus den 50er Jahren gestützt. Andererseits wurde Wollweber aufgrund seiner bewegten Partei-Vita auch als „alter Rabauke" geschildert. So heißt es in der Beschreibung eines weniger wohlwollenden Hamburger Mitarbeiters aus den frühen dreißiger Jahren: „Sein fahles Gesicht hatte einen Ausdruck, der Selbstbewußtsein und Skrupellosigkeit verriet. Jedes Wort, das er sagte, war ein dumpfes Dröhnen. Er machte den Eindruck eines Menschen, der vor nichts Angst hat. Ein Biest mit dem Gehirn eines bösartigen Wissenschaftlers."

Bei den Wahlen zum Reichstag am 6. November 1932 hatten die Nationalsozialisten 34 Mandate verloren, waren aber stärkste Fraktion geblieben. Für die Sozialdemokraten hatten über zwanzig Prozent der Wähler gestimmt. Die KPD konnte ihr Wahlergebnis zum vierten Mal verbessern. Mit fast siebzehn Prozent zog sie mit 100 Abgeordneten in das höchste deutsche Parlament. Unter ihnen war auch Ernst Wollweber, der als Kandidat im Kreis 13 (Schleswig-Holstein) aufgestellt worden war. Freilich war dieser Triumph nur von kurzer Dauer. Am 30. Januar 1933 wurde Adolf Hitler zum Reichskanzler ernannt, dem folgte eine rasche Machtergreifung durch nationalsozialistische Organisationen, die mit einer sukzessiven Aufhebung von Verfassungs- und Grundrechten einherging. Plötzlich waren die deutschen Kommunisten erstmals von einem politischen Feind tödlich bedroht. Zuvor hatte man sich lediglich parteiintern bzw. in Auseinandersetzung mit Stalins Emissären das Leben zur Hölle gemacht. Trotz aller drohenden Vorzeichen wollte letztlich niemand an einen Sieg der NSDAP glauben. Die Kommunistische Partei und ihre Unterorganisationen, ebenso die ISH, schienen zunächst völlig gelähmt; bis auf einige vereinzelte kopflose Streikaktionen kam keine Gegenbewegung zustande. Lediglich der ISH-Apparat wurde schnell gerettet. Schon Ende Dezember 1932 hatte man ihn in einer Nacht-und-Nebel-Aktion nach Kopenhagen verlegt. Dort mietete der dänische Kommunist Richard Jensen unter dem Tarnnamen der Holzimportgesellschaft „Adolf Selvo & Co.“ im Stadtteil Vesterbro Büros für die ISH. Dieses sogenannte Vesterport-Haus im Herzen der Hauptstadt war erst kurz zuvor bezugsfertig geworden. Es war Dänemarks erstes Gebäude aus Stahlbeton und gehörte zu den vornehmsten Adressen. Große Fluglinien, Reisebüros und Zeitungen wie die „Jyllands Posten“ nutzten das zur Image-Pflege. Auch die sowjetische Handelsvertretung residierte hier. Im Vesterport-Haus arbeiteten ungefähr 2000 Angestellte, was der ISH (ihr Büro besaß vier Ausgänge aber nur einen Eingang) die nötige Anonymität sicherte.

Für Wollweber, der laut Parteibefehl in Deutschland bleiben mußte, wurde die Lage gefährlich. Zwar besaß er seinen Ausweis als Reichstagsabgeordneter, der ihm parlamentarische Immunität sicherte, doch der galt unter den neuen Verhältnissen nur noch wenig, wie die Verhaftung des Reichstagsabgeordneten Christian Heuck am 4. Februar zeigte; Heuck wurde ein Jahr später im Gefängnis von SS-Wachleuten ermordet. Im März annullierten die Nazis sämtliche KPD-Mandate. Nun kam Wollweber zustatten, daß er schon 1932 ein illegales Hamburger Quartier ausfindig gemacht hatte; er wohnte in der Sophienstraße an der Reeperbahn bei einer älteren KPD-Sympathisantin. Diese Wohnung kannten nur seine engsten Mitarbeiter. Zur Tarnung ließ er sich einen Schnurrbart wachsen und trug eine Brille. Die Hamburger Polizei war zu dieser Zeit noch nicht im selben Maße von NSDAP und SA unterwandert wie z. B. die Polizei in Preußen, wo Hermann Göring seit Januar 1933 als Innenminister bzw. seit April als Ministerpräsident residierte. Dennoch hielt es Wollweber für angebracht, nur noch bewaffnet auf die Straße zu gehen. Er wollte keinesfalls das Schicksal Heucks oder seines Parteivorsitzenden Thälmann erleiden, der

Anfang März 1933, höchstwahrscheinlich von seinem Vertrauten Alfred Kattner verraten, in die Hände der Nazis fiel. „Die Pistole trugen wir in der rechten Hintertasche, die wir vergrößert hatten, um notfalls gleich überraschend aus der Tasche schießen zu können", heißt es in den Wollweber-Memoiren. Im April wurde auch Anton Saefkow verhaftet.

Im Mai 1933 kam für Wollweber die Rettung in Gestalt eines Befehls aus Moskau von RGI-Chef Losowski. Getarnt als dänischer Zeitungskorrespondent, sollte Wollweber Hamburg via Kopenhagen verlassen. Ein falscher Paß lag bereit, Sprachprobleme würde es nicht geben. Seit seinem Kursus an der Ersten Militärschule in Moskau besaß Wollweber einige Kenntnis der nordischen Sprachen. Notfalls konnte er sich auch als Angehöriger der deutschen Minderheit in Süddänemark ausgeben. Letzteres war dringend geboten, als der Flüchtling auf dem Lübecker Bahnhof in eine SS-Kontrolle geriet. Der „dänische Korrespondent" plauderte eifrig mit dem befehlshabenden Offizier, beteuerte seine vorgeblichen Sympathien für Deutschland und wurde ausnehmend höflich behandelt. Lediglich der Umstand, daß er für die lange Strecke einen Personenzug benutzte, erregte Befremden. „Man sieht mehr und kann auf jeder Station, wo sich etwas Interessantes zeigt, aussteigen", erklärte Wollweber gleichmütig und stellte damit wiederum seine eisernen Nerven unter Beweis.

In Kopenhagen angekommen, meldete sich Wollweber sofort bei Richard Jensen, dem örtlichen Sekretär der KP Dänemarks. Die dänische Hauptstadt galt von 1933 bis 1937 als wichtigstes revolutionäres Zentrum außerhalb Moskaus, ähnlich wie Berlin in den 20er Jahren. So saß beispielsweise die KPD-Abschnittsleitung Nord in Kopenhagen, die gleichfalls verbotene KP Estlands installierte hier ihr Zentralkomitee. Deutsche, Polen und Balten stellten die größte Zahl an kommunistischen Ausländern; alle lebten illegal, pflegten aber Kontakte zu legalen Emigranten. Mitte der 30er Jahre arbeiteten etwa 500 Personen mit

Unterstützung der Sowjetunion in Kopenhagen. Sie waren hauptsächlich mit der Herstellung illegaler Schriften für ihre in den Heimatländern verbotenen Parteien beschäftigt, auch Spionage spielte eine wesentliche Rolle. Generell war das Klima in Dänemarks Hauptstadt vergiftet durch Kompetenzstreitigkeiten, Mißtrauen und Neid zwischen den einzelnen kommunistischen Gruppen. Das erfuhr Wollweber bald am eigenen Leibe. Kaum war seine Freude über das „sehr anständige Frühstück" bei Jensen verflogen, geriet er in das Gerangel der konspirativen Fraktionen.

Der erste Streit ergab sich mit dem Tschechen Walter Ulrich alias „Leo" vom Westeuropabüro der Roten Gewerkschafts-Internationale (RGI). Der wollte eine dogmatisch und langweilig geschriebene illegale Zeitschrift („Internationale Gewerkschafts-Presse-Korrespondenz") in 5000 Exemplaren nach Hamburg bringen lassen. Da so viele kaum zu verteilen waren, weigerte sich Wollweber mit der Begründung, seine Hamburger Verbindungsleute würden „für solche unsinnigen Aufträge nicht ihr Leben riskieren". Das nahm „Leo" entsprechend übel auf, hatte er doch bisher nach Moskau berichtet, daß von jeder Nummer der Gewerkschaftszeitung 5000 Exemplare in Norddeutschland verteilt würden. Schlimmer war aber die Rivalität zwischen „Leo" und Adolf Schelly, einem Polen, der eigentlich Alfred Bem hieß. Der 33jährige Schelly, seines Zeichens ISH-Vertreter in Westeuropa, hatte ein Verhältnis mit einer bürgerlichen Dame namens Hildegard Volkersen, die über ihn auch Zugang zum illegalen Büro der ISH in Vesterbro besaß. „Leo" schmiedete Pläne, beide zu trennen, notfalls durch einen „Badeunfall". Wenn man weiter bedenkt, daß Wollwebers wichtigster Hamburger Verbindungsmann, der spätere Bundestagsabgeordnete Albert Walter, mittlerweile zur Gestapo übergelaufen und dort äußerst auskunftsfreudig war, wird die verfahrene Lage klar. Doch es sollte noch ärger kommen.

Aus reinem Selbsterhaltungstrieb hatte sich Wollweber in Moskau bei RGI-Chef Salomon Losowski Rückendekkung gegen „Leo“ geholt. Seltsamerweise war die Folge seiner Intervention nicht die Ablösung „Leos“, sondern die Abberufung von Adolf Schelly, dessen Nachfolger als ISH-Repräsentant Ernst Wollweber wurde. Daraufhin kam es zu heftigen Meinungsverschiedenheiten zwischen Hermann Knüfken und den ISH-Leuten. Der 40jährige Knüfken und sein junger Adjutant Kurt Lehmann, die beide in Antwerpen saßen, schürten Mißtrauen gegen den „Nichttransportarbeiter“ Wollweber. Schließlich kam es zum offenen Bruch. Die zehnköpfige Knüfken-Gruppe operierte fortan unabhängig von Moskau als eigenständige Sabotage-Organisation, in die auch der englische Geheimdienst involviert war. Das sollte noch zu unangenehmen Verwicklungen führen.

In diese bedrückende Atmosphäre gegenseitiger Bespitzelung und schneidender Rivalitäten fiel die Verhaftung von Wollwebers Kurier Richard Krebs Ende 1933 in Hamburg. Zweieinhalb Jahre später brachte ihn die Gestapo soweit, daß er in ihre Dienste trat, nicht zuletzt weil seine Frau als Geisel genommen wurde. Krebs meldete sich 1937 bei der Komintern als geflüchteter Agent zurück; nachdem ihm jedoch von allen Seiten massives Mißtrauen entgegenschlug, setzte er sich in die USA ab. Dort veröffentlichte er unter dem Pseudonym Jan Valtin das Buch „Out of the Night“ (deutsch „Tagebuch der Hölle“, 1957). In dieser äußerst dramatischen Schilderung seiner Erlebnisse taucht der Name Wollweber mehrfach auf. Allerdings enthalten Krebs-Valtins Erinnerungen, die eine Millionenauflage in den USA erreichten, nicht selten effektvolle Übertreibungen; gelegentlich erlag der Autor seiner blühenden Phantasie. Sein persönlich verständlicher Antikommunismus überwuchert einiges, was ansonsten realistischen Hintergrund besitzt. Am Neujahrstag 1951 starb Krebs-Valtin, erst 45 Jahre alt, einen mysteriösen Tod in Chestertown (Maryland). Da er zuvor in Deutschland über Ernst Wollweber und dessen vermutete Geheimdienst-Tätigkeit nach 1945 recherchiert hatte, fehlte es nicht an Gerüchten, er habe „seinen Tod aus

Europa mitgebracht“. Dies hielt zumindest der ehemalige ISH-Führer Karl Bargstädt noch 1968 für wahrscheinlich. Wer Gestapo und Kreml „ein Schnippchen geschlagen und damit Geld verdient“ hätte, spiele auch in der Neuen Welt mit seinem Leben, erklärte Bargstädt.

Daß unter diesen Auspizien 1933/34 in Dänemark überhaupt erfolgreiche illegale Arbeit geleistet wurde, grenzt an ein Wunder. Die Kommunisten besaßen insoweit Glück, als ihr eigentlicher Gegner, die Gestapo, damals im Ausland noch recht dilettantisch und unkonspirativ vorging. Der von ihr unter Druck angeworbene Funktionär der Sektion Seeleute des Einheitsverbandes Martin Holstein hatte auf einem deutschen Dampfer angeheuert, der regelmäßig Kopenhagen anlief. Bald schien Holstein den Kommunisten verdächtig. Wollweber beauftragte den Letten Michael Awatin, in Hamburg Erkundigungen einzuziehen. Das unkonspirative Verhalten der Gestapo ließ den Verdacht schnell zur Gewißheit werden. Holstein erhielt, wie Wollweber in seinen Memoiren schreibt, „den für Spitzel richtigen Lohn“.

Neben der Gestapo trat 1934 ein anderer Gegner auf den Plan, die dänische Geheimpolizei in Gestalt ihrer Abteilung C (politische Kriminalität). Ursache war ein großer Streik der Seeleute im Frühjahr. Alle dänischen Schiffe im In- und Ausland lagen auf einen Schlag still – für die auf Handel angewiesene traditionelle Seefahrernation eine Katastrophe. Führende Zeitungen des Landes vermuteten, „daß unsichtbare Ausländer hinter der Streikführung stecken“. Tatsächlich war die Aktion auf sowjetischen Befehl in Gang gekommen. Den Streikenden wurde logistische Hilfe von einer ISH-Gruppe unter Leitung Ernst Wollwebers geleistet. Er orientierte sich geschickt auf den kommunistisch dominierten Schiffsheizer-Verband unter Georg Hegner. Mit dem Hinweis, daß Schiffe ohne Dampf kaum fahren könnten, beeindruckte man den weniger radikalen Seeleute-Verband.

Für dänische Verhältnisse verlief der Streik äußerst hitzig. Es kam zu Zusammmenstößen mit der Polizei. Als die

Reeder hart blieben und höhere Tarife verweigerten, drohte eine Erweiterung der Streikfront. Nun waren auch die Hafenarbeiter (anders als zunächst ihre Verbandsführung) bereit, sich auf seiten der Kommunisten zu schlagen. Daraufhin wurden die Hauptforderungen der Streikenden bewilligt; hierzu zählte als Nebeneffekt die künftige Verteilung von Butter statt Margarine an die Schiffsbesatzungen. Wollweber durfte einen beträchtlichen Erfolg für sich verbuchen. Indes wurde der Boden in Dänemark für ihn allmählich zu heiß. Die Behörden erhielten einige Informationen darüber, wer zu den Hintermännern des Streiks gehört hatte; entsprechende Haftbefehle waren nur eine Frage der Zeit. Moskau hielt es im Mai 1934 für angebracht, seinen Musteragenten vorläufig aus der Schußlinie zu ziehen. Zunächst sollte er jedoch kurzfristig an einer ISH-Konferenz in Antwerpen teilnehmen. Die Ausreise erfolgte mit gefälschten Papieren über England.

Im englischen Küstenort Harwich ereilte Wollweber ein böses Mißgeschick. Bei der Einreisekontrolle fiel sein primitiv gefälschter norwegischer Paß auf; womöglich hatten die Behörden auch einen Wink von Rivalen aus der Knüfken-Gruppe erhalten. Wollweber wurde stundenlang festgehalten, obwohl seine Begleiter Richard Jensen und der norwegische ISH-Funktionär Leif Voss lauthals protestierten. Schließlich erschienen zwei distinguierte Herren vom Auslands-Geheimdienst und begrüßten Wollweber namentlich auf deutsch; als er sich unwissend stellte, konfrontierten sie ihn mit seinem Foto aus dem offiziellen Reichstagshandbuch von 1932. Nun half kein Leugnen mchr. Mit Hilfe seiner skandinavischen Genossen stellte Wollweber einen Antrag auf politisches Asyl. Die Antwort der Briten war schneidend. „England ist eine maritime Macht, das wissen Sie sehr gut. Sie sind Sekretär der ISH, die es auf Streiks und Störungen der Schiffahrt anlegt. Uns interessieren alle Personen in der ganzen Welt, die sich mit der Aufwiegelung von Seeleuten und Hafenarbeitern beschäftigen. Dazu gehören Sie. Bei uns wollen wir Ruhe in den Häfen.“ Binnen einer Stunde werde man ihn mit dem nächsten Schiff nach Dänemark zurückschicken, wo in Esbjerg schon die Polizei warte. Nun war guter Rat teuer.

Die Zeit bis zur Ankunft in Dänemark wurde von Leif Voss (Jensen war nach Antwerpen weitergefahren) optimal genutzt. Auf dem Dampfer, der Wollweber transportierte, befand sich unter der Mannschaft eine illegale ISH-Gruppe. Sie informierte ihre Leute in Esbjerg und Kopenhagen. Die örtliche Polizei der Hafenstadt Esbjerg mochte mit Wollweber nichts zu schaffen haben; auf den Straßen demonstrierten bereits aufgebrachte Kommunisten und forderten „Freiheit für den Emigranten“. Eilig schob man ihn per Bahn zur zuständigen Fremdenpolizei nach Kopenhagen ab. Auf dem dortigen Hauptbahnhof gelang es mit Hilfe zusammengetrommelter ISH-Männer unter Führung Michael Awatins, die Polizei zu verwirren und Wollweber in ein Taxi zu ziehen, dessen Chauffeur Mitglied der dänischen KP war und ihn zu einem sicheren Versteck brachte.

Lange konnte er dort jedoch nicht bleiben. In jenen Tagen ereignete sich nämlich ein spektakulärer Entführungsfall. In Kopenhagen war auf offener Straße ein deutscher Kommunist namens „Kuhlmann“ beinahe gekidnappt worden. Ihm gelang trotz auf den Rücken gebundener Hände die Flucht. Wollweber wußte, daß ein falscher Paß auf den Namen Kuhlmann eigentlich für ihn bestimmt war und der Entführungsversuch demnach seiner Person gegolten hatte. Das ist um so wahrscheinlicher, als hinter der Aktion eine dänische Nazi-Gruppe unter Carlis Hansen steckte. Offensichtlich fand das Ganze mit Billigung der dänischen Sicherheitsbehörden statt, die schon aufgrund von Wollwebers Rolle beim Seeleute-Streik Interesse daran hatten, ihn loszuwerden. Hansen erhielt lediglich 40 Tage Gefängnis, die er nie absitzen mußte.

Nun wurde Wollwebers Situation immer heikler. Hinzu kam, daß die Komintern inzwischen auf sogenannte antifaschistische Volksfront-Strategie orientierte. Einerseits strebte man bessere politische Beziehungen zur Sozialdemokratie an und wollte nicht mehr das Trennende in den Vordergrund stellen, andererseits wurden die kommunistischen Truppen angewiesen, eine Taktik des Trojanischen Pferdes anzuwenden, d. h. geheime Verbindungen und Apparate insbesondere der SPD zum eigenen Vorteil aufzuklären. Organisationen wie die ISH wurden in aller Stille liquidiert, um Kommunisten als salonfähige Bundesgenossen erscheinen zu lassen. Vor allem ging es aber darum, neue illegale Apparate aufzubauen, die offiziell völlig unabhängig von Moskau und in weitaus höherem Grad auf einen militanten Kurs eingestellt waren. Dazu benötigte man Spezialisten wie Wollweber. Zunächst wurde ihm nur mitgeteilt, er solle nach Leningrad kommen, um dort die Leitung des Internationalen Seemanns-Clubs (Interclub) zu übernehmen. Wollweber, dem sein abenteuerndes Leben in Kopenhagen nicht schlecht gefiel, zeigte sich erstmals widersetzlich. Seine Abschiebung nach Leningrad käme „doch sozusagen einer Degradierung gleich", empörte er sich und fragte, welche Fehler man ihm anlaste. Vielleicht spielte auch die Tatsache eine Rolle, daß er sich seit geraumer Zeit mit der elf Jahre jüngeren deutschen Emigrantin Lotte Kann angefreundet hatte. Sie arbeitete im Kopenhagener ISH-Büro als Sekretärin und mußte auf Parteibefehl eine Scheinehe mit dem einheimischen Seemann Aage Møller eingehen, um die dänische Staatsbürgerschaft zu erlangen. Es wäre das erste Mal gewesen, daß Wollweber einer weiblichen Stimme Gehör geschenkt hätte. Doch die graue Eminenz des Komintern-Geheimdiestes, Ossip Aronowitsch Pjatnizki, beruhigte ihn mit der Versicherung, er werde in der Sowjetunion mit vielen deutschen und skandinavischen Seeleuten zusammentreffen und nicht ewig Chef des Interclubs bleiben. Im Sommer 1934 fuhr Wollweber auf dem Sowjetdampfer „Oka", diesmal mit sorgfältiger präpariertem Paß, nach Leningrad.

In der Newa-Metropole, Wiege von Lenins Oktoberrevolution, erwartete den Ankömmling scheinbar eine Idylle. Der Interclub am Prospekt Ogorodnikowa Nr. 15

bot für sowjetische Verhältnisse gehobenen Komfort. Seit seiner neun Jahre zurückliegenden Gefängniszeit hatte Wollweber so geruhsame Tage nie mehr erlebt. Das Seemannsheim, dem er vorstand, verströmte einen Hauch Beschaulichkeit - hinter dessen Fassade brodelte jedoch der antifaschistische Kampf. Die Sowjetunion unterhielt Mitte der 30er Jahre wieder rege Handelsbeziehungen mit westlichen Ländern, die vielfach über den Hafen von Leningrad abgewickelt wurden. Im hermetisch abgeschlossenen Stalin-Imperium verkörperte die Stadt (wie einst von Peter dem Großen erstrebt) das einzige Tor nach Europa. Tausende Seeleute aus „kapitalistischen Feindstaaten" kamen in die Stadt - ein ideales Feld für ideologische Einflußnahme, Komplotte und Geheimbündeleien. Ausländische Schiffsbesatzungen wurden von Interclub-Agenten bei Exkursionen in Betriebe, Kulturhäuser, Sportarenen und zu den historischen Stätten von Zarenreich und Bolschewismus begleitet. Offiziell agierte Wollweber als eine Art oberster Fremdenführer. Für die Sowjets den Cicerone zu spielen, wäre dem Geheimdienstler wohl fatal gewesen, hätte es nicht oft Abwechslung gegeben: Kungeleien mit alten Bekannten aus dem Matrosenmilieu, konspirative Kontakte zu deutschen, dänischen, schwedischen Seeleuten, das Verteilen materieller und ideologischer Konterbande.

Wilhelm Florin, KPD-Elitefunktionär und in der Komintern für die kommunistische Infiltration Skandinaviens verantwortlich, nannte die Tätigkeit im Interclub „eine der besten, interessantesten und wichtigsten im antifaschistischen Kampf". Mit ihm hielt Wollweber während seines Sowjetunion-Aufenthaltes engen Kontakt; deshalb mußte er mehrfach in Moskau Rapport erstatten, wo der einstige Kölner Betriebsrat Florin als Komintern-Sekretär sein Büro besaß. Der sowjetische Geheimdienst NKWD operierte vorsichtig und ließ seinen künftigen Chef-Terroristen in Ruhe. Man testete dessen Eigenschaften für jegliche Art von Konspiration.

Noch im Sommer 1935 pflegten die Sowjets ihre Kontakte zu Ernst Wollweber hauptsächlich über Wilhelm Florin. Seit dem 25. Juli hielt die Komintern auf ihrem legendären VII. Weltkongreß Heerschau. Auch Interclubist Wollweber durfte einige Tage als Beobachter die Tribüne der weltweiten bolschewistischen Creme von Georgi Dimitroff über Dolores Ibárruri bis Palmiro Togliatti beschauen. Während dieser Versammlung traf er sich mit Florin, der damals interne Querelen zu meistern hatte. Walter Ulbricht, ebenso fleißiger wie skrupelloser Chef des Sekretariats der KPD-Leitung, begann 1935 seine Intrigen gegen jeden tatsächlichen oder vermeintlichen Konkurrenten. Ausgenommen blieb einzig der unangreifbare Partei-Nestor Wilhelm Pieck, der versuchte, den Schein eines Übervaters der deutschen Partei zu wahren, und nur eingriff, wenn es die Stalinschen Lehrmeister für unbedingt notwendig erachteten. Florin hingegen wurde trotz seines Rufes als Musterknabe von Ulbricht verleumdet. Diese Tatsache erschütterte Florin derart, daß er Wollweber am Rande des VII. Weltkongresses unmißverständliche Hinweise auf den Charakter seines Kontrahenten gab. Es zeige sich leider, daß Genosse Ulbricht außer Pieck „keinen Nachbarn oder sogar Übergeordneten dulden" mochte. Lediglich einer „sehr ernsten Warnung" des Komintern-Chefs Georgi Dimitroff sei es zu verdanken, daß die Ulbrichtschen Attacken verstummten. Florin starb am 5. Juli 1944 in Moskau eines gänzlich natürlichen Todes und fiel so als machtpolitischer Rivale aus. Wollweber aber behielt die Warnung von 1935, wie seine geheimen Aufzeichnungen beweisen, gut im Gedächtnis.

Der VII. Weltkongreß der Komintern schmiedete im Sommer 1935 die neue Strategie und Taktik der kommunistischen Weltbewegung. Hatte man zuvor den nachgerade selbstmörderischen Kampf gegen die als sozialfaschistisch und opportunistisch diffamierte Sozialdemokratie geführt, lautete die Orientierung nun „Einheitskampffront der Arbeiterklasse". Endlich war man sich bewußt, daß der gefährlichste Konkurrent nicht in den Reihen der Arbeiterbewegung zu suchen sei, sondern im politisch zunehmend aggressiver agierenden Faschismus. Pläne von einer Weltrevolution wurden vorläufig ad acta gelegt, weil der Kampf in Europa ums nackte Überleben ging. Kommunisten in aller Welt begrüßten den verkündeten und theoretisch vielfach begründeten Umschwung in der Politik der Komintern. Doch es wäre verfehlt, von einer tiefgreifenden politischen Wende zu sprechen, das ganze war purer Pragmatismus. So sahen es Stalin und seine Adepten auch von Anfang an. Immerhin mußten äußerliche Zugeständnisse gemacht werden. Plötzlich galten auch „oppositionelle Teile der Bourgeoisie" als bündnisfähig. Das schloß aber ein, daß Moskau sich nach außen nicht mittels klassenkämpferisch-terroristischer Akte rechte Sozialdemokraten oder Bürgerliche zu Feinden machte. Natürlich wollte man auf Wühlarbeit gegen den Kapitalismus nie verzichten; notwenig war aber jetzt ein vorsichtigeres Taktieren. Sabotage, Mordanschläge, Diversion durften nicht mehr vordergründig als Werk von Stalins Komintern oder gar der Sowjetunion zu erkennen sein.

Insgeheim rechnete man in Moskau mit einem baldigen Weltkrieg. Die Auseinandersetzung zwischen Kommunismus und Faschismus schien unausweichlich. Darauf deutete auch der italienische Überfall auf Abessinien im Herbst 1935 hin; der Ausbruch des spanischen Bürgerkrieges im Sommer 1936 bestätigte solche Prognosen. In dieser Situation wollte die Führung um Stalin den künftigen Gegner noch zu Friedenszeiten größtmöglichen materiellen und ideologischen Schaden zufügen. Eine der zu diesem Zweck im skandinavischen Raum gebildeten geheimen Gruppen sollte Ernst Wollweber übernehmen. Der KPD-Vorsitzende Wilhelm Pieck hatte sein formales Einverständnis bereits gegeben.

Im Winter 1935 erreichte Wollweber das lange erwartete Telegramm von Losowski. „Sofort nach Moskau kommen - stop - Alle Sachen mitbringen." In Begleitung von Arthur Samsing, einem Norweger, der später zu seinen wichtigsten Mitarbeitern gehören sollte, fuhr Wollweber in die sowjetische Hauptstadt. Dort stellte ihm Losowski einen hohen Kommandeur der sowjetischen Geheimpolizei NKWD vor, der sich „Maxim Petrowitsch" nannte und sein Inkognito nie aufgab. Das Gespräch glitt bald in einen Erfahrungsaustausch über. „Maxim" zog einen Artikel über den Kampf gegen Transportlinien feindlicher Interventionstruppen hervor, den Wollweber 1928 in der „Schlesischen Arbeiterzeitung" geschrieben hatte. Losowski, der oberste Chef der internationalen kommunistischen Gewerkschaften, zog sich bald zurück und überließ dem Fachmann „Maxim" das Feld. Der besaß von seinem Gegenüber klare Vorstellungen. „Du weißt, was wir wollen, wie es gemacht wird, du hast Erfahrungen", resümierte er. Es ginge um die Störung und Unterbindung gegnerischer Verkehrsverbindungen, insbesondere der Schiffahrtrouten. Wollweber besitze „alle Voraussetzungen, eine internationale Kampforganisation aufzubauen, die nichts mit der Sowjetunion als Staat, nichts mit der legalen Partei zu tun hat".

Mehrere Wochen beratschlagten „Maxim" und Wollweber auf einer NKWD-Datscha vor den Toren Moskaus. Ergebnis dieser Gespräche war ein Aufbaukonzept für jene legendäre Sabotage-Truppe, die als „Wollweber-Organisation" in die Geschichte einging. Es handelte sich um ein vollkommen separates Verbindungsnetz, losgelöst von der Sowjetunion und allen legal oder illegal existierenden kommunistischen Parteiorganisationen und deren Apparaten. Ein Jahr sollte es dauern, bis der geheime Clan in acht Ländern voll funktionstüchtig war. Logistische Unterstützung erhielt er ganz zu Anfang noch von der Vierten Abteilung des Geheimdienstes der Roten Armee. „Maxim" residierte sicherheitshalber in Paris, weit entfernt vom Moskauer Machtbereich. Die Mitglieder der Wollweber-Liga (die sich selbst den Namen „Organisation Bernhard" gaben) mußten allesamt ihre kommunistischen Parteien verlassen. In den Richtlinien hieß es, die Truppe solle durch Wollweber und seine Stellvertreter so aufgebaut werden, „daß eine operative Gruppe die andere nicht kennt, keinerlei Beziehungen zu ihr hat, daß der Verbindungsapparat von den operativen Gruppen streng abgesondert ist, daß man jeden Schritt, den ein Genosse tun muß, so genau festlegt, als ginge es um den eigenen Kopf". Die Ziele hatte man in sechs Punkten definiert:

1. Die Organisation soll mit kleinen Gruppen, zwei bis höchstens fünf Mann stark, operieren. Nur ein Mann darf die Verbindung zum Chef Wollweber kennen. Die Gruppen arbeiten isoliert. Sie sollen aus verläßlichen, jungen, am besten unverheirateten Seeleuten in erster Linie aus den skandinavischen Ländern, Belgien, Holland, Frankreich und Deutschland bestehen.
2. Das von der ISH aufgebaute illegale Nachrichtennetz muß wiederbelebt und vorrangig auf die deutsche, italienische japanische und polnische Handelsflotte ausgerichtet werden. Eine vollständige Beschreibung sämtlicher Schiffe dieser Nationen sowie deren Standorte, Bewegungen, Ladungen, Besatzungen soll beschafft werden. Besondere Aufmerksamkeit sei auf jene zu richten, die für Franco-Truppen bestimmt waren.
3. Sabotagehandlungen sind gegen möglichst viele „Feindschiffe" auszuführen, vornehmlich mit Hilfe von zeitgezündeten Brandbomben.
4. Diversionen sollen auch gegen wichtige Landziele vorbereitet werden, beispielsweise gegen Erzgruben in Nordschweden, gegen Kraftwerke und Hafenanlagen. Außerdem sollen Pläne erstellt werden, um kriegswichtige Transport- und Hafenanlagen auch in anderen Ländern zu zerstören.
5. Depots für sowjetische U-Boote sind in Dänemark anzulegen.
6. Die Mitglieder der Organisation sollen sich aus ihrer jeweiligen KP abmelden und, wenn möglich, sozialdemokratischen Parteien beitreten.

Im Sommer 1936 fuhr Wollweber nach Antwerpen voller Entschlossenheit, das in ihn gesetzte Vertrauen eisern zu rechtfertigen. In der belgischen Hafenstadt traf er auf Josef

Schaap, einen holländischen ISH-Veteranen, bisher mit legaler Gewerkschaftsarbeit in den Niederlanden befaßt. Gemeinsam mit Schaap, fortan sein erster Stellvertreter, wurde das erste Netz geknüpft: Kurierverbindungen, illegale Quartiere, Deckadressen. Die Ausbildung geeigneter Kader in Sprengtechnik, Codierung und Paßfälschung übernahm der Deutsche persönlich. Bald stieß Michael Awatin alias Lambert hinzu, jener Lette, der einst Wollweber auf dem Hauptbahnhof von Kopenhagen vor der Polizei gerettet hatte. Vierter im Bunde wurde der Norweger Martin Hjelmen. Die vier Männer bauten jeder für sich ein illegales Netz mit einer stattlichen Anzahl Mitarbeiter auf; die Organisation zählte Ende 1936 ungefähr 300 Leute. Zu diesem Zeitpunkt trafen die Chefs sich in Oslo. Gemeinsam mit dem schon erwähnten Arthur Samsing und dem Schweden Gustav Söder nahm man die Praxis in Angriff. Die Kämpfe zwischen der spanischen Republik und den Franco-Truppen bildeten den Mittelpunkt des Interesses. Am 17. Juli 1936 hatten faschistisch orientierte Generale einen Militärputsch gegen die linksrepublikanische Regierung verübt, das Land befand sich seither im Bürgerkrieg. Wollwebers Auftag lautete: Sabotage gegen Waffen- und Materiallieferungen über Nordschweden und Norwegen für den von Franco besetzten Teil Spaniens. Ziel der Anschläge sollten in erster Linie deutsche, italienische und japanische Schiffe sein. Der Sprengstoff besorgte man aus schwedischen Erzgruben, wo er in rauhen Mengen benutzt wurde. Spezialist Wollweber hatte aus Moskau weitere Pläne mitgebracht. Zu den Sabotagemaßnahmen auf Schiffen zählte er unter anderem:

- Sand in das Schmieröl der Maschinen mischen. Besonders die Lager der schweren Schraubenwellen sind damit zu schmieren. Am richtigen Objekt angewandt, genügt eine Handvoll Sand, um auch die größte Maschine für einige Tage lahmzulegen.
- Sand oder feinen Kies bei den Winden und im Ankerspill anwenden.

- Direktes Unbrauchbarmachen von Kompassen und Sextanten; Beschädigen von Kompassen durch Entfernung oder Ablenkung der Steuermagneten.
- Übergießen von Kohle mit Wasser oder Petroleum bei warmem Wetter; die Folge sind verheerende Bunkerbrände.
- Steuerruderketten ansägen.
- Ladungen von Motoren, Pumpen und empfindlichen Geräten mit Zement und Wasser übergießen.

Für solche Vorhaben war eine ausgefeilte Logistik notwendig. Wollwebers Stellvertreter übernahmen ihre einzelnen Operationsgebiete. Der holländische Familienvater Josef Schaap war der intellektuelle Kopf. Er leitete die Aktionen im Nordseeraum, Michael Awatin, der haßerfüllte ungeduldige Haudrauf, war für Ostsee und die baltischen Staaten zuständig, Martin Hjelmen, der athletische Skandinavier mit dem ironischen Dauerlächeln, agierte im Gebiet Nordatlantik. Als dänischer Verbindungsmann fungierte der unentbehrliche Richard Jensen. Man bildete streng isolierte Operativgruppen, die für Sprengstoffschmuggel, Aufklärung gegnerischer Konvois und Herstellung falscher Dokumente zuständig waren. Außerdem gab es eine operative Fernkampfgruppe für Einsätze auf hoher See und den „Zersetzungs-Apparat", der neue Agenten zu gewinnen hatte. Den Operativgruppen gehörten nur erfahrene Seeleute und Hafenarbeiter an. Das Vorhaben der Wollweber-Organisation war außerordentlich gefährlich und risikoreich. Man lebte, so Wollwebers eigene Einschätzung, „ständig mit dem Kopf in der Schlinge". Der Blutzoll war auch unter den Anführern hoch. Schaap starb 1941 in Gestapo-Haft, Awatin war seit 1940 in Belgien verschollen, Hjelmen wurde 1944 in Deutschland hingerichtet.

Am Anfang der Aktionen der Wollweber-Leute stand eine Panne. Im Hafen von Rotterdam überraschte die Polizei auf dem niederländischen Frachter „Westplein" einen Hafenarbeiter, der Sprengladungen einschmuggeln wollte.

Das Verhör ergab zunächst nichts Wesentliches. Erst viele Monate später entdeckte man Querverbindungen, und erstmals fiel der Name Ernst Wollweber. Zu diesem Zeitpunkt war es zu einer ganzen Reihe aufsehenerregender Schiffskatastrophen gekommen. Es begann am 18. November 1937 mit dem italienischen Dampfer „Boccaccio", der südöstlich der Insel St. Quessant vor der bretonischen Küste in die Luft flog. Am 2. März 1938 folgte der japanische 7000-Tonnen-Frachter „Tajima Maru" in Bremerhaven. Auch Nazi-Deutschland blieb nicht verschont. So wurde am 19. März 1938 der Hamburger Dampfer „Claus Böge" durch zwei Explosionen im Laderaum zerrissen. Das Schiff befand sich auf dem Weg von Oslo nach Vlissingen in der Nordsee auf Höhe von Horns Riff; der Kapitän kam beim nur wenige Minuten dauernden Untergang ums Leben, während die Besatzung noch rechtzeitig ihre Rettungsboote erreichte.

Die Katastrophe der „Boccaccio" sei hier als eines der klassischen Beispiele genannt. Josef Schaap hatte den Sprengstoff, 38 in Paraffinpapier gewickelte Dynamitpäckchen, vom schwedischen Bergbau-Unternehmen Grängesberg stehlen lassen. Das in einem Segeltuchbeutel verpackte Explosivmaterial wurde an Bord geschmuggelt und mit einem Kupferröhrchen präpariert. Dies enthielt Schwefelsäure und war an beiden Enden durch dicke Pfropfen aus Pappe abgedichtet. Das Röhrchen wurde von einer Mischung aus Puderzucker und Kaliumchlorat umgeben. Der Zeitpunkt der Explosion war abhängig von der Länge des Papp-Pfropfens, durch den sich die Säure fressen mußte. Kam sie mit dem umgebenden Gemisch in Berührung, entstand eine Stichflamme, die mit einer Hitzeentwicklung von 3000 Grad Celsius die Sprengladung explodieren ließ. Bei der „Boccaccio" wurden die Bordwände durch die Wucht des Dynamits nach außen gedrückt.

Das Ziel der Terroraktionen bestand in erster Linie darin, die Transportlinien der faschistischen Staaten zu stören und eventuell den Feind materiell zu schädigen. Darüber hinaus sollte er auch gezwungen werden, seine

Transporte stärker zu sichern, was seine Einsatzkräfte an anderen Stellen schwächen mußte. Seinen Memoiren zufolge wollte Wollweber mit den Aktionen auch Beispiele schaffen, die von anderen antifaschistischen Organisationen oder Gruppen aufgegriffen werden sollten. Voller Genugtuung konnte er feststellen, daß die Medien in ihrer Berichterstattung auch die Methoden bzw. die operative Technik seiner Organisation genauestens dokumentierten. Eine Zeitung berichtete sogar, wie man eine Sprengladung mit Zündung aus eigener Kraft herstellen konnte.

Das Jahr 1938 brachte Wollwebers Bombenlegern reiche Ernte. Am 9. April explodierte der italienische Frachter „Felce" im Golf von Tarent. Ende Mai brannten die spanischen Trawler „Cierzo" und „Abrego" im Mittelmeer bzw. im dänischen Frederikshavn. Am 23. Juni sank der deutsche Dampfer „Hestia" im franco-spanischen Hafen Passarges nach Zündung eines Brandsatzes. Einen Tag später folgte die japanische „Kashii Maru" im Englischen Kanal. Am 7. August traf den Hapag-Dampfer „Reliance" sein Schicksal, er versank nach einem höllischen Brand vor dem Hamburger Hafen; zwei Tote waren zu beklagen. Im Atlantik explodierte wenig später die deutsche „Vancouver". Bis heute ungeklärt ist der Anteil von Wollwebers Organisation am Untergang der deutschen Schiffe „Phila", „Saar" und „Norderney". Andere Dampfer konnten erst in letzter Minute von Sprengsätzen befreit werden, so 1938 die polnische „Batory" im Hafen von Kopenhagen oder die spanische „Sierra Cordoba" im Rigaer Hafen. Es handelte sich in aller Regel um Frachter, die strategisch wichtiges Material nach Spanien transportieren sollten, das für den Anführer des faschistischen Putsches Francisco Franco bestimmt war. Den Japanern sollte darüber hinaus eine Lektion erteilt werden, weil sie im Juli 1937 Zentral-China überfallen und die kommunistische Hochburg Shanghai bombardiert hatten. Soweit Berechnungen möglich sind, kommen auf das Konto der Wollweber-Liga ungefähr 250000 Brutto-Registertonnen versenkten Schiffsraums und zehn getötete Seeleute.

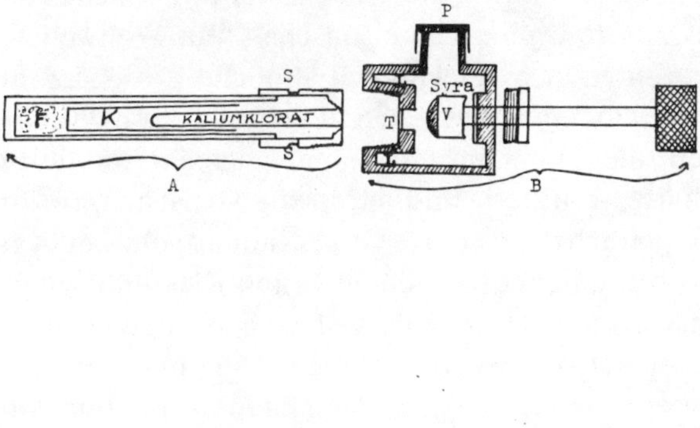

7. Die „Batory“ im Hafen von Kopenhagen
8. Edvard Nybergs Skizze für einen chemischen Zeitzünder

Es stellt sich die Frage, welche geistige Haltung diesem politischen Fanatikertum zugrunde lag, das den Tod unschuldiger Menschen billigend im Kauf nahm, aber auch das eigene Leben ohne Zögern einsetzte. Hatten die Männer Wollwebers dabei die spanischen Frauen und Kinder vor Augen, die in Guernica umgekommen waren, wollten sie die Faschisten, die ihre Genossen in Deutschland und anderswo in Konzentrationslagern quälten, bekämpfen? Oder waren sie nur blind gehorchende Parteisoldaten Moskaus? Krebs-Valtin liefert in seinem „Tagebuch" folgende aufschlußreiche Deutung: „Die Partei kommt zuerst! Ganze Berge vernichteter Menschenleben liegen unter diesem Epitaph begraben. Wenn einer der Partei angehörte, so gehörte er ihr ganz, mit Leib und Seele. Trotz des Zynismus, der mehr und mehr die Herzen der Männer erfüllte, die ihr Leben der Sache gewidmet hatten, liebten wir unsere Partei und wir waren stolz auf ihre Macht und stolz auf unsere eigene Leibeigenschaft." In Wollwebers Papieren finden sich gelegentlich ähnliche Einschätzungen. So schreibt er über seinen Stellvertreter Awatin: „Die Genossen, die er herausfand, waren ungefähr so wie er selbst – harte, verbitterte und verbissene Menschen, die im Elend aufgewachsen waren." Verklausuliert geht bei ihm die Rede von einem „stark entwickelten Klassenbewußtsein und Klassenhaß" sowie der politischen Überzeugung, „daß die operativen Maßnahmen der Lage und der Entwicklung entsprachen". An anderer Stelle spricht er von blindem Vertrauen gegenüber der Sowjetunion und benutzt sogar den Ausdruck „falscher Heroismus". Das bezieht sich eventuell auf die stillschweigende Vereinbarung, im Falle einer Festnahme lieber Selbstmord zu begehen als Geheimnisse preiszugeben.

Hinzu kam erschwerend jenes altgewohnte Klima gegenseitiger Bespitzelungen, das selbst vor den treuesten Parteigängern Moskaus nicht Halt machte. Die Geißel Stalins drohte ständig. Wollweber bekam das in Gestalt des NKWD-Emissärs Leo Haikiss zu spüren, dem Gründer der blutbesudelten Leningrader Tscheka. Er denunzierte jeden vermeintlichen Rivalen schonungslos und nannte in seinen Berichten Ernst Wollweber einen „Banditen“ und „unverschämten Dummkopf“. Haikiss sammelte unermüdlich Belastungsmaterial, solange bis er 1938 selbst in die Fänge des Sowjet-Geheimdienstes geriet und hingerichtet wurde. Seine Dossiers fielen in Wollwebers Hände, der sie aus wohlverstandenem Eigeninteresse schleunig vernichtete.

Dennoch waren diese Jahre keineswegs die reine Marter für Wollweber und seine Leute. Zwischen ihnen herrschte ein unter stalinistischen Verhältnissen ungewohnt freimütiger Ton. „Es war klar, daß sich das persönliche Verhältnis der Genossen in einer solchen Kampfgemeinschaft offen, ehrlich, ohne die geringste Intrige, im vollen Vertrauen des einen zum anderen gestaltete, das heißt, es entstanden in einer solchen Organisation Bande der persönlichen Freundschaft“, erinnerte sich Wollweber. Überdies wurde der gefährliche Einsatz aus sowjetischen Quellen mit US-Dollars entlohnt, eine heute weitgehend unbekannte Tatsache. Selbst gelegentliche Erholungspausen in der Sowjetunion fehlten nicht. Dies war um so öfter der Fall, als Wollwebers Organisation ja seit 1937 ihre Treue zur Idee auf spektakuläre Art unter Beweis gestellt hatte. Der deutsche Chef kam auf seinen konspirativen Reisen durch halb Europa; mit seinen Agenten traf er sich im Rijksmuseum Amsterdam (am liebsten vor Rembrandts „Nachtwache“), in der Pariser Kathedrale Notre Dame, am Holmenkollen bei Oslo oder in Klampenborg bei Kopenhagen. Weniger komfortabel gestalteten sich illegale Grenzgänge zwischen Norwegen und Schweden. Einmal geriet man an der gewöhnlich nur schwach bewachten Grünen Grenze beinahe in die Hände einer schwedischen Militärpatrouille. Wollweber und seine Begleiter mußten sich mehrere Tage im Wald verstecken und sich von den Eiern einer Auerhenne ernähren, weil ihnen der Proviant ausging. „Der Geschmack dieser Eier war so widerlich, daß ich selbst bei meinem großen Hunger keinen Bissen herunterbekam“, berichtete Wollweber später. Als Entschädigung solcher

Mühsal erwies sich namentlich das landschaftlich reizvolle, dünnbesiedelte Norwegen, ein ideales Gelände für Experimente mit Zeitzündern und Dynamitladungen.

Natürlich wurden die deutschen Behörden inzwischen in höchste Alarmstufe versetzt. Der Verlust so vieler Schiffe erzeugte auch unter den Seeleuten Unruhe. Es sprach sich herum, daß Sabotage die Ursache war. Auf einigen Dampfern fand man Indizien: Sprengladungen mit zuverlässig funktionierenden, hochwirksamen Langzeitzündern aus billigen Wecker-Uhren und Taschenlampenbatterien. Diese Bomben wurden in Werkzeugkisten, Taurollen und Schwimmwesten an Bord geschmuggelt. Eine weitere tödliche Waffe war die sogenannte Vugge (aus dem Dänischen = Wiege), eine magnetische Haftmine mit elektrischer oder chemischer Zündung. Der Hohlkörper dieser „Vugge" ist mit Dynamit gefüllt; die Magneten halten ihn am Schiffsrumpf fest und sind gleichzeitig mit der elektrischen Zündung verbunden. Wenn die Mine einmal angebracht ist, kann sie nicht wieder entfernt werden, weil sonst sofort eine Explosion erfolgt. Die chemische Zündung hingegen war so konstruiert, daß sie sich je nach Wunsch erst Tage oder Wochen später selbst auslöste. Nach dem „Westplein"-Zwischenfall in Rotterdam war ein holländischer Verbindungsmann und Bombenexperte namens Adriaan Feij aufgeflogen. Über ihn kamen die deutschen Sicherheitsbehörden erstmals dem Phänomen Ernst Wollweber auf die Spur. Man wußte, daß er im skandinavischen Raum die Sabotage organisierte und argwöhnte völlig zu Recht, daß die Sowjetunion dahinterstecke. Damit erschöpften sich die Kenntnisse allerdings.

Laut Rapport eines V-Mannes vom August 1937 sei Wollweber „bald in Oslo, bald in Stockholm tätig", was zwar partiell stimmt, aber auch nicht weiterhalf. Darüber hinaus wußte der Informant zu berichten: „Wollweber soll recht dick geworden sein." Aus der Gestapo-Suchkartei geht hervor, daß man weitgehend im Dunkeln tappte. So heißt es etwa in einer Eintragung vom 8. Dezember 1937 irrtümlich, Wollweber sei „mit vielen anderen leitenden

Leuten kaltgestellt" worden und halte sich gegenwärtig in einem Leningrader Sanatorium auf. Im Juli 1938 reiste eine Abordnung deutscher Kripo-Beamter nach Kopenhagen, Göteborg und Stockholm, um Informationen über die Schiffssaboteure auszutauschen. Die dänischen und schwedischen Behörden waren an der Aufklärung dieser Fälle naturgemäß auch interessiert, wußten indes nichts Konkretes zu melden. Ende August schaltete sich auch der Sicherheitsdienst (SD) von Himmlers SS ein. In einem längeren Bericht war von „konzentrierten Sabotageaktionen bolschewistischer Kreise" die Rede. Dringend mahnte der SD zur Zusammenarbeit mit den Sicherheitsbehörden der betroffenen Länder. Zu diesem Zweck verschickte man am 7. September 1938 umfangreiche Übersichten und Signalements der gesuchten Terroristen an dänische, schwedische, norwegische und niederländische Polizeibehörden. Vertreter der genannten Länder trafen sich wenig später in Hamburg. Ein Ergebnis dieser Konferenz war die Vermutung, Wollweber arbeite für den englischen Nachrichtendienst. Dieses Gerücht, so falsch es war, besaß einen handfesten Hintergrund. Es steht in Zusammenhang mit einer erheblichen Schlappe, die SD und Gestapo in jener Zeit hinnehmen mußten, dem Fall Pflugk-Hartung.

Der einstige kaiserliche Marineoffizier Horst Gustav von Pflugk-Hartung hatte 1919 als einer der Mörder von Karl Liebknecht und Rosa Luxemburg, den Führern der KPD, vor Gericht gestanden. Er wurde trotz etlicher belastender Indizien freigesprochen, gehörte 1920 zu den rechtsradikalen Kapp-Putschisten, landete schließlich im Agentenmilieu und tauchte für zwölf Jahre in Schweden unter. 1933 ging er als angeblicher Skandinavien-Reporter der „Berliner Börsen-Zeitung" nach Dänemark. Später leitete er unter dem Aushängeschild der Radiofirma „Continental" in Vesterbro einen deutschen Spionagering. Pflugk-Hartungs Büro befand sich im selben Haus wie Wollwebers Residenz während seiner Aufenthalte in Kopenhagen. Die beiden Antipoden waren also, ohne es zunächst zu ahnen, Nachbarn geworden. Pflugk-Hartungs Agentenzentrale gewann im Laufe der 30er Jahre beträchtlich an Bedeutung. Seine Hauptaufgabe sah er in der Registrierung „kommunistischer und anderer gegenüber Deutschland feindlich eingestellter Elemente“, aber auch in gewöhnlicher Geheimdienstarbeit; nicht zuletzt Seefahrts- und Hafenspionage wurden in Hinblick auf einen möglichen Krieg forciert.

1938 gelang es Wollweber, diesem verhaßten Erzfeind des Kommunismus schweren Schaden zuzufügen. Wahrscheinlich verschaffte er sich über seinen alten Bekannten und Widersacher Hermann Knüfken Kontakte zum britischen Geheimdienst Secret Service. Dessen Führungsoffiziere Payton Best und Richard Stevens, eigentlich in Holland stationiert, waren mit der Seefahrtsspionage in Skandinavien beauftragt. Beide erlangten später zweifelhafte Berühmtheit durch den sogenannten Venlo-Zwischenfall am 9. November 1939, als sie von einem Rollkommando des SD an der deutschen Grenze überwältigt und verschleppt wurden. Im Herbst 1938 wohnten Best und Stevens im Kopenhagener „Hotel d'Angleterre“. Hier übergab Wollweber ihnen eine vollständige Auflistung über die Nazi-Organisation von Pflugk-Hartung; die Briten leiteten das Dossier an die dänische Polizei weiter. Im November 1938 kam es zu einer Razzia, in deren Folge 14 deutsche Spione festgenommen wurden. Am 26. Januar 1939 traf es auch Pflugk-Hartung. Er wurde zu anderthalb Jahren Gefängnis verurteilt, jedoch schon am 24. Juli nach Deutschland abgeschoben.

Im Gefolge seiner zahllosen Reisen - Wollweber pendelte oft zwischen Oslo, Kopenhagen, Stockholm, Göteborg, Amsterdam und Antwerpen - entstanden etliche heikle Situationen. Manchmal schien der Terroristenchef es zu genießen, sich über seine Gegner lustig zu machen. Während einer Dampferpassage von Oslo nach Amsterdam Anfang 1939 quartierte er sich mit gefälschtem norwegischen Paß als angeblicher Kaufmann ein. Wie der Zufall es wollte, befand sich unter den Passagieren ein

Offizier der norwegischen Fremdenpolizei. Abends bei Cognac und Mokka beschloß der trinkfeste Wollweber, sein Gegenüber auszuhorchen, denn ihn beschlich „ein unangenehmes Gefühl, mit einem solchen Menschen immerhin zwei Tage an einem Tisch sitzen zu müssen". Scheinbar seelenruhig überreichte er dem Norweger seine Papiere und bat ihn, einmal zu erklären, woran man gefälschte Pässe erkennen könne. Die folgenden Erläuterungen des Fachmannes waren von solcher Güte, daß Wollweber nach eigenem Bericht kaum ein Lachen unterdrücken konnte. Der Mann aus Oslo dozierte, daß falsche Pässe durch Auswechseln der Lichtbilder entstünden. Aber so primitive Methoden wandten kommunistische Zinker-Zentralen schon lange nicht mehr an. Auch die anderen genannten Tricks stammten aus der geheimdienstlichen Mottenkiste. Den Rest der Fahrt unterhielt sich Wollweber glänzend mit dem Polizeibeamten. Als ein rumänischer Kaufmann seinen vermeintlichen Berufskollegen in Fachsimpeleien über Pelzhandel verwickeln wollte, fiel dem gewieften 40jährigen, der natürlich keinerlei Ahnung von solchen Fragen besaß, eine originelle Lösung ein. Er verbat sich während der Reise alle schwerblütigen Gespräche über Berufsprobleme und richtete statt dessen Wettbewerbe im Witze-Erzählen aus. Die Szene hat etwas Makaberes: Der Befehlshaber einer schiffe-versenkenden Polit-Mafia unterhält auf hoher See kapitalistische Widersacher durch Schnurren und Anekdoten. Vielleicht ist diese Marginalie aus den Wollweber-Papieren reich an Ausschmückungen, unwahrscheinlich ist sie keineswegs.

Bis 1939 gab es nur eine namhafte Panne. In Dänemark war ein für Spanien bestimmter Hochgeschwindigkeits-Trawler kurz nach dem Stapellauf versenkt worden. Als ruchbar wurde, daß einheimische Seeleute diese Aktion durchgeführt hatten, und es zu Festnahmen kam, intervenierte Aksel Larsen, Vorsitzender der dänischen Kommunistischen Partei. Entweder kannte Larsen die Hintergründe nicht genau oder er mißbilligte das Treiben der Wollweber-Organisation. Jedenfalls sandte er einen Rechtsanwalt ins Gefängnis und ließ den Verhafteten erklären, daß sie auf Provokateure hereingefallen seien und ihre Tat zu verurteilen wäre. Larsen verlangte, der dänischen Polizei alles zu beichten, was sie wüßten und die Genossen fügten sich ihrem Chef. Resultat war, daß ein Teil der Sabotage-Trupps lahmgelegt wurde und ein anderer Teil aus Sicherheitsgründen eine Zeitlang passiv bleiben mußte. In der Presse sickerten allmählich Gerüchte durch, daß eine straff geführte Terror-Organisation kommunistischer Provenienz in Skandinavien ihr Unwesen trieb.

Dieser wachsende Bekanntheitsgrad konnte Wollweber nur unerwünscht sein, zumal er kurz zuvor knapp seiner Verhaftung entgangen war. Als er per Auto über die schwedisch-norwegische Grenze fuhr, kam es zu einem Unfall. Der Chauffeur steuerte auf Nebenwegen und wußte nach einiger Zeit nicht mehr, in welchem Land man sich gerade befand. Normalerweise wäre das egal gewesen, doch in Schweden herrschte Linksverkehr, in Norwegen dagegen Rechtsverkehr. Der noch an schwedische Vorschriften gewohnte Fahrer stieß in Norwegen prompt mit einem Holzfuhrwerk zusammen, das Auto kippte um und Wollweber mußte sich mit Kopfverletzungen durch die Wälder schlagen, bis ein alarmierter kommunistischer Suchtrupp ihn fand und per Eisenbahn nach Oslo verfrachtete.

Die Wollweber-Organisation rekrutierte sich hauptsächlich aus Spanien-Kämpfern. Unter den Bedingungen eines seit 1936 erbittert ausgefochtenen Bürgerkrieges konnten die Kommunisten dort nach Belieben Sabotage-Fachleute in der Praxis ausbilden. Leiter dieser Aktionen war der Deutsche Richard Stahlmann, Absolvent einer Spezialschule des sowjetischen Geheimdienstes. Unter seinem Kommando, dem „1er Batallon Motorizado de Guerilleros", standen stets 70 bis 80 Spezialisten, die zum großen Teil aus Skandinavien stammten. Immer, wenn Wollweber neue Leute brauchte, wandte er sich an seinen späteren MfS-Untergebenen Stahlmann. Der beorderte hochmotivierte Sprengstoff-Profis („sehr gute Genossen") an die Brennpunkte des Geschehens. Kurt Höfer, ein Stahlmann-

Vertrauter, berichtet, wie findig man Spreng- oder Brandsätze aus Grundstoffen wie Kaliumchlorat, Petroleum und Zucker herstellte. Aus abgesägten Eisenrohren wurden mit Hilfe von Chemikalien und Dynamit wirksame Bomben gebastelt. Die Stahlmann-Truppe arbeitete so effektiv, daß Komintern-Chef Dimitroff ihr im Dezember 1937 höchstes Lob zollte.

In all diesen Wirrnissen kam Wollwebers Privatleben recht kurz. Auf Parteibefehl hatte er 1935 in Leningrad die Ehe mit der norwegischen Kommunistin Ragnhild Wiik geschlossen, um in Skandinavien besser Fuß fassen zu können. Die 1910 geborene Ragnhild, eine hagere dunkelhaarige Frau, arbeitete damals als Kellnerin im Interclub. Beide bezogen in Oslo eine gemeinsame Zwei-Zimmer-Wohnung am Stadtrand. Oft lebte man aber auch in der Kopenhagener Haraldsgade 21, wo eine Freundin von Richard Jensen Unterschlupf gewährte. Während Wollweber seine Partei-Ehe mit Ragnhild Wiik relativ kalt ließ (sie selbst bezeichnete ihren Ehemann als „abstoßend"), hatte er ein Auge auf deren hübsche Schwester Gudrun geworfen. Beide verband eine heftige Liaison, soweit dies unter den gegebenen Umständen möglich war. Gudrun Wiik war die erste Frau im Leben Ernst Wollwebers, die ihm emotionelle Äußerungen entlockte. Freilich waren sämtliche Voraussetzungen für eine tiefere Beziehung denkbar ungünstig. Wenn Wollweber sein internationales Netz der Konspiration knüpfte, sahen beide sich wochenlang nicht.

1939, im Auftaktjahr des größten Völkermordens aller Zeiten, beruhigte sich die Weltöffentlichkeit zunächst mit dem Ende des spanischen Bürgerkrieges, einer eklatanten Niederlage der Kommunisten und ihrer linkssozialistischen und anarchistischen Verbündeten. Auf eigenartige Weise verbindet sich dieses Datum auch mit dem Wohl und Wehe Ernst Wollwebers. Der erfolgreichste Komintern-Terrorist, ein Mann, der immerhin soviel unterschwellige Humanität besaß, seine Bombenleger anzuweisen, sie sollten Menschenleben möglichst schonen, ahnte zu Jahresbeginn noch nichts Böses. Der Anfang vom Ende seiner Organisation hatte an jenem Sonnabend, dem 4. Februar 1939 begonnen, als ein 40jähriger Grubenarbeiter namens Gustav Anton Ceder sich im nordschwedischen Luleå bei der Polizei meldete. Der von chronischem Muskelrheumatismus geplagte Ceder gestand, einer geheimen kommunistischen Sabotageorganisation anzugehören. Zum Beweis präsentierte er drei Messingrohre, die er als Teile für sogenannte Höllenmaschinen zum Sprengen von Schiffen bezeichnete. Weiter berichtete Ceder, daß er seine Tasche bei einem Bauern im nahegelegenen Mjölkudden abgestellt hätte, darin befänden sich Dynamit und anderes für Sabotage notwendiges Material. Am selben Tag noch holte er dies in Begleitung eines Polizisten ab. Im anschließenden Verhör gestand Ceder, seit 1936 einem Geheimbund anzugehören, von dessen Zielen er anfangs nur wußte, daß er gegen Faschismus und Krieg arbeite. Schließlich seien die Aufgaben in Richtung Sabotage erweitert worden, dabei ginge es in erster Linie um die Versenkung von Schiffen der faschistischen Staaten. Aber auch schwedische Kriegsschiffe stünden auf der Abschußliste, hieß es wahrheitswidrig.

Auf der Grundlage von Ceders Erzählungen, offensichtlich eine Mischung von Fakten und Fiktionen, nahm die Polizei ihre Ermittlungen auf. Der reuige Sünder, so einigte man sich, solle seine Arbeit in der Organisation zum Schein fortsetzen und regelmäßig Bericht erstatten. Ebbe Hallberg, einer der hartnäckigsten schwedischen Polizisten, benötigte einige Wochen, dann kam er Wollweber auf die Spur, dessen Deckname damals „Anton“ lautete. Genosse „Anton“ erholte sich gerade bei seinen Auftraggebern in Leningrad. Aber Hallberg, ein Mann mit erstaunlich guten Verbindungen zur Terroristenszene, legte seine Netze und wartete geduldig, bis der seltene Vogel sich darin verfangen mußte.

9. Ragnhild Wiik, 1940

Hinter schwedischen Gardinen (1939–1944)

„Es gab nur ein Land in der Welt, wo man sich vor den Feinden sicher fühlen konnte“, behauptete Wollweber in seinen Erinnerungen. Gemeint war selbstredend die Sowjetunion, wo ausländische Agenten der Komintern nach allen Regeln der Kunst hofiert wurden. Die ständige Nervenanspannung des Geheimdienstkrieges, immer unter tödlicher Gefahr und in ständiger Fluchtbereitschaft, das Versteckspiel und permanente Mißtrauen führten bei vielen zu seelischen Zusammenbrüchen. In solchen Situationen konnte es, wie der Fall Ceder zeigt, zu unkontrollierten Handlungen kommen. Die Sowjets machten es sich deshalb zum Prinzip, wichtige Mitglieder ihrer Agentenzentralen regelmäßig nach anderthalb bis zwei Jahren zur Erholung in das Vaterland aller Werktätigen einzuladen. Freilich sprach sich herum, daß manche von ihnen das Sanatorium mit einer NKWD-Zelle vertauschen mußten; völlig sicher konnte man sich beim Genossen Stalin eben doch nicht fühlen. Im Sommer 1939 kam die Reihe an Wollweber. Er durfte, wie schon im Frühjahr 1938, sechs Wochen Urlaub vom Minenlegen nehmen und reiste über die unauffällige finnische Grenzstation Terijoki ins Sowjetland.

Moskau bot dem Emigranten wenig Arbeit und viele philosophische Gespräche, Theaterabende und Exkursionen. Auch eine Schiffsreise auf dem gerade fertiggestellten Moskwa-Wolga-Kanal gehörte zum Programm; es ist zu bezweifeln, ob Wollweber von den barbarischen Methoden beim Bau dieser 128 Kilometer langen Wasserstraße wußte, die Zehntausenden politischen Häftlingen das Leben kostete. Nach einigen Wochen ließ sich der geheimnisvolle „Maxim“ wieder sehen. Es war Mitte August 1939,

Europa fieberte von einer Krise zur anderen. Alles schien auf einen militärischen Konflikt zwischen Deutschland und Polen hinzudeuten. Stalin blieb nichts anderes übrig, als bei diesem Ringen Stellung zu beziehen, und er entschied sich für eine Variante, die vor allem den internationalen Kommunismus bis zur geistigen Lähmung irritierte. Daß die Sowjetunion am 23. August 1939 einen Nichtangriffspakt ausgerechnet mit ihrem erklärten Todfeind Adolf Hitler schloß, besaß scheinbar alle Elemente des Irrationalen. Dabei blieb zunächst völlig unbekannt, daß beide Seiten sich in Geheimabkommen auch noch über die Teilung Polens und des Baltikums einigten.

Wollweber erfuhr vom Hitler-Stalin-Pakt aus der „Prawda". Wieweit ihn dieses unnatürliche Bündnis nachdenklich stimmte, ist schwer festzustellen; später bemerkte er lediglich, ihn habe der Vorgang „überrascht" und der Sinn des Ganzen sei ihm „erst etwas später" klargeworden. Selbst sein Lehrmeister „Maxim" zeigte sich in jenen Tagen ungewöhnlich nervös. Denn falls es zum Krieg zwischen Deutschland und den Westmächten käme, waren die Fronten völlig verkehrt. Gegenüber Hitler mußte plötzlich Wohlverhalten demonstriert werden - andererseits konnte man den antifaschistischen Kampf im Ausland nicht einfach per Dekret einstellen. „Maxim", der offensichtlich intelligenter war als die Masse der Funktionäre, deutete gegenüber Wollweber an, daß die Idylle zwischen Moskau und Berlin nicht ewig dauern werde. Die eigentliche Arbeit beginne erst. „Was wir bis jetzt gemacht haben, war nur die Generalprobe."

Der deutsche Angriff auf Polen begann am 1. September 1939. Zwei Tage später erklärten Großbritannien und Frankreich dem Deutschen Reich den Krieg. Damit hatten weder Hitler noch Stalin ernsthaft gerechnet. Nun mußte man befürchten, daß der Konflikt auch auf Skandinavien übergriff. Bereits am 4. September erschien „Maxim" bei Wollweber und erklärte, man habe „etwas verpaßt". „Alles ist schneller gekommen, als wir gedacht haben." Jetzt sei keine Minute zu verlieren. Er überreichte einen erstklassig gefälschten Schweizer Paß auf den Namen „Hans Koller". Den Ausweis hatte ein Polizeibeamter im Baseler Paßbüro geliefert, der seit 1926 für den sowjetischen Militärgeheimdienst GPU arbeitete. Mit diesem Dokument eines neutralen Landes sollte Wollweber ohne Schwierigkeiten nach Schweden einreisen und zunächst von Stockholm aus seine Organisation in Kampfbereitschaft halten. Am Morgen des 5. September 1939 flog er mit der einzigen noch intakten schwedischen Fluglinie von Moskau einem ungewissen Schicksal entgegen.

Das Mißtrauen der Schweden gegenüber Ausländern und die Angst vor Spionen war nach Ausbruch des Krieges enorm gewachsen. Schon im Juni 1938 hatte sich ein Sicherheitsdienst konstituiert, der im Kriegsfalle oder bei akuter Kriegsgefahr die Übermittlung wichtiger Nachrichten durch ausländische Agenten verhindern sollte. Der Chef dieses Sicherheitsdienstes, Eric Hallgren, unterstand unmittelbar der Regierung. Sein von der normalen Polizei abgesonderter Dienst war für allgemeine Zensur sowie für die Aufklärung und Verfolgung verdächtiger Personen zuständig. Zur Erfüllung dieser Aufgaben verfügte Hallgren über weitreichende Kompetenzen, die von Telefon- und Postkontrolle bis zum Recht auf Information gegenüber allen Verwaltungen und Dienststellen des Landes reichten. Schweden wurde in sieben Sicherheitsbereiche eingeteilt, wobei die Hauptstadt eine Sonderstellung einnahm. Dem Leiter der Politischen Polizei Stockholms, Martin Lundquist, unterstand auch die auf Bekämpfung von Spionage spezialisierte 6. Abteilung unter Kriminalkommissar Erik Lönn mit ihren drei Bereichen Sowjetunion, Deutschland und Westmächte.

Als Wollweber am 5. September 1939 auf dem Stockholmer Flughafen Bromma eintraf, hatten sich einschneidende Veränderungen ergeben, die weder er noch seine sowjetischen Auftraggeber vorhersehen konnten. Erstens hatte die Schweiz wenige Stunden zuvor ihre Truppen mobilisiert und den Jahrgang von „Hans Koller" alias Ernst Wollweber zum Militär einberufen. Zweitens war inzwischen von Schweden für alle Ausländer ein Visumzwang angeordnet worden. Auf den ersten Blick war der falsche Paß Wollwebers nicht zu erkennen. Ein Polizeibeamter wies ihn auf die erfolgte Mobilmachung hin; er solle sich sofort beim Schweizer Konsulat melden. Da er kein Visum besitze, werde man seinen Paß einziehen. Das Dokument würde er am folgenden Tag um 11 Uhr im Polizeipräsidium zurückbekommen, wenn eine Bescheinigung des Konsulats über seine Identität vorliege. Die Situation war äußerst heikel, denn der Polizist wollte wissen, wo „Hans Koller" bis zum nächsten Tag zu wohnen gedenke. Wollweber nannte das ihm bekannte Hotel „Savoy" im Stadtteil Djurgården. Tatsächlich stieg er dort ab, buchte ein Zimmer, stellte sein Gepäck ab und erkundigte sich möglichst auffällig beim Portier nach dem Weg zum Schweizer Konsulat. Während eines einsamen Mittagessens überdachte er seine Lage. Immerhin bestand die Chance, daß sein Paß nicht als gefälscht erkannt und ihm die Reise in die Schweiz gestattet würde. Aber eine solche Fahrt hätte über Deutschland geführt, was wesentlich gefährlicher war, als in Stockholm zu verschwinden. Nach etlichen Straßenbahnfahrten und einer Fährpassage über den Mälar war sich Wollweber sicher, nicht verfolgt zu werden. Er suchte eine konspirative Wohnung zuverlässiger schwedischer Kommunisten auf. Nun galt es, so schnell wie möglich unterzutauchen.

Zunächst versteckte man Wollweber in einem Haus am Stadtrand von Stockholm, das von dichtem Wald umgeben war. Wider Erwarten wußten die schwedischen Polizeibehörden mit dem falschen Schweizer Paß nichts anzufangen. Das war eine Folge der Wirren nach Kriegsbeginn. Unmengen dubioser Ausländer - Nazi-Spione, Sowjet-Saboteure, US-Geheimdienstler, politische Emigranten jeder Couleur - trieben sich in Skandinavien herum; sie verschwanden spurlos und tauchten nach Belieben mit neuen Papieren und falschen Namen wieder auf. Erik Lönns 6. Abteilung des Sicherheitsdienstes war mit 51 Mitarbeitern hoffnungslos unterbesetzt.

Es bedurfte erst einer Warnung des norwegischen Polizeichefs Edvard Ströbeck am 11. November 1939, um etwas Licht in die Angelegenheit zu bringen. Ströbeck teilte mit, daß sich Wollweber zur Zeit in Schweden aufhalte. Er bezeichnete ihn als „fanatischen Kommunisten", der in der Wahl seiner Mittel nicht zimperlich sei. Jetzt wurde auch Kripo-Fahnder Ebbe Hallberg hellhörig. Am 4. Dezember erschien Wollwebers Name auf der Abweisungsliste unerwünschter Ausländer. Der Gesuchte hatte derweil in seinem Waldhaus schon wieder konspirative Treffen abgehalten. Die Verbindungslinien seiner Organisation funktionierten so gut, daß sämtliche Stellvertreter – Schaap, Hjelmen und Awatin – ihn in Schweden aufsuchten und neue Instruktionen empfingen. Dennoch wurde der Aufenthalt in dem sonst so friedlichen skandinavischen Land immer gefährlicher. Wollweber schien es sicherer, von Norwegen aus zu operieren. Allerdings war die Grenze fast 400 Kilometer entfernt und seit Kriegsausbruch sorgfältiger bewacht. Man mußte also einen möglichst kleinen und unübersichtlichen Ort wählen, um nicht die Aufmerksamkeit von Patrouillen zu wecken.

Während der ersten Etappe fuhr Wollweber mit einigen schwedischen Genossen per Schlafwagen in Richtung Westen. Er kam erst unmittelbar vor Abfahrt des Zuges in sein Abteil und legte sich sofort hin, während die anderen den Schaffner ablenkten. Vor dem Grenzübergang wurde auf eine Nebenstrecke umgestiegen. Das schwerste Stück Weges war der Aufstieg in die Berge der schwedischen Seite. 30 Kilometer Fußmarsch mit Gepäck mußten durch Sümpfe, über Gebirgsflüsse und auf Gipfelpfaden bewältigt werden, bis man das norwegische Gebiet Hedemarken erreichte. Dort übernachtete Wollweber in einer Jagdhütte. Wenige Tage später erreichte er Oslo, wo ihn seine junge Frau Ragnhild in der Wohnung am Bahusvej erwartete.

Die illegale Arbeit stand damals unter dem Vorzeichen des sowjetischen Überfalls auf das neutrale Finnland. Ohne jede Vorwarnung hatte Stalin am 30. November 1939

10. Stockholm, um 1940

Helsinki bombardieren lassen. In Skandinavien erhob sich eine Welle der Solidarität mit dem kleinen Nachbarn, der sich hartnäckig und erfolgreich gegen die sowjetische Übermacht wehrte. Gleichzeitig wuchs in Schweden die Furcht vor einer Invasion der Sowjets. Jetzt erhielt die Wollweber-Liga den Auftrag, der Roten Armee „im finnischen Hinterland zu helfen“ und Transporte mit kriegswichtigem Material zu stören. Damit zeigte sich, daß die Saboteure der Komintern endgültig zu Erfüllungsgehilfen von Stalins Großmachtimperialismus herabgesunken waren. Zu den Aktivisten unter Wollwebers Männern zählten hier Einar Risto und Asbjörn Sunde. Beide besaßen Kampferfahrung als Freiwillige bei den Internationalen Brigaden im spanischen Bürgerkrieg; seit Herbst 1939 arbeitete Sunde (Deckname „Osvald“) für die Wollweber-Organisation im Gebiet Oslo und Bergen. Eine vorsichtige und Menschen schonende Vorgehensweise lehnte der finstere Sunde ab. Er wollte Gewalt mit Gewalt begegnen, wie man auch seinem Buch „Männer im Dunkeln“ (erschienen 1947 in Norwegen) entnehmen kann. Ihr Engagement in Finnland wäre sicher noch lange weitergegangen, hätte nicht der 9. April 1940 bewiesen, wie wenig Kenntnisse der sowjetische Geheimdienst damals trotz aller Finessen von den politischen Ambitionen seiner westlichen Nachbarn besaß.

An diesem Tag besetzte die deutsche Wehrmacht handstreichartig Dänemark und Norwegen. Damit war man einer Invasion durch britische Truppen, die sich teilweise schon auf hoher See befanden, um einige Stunden zuvorgekommen. Als Wollweber am Morgen des 9. April in Gudrun Wiiks Schlafzimmer erwachte, hatte ihn dieser Schritt vollständig überrascht. Sein Hauptquartier in Oslo wurde bereits am Abend besetzt, er und seine Männer mußten schleunig das Weite suchen. Die Erfahrung hatte sie aber gelehrt, nicht in Panik zu handeln. Gemeinsam mit seinem Vertrauten Sunde nahm Wollweber mit der sowjetischen Vertretung in Oslo Kontakt auf. Der für die „Betreuung“ von Agenten zuständige Legationssekretär

Michail Frolow versprach, sie aus der Gefahrenzone zu bringen. Frolow beorderte den Anwalt Ragnar Solheim mit seinem Opel Kadett zur Gesandtschaft, wo man das norwegische Kennzeichen mit einem roten „Corps Diplomatique"-Schild austauschte, das den Wagen als zur sowjetischen Handelsdelegation gehörig auswies. Mit diesem Gefährt kutschierte Solheim am Nachmittag Wollweber, Sunde und die Wiik-Schwestern nach Skotterud, das zehn Kilometer vor der schwedischen Grenze lag. Wollweber versteckte sich mit seiner Geliebten Gudrun in einer Hütte. Solheim fuhr mit Ragnhild zurück nach Oslo. Es sollte ein Abschied auf immer von dem ungeliebten Gemahl sein. Sunde wollte sich illegal nach Schweden durchschlagen und dort mit Leuten der Organisation Kontakt aufnehmen bzw. auf weitere Nachricht aus Moskau warten.

Wenige Tage nach der Besetzung Oslos durch deutsche Truppen erreichte Wollweber der Auftrag, schnellstens nach Moskau zu kommen. Das verhieß nichts Gutes, zumal jede Begründung fehlte. Der linientreue Kommunist machte später nur Andeutungen dahingehend, er habe sich scinen Rückruf „nicht erklären" können. Immerhin ist es unwahrscheinlich, daß der Geheimnisträger Wollweber vom plötzlichen Verschwinden vieler Genossen in Stalins Kerkern nichts erfahren oder zumindest geahnt hat. Sein Gegenargument klingt sehr nach Selbstbeschwichtigung: die Sowjets hätten ihn lediglich aus Sicherheitsgründen zurückgerufen, weil sein Name durch Krebs-Valtins Enthüllungsbuch „Out of the Night" zur Gefahr für die Organisation geworden sei. Doch die Order aus Moskau erging breits Mitte April 1940, das erwähnte Buch erschien erst sieben Monate später in den USA! Es wäre spekulativ, zu fragen, ob Wollweber damals nicht mit dem Gedanken spielte, eine Gefangenschaft im Rechtsstaat Schweden den unsicheren politischen Verhältnissen in der Sowjetunion vorzuziehen. Dafür spräche allenfalls, daß er, der bisher noch durch jede Masche geschlüpft war, sich am Ende widerstandslos übertölpeln ließ.

Die Osloer Vertretung der UdSSR besorgte gültige Reisepapiere für Wollweber. Sie lauteten auf Fritz Koller, Kaufmann aus Kopenhagen, unterwegs zu einem Kongreß in Stockholm. Anfang Mai holte Gudrun sie aus Oslo ab. Doch schon am 28. Februar 1940 hatte die schwedische Ausländerbehörde Wollwebers Foto an sämtliche Paßkontrollpunkte verschickt; sein Inkognito war somit nur noch schwer aufrechtzuerhalten. Der ahnungslose Wollweber hatte beschlossen, gemeinsam mit Gudrun die Fahrt nach Schweden zu wagen. Diesmal ging es mit Hilfe von norwegischen Helfern über die Grüne Grenze zu einem schwedischen Bauernhof, wo ein Lieferwagen auf die Flüchtlinge wartete. Doch das Gehöft war schon vom Militär besetzt – Schweden konzentrierte Truppen an seinen Grenzen, um sich gegen die deutsche Okkupationsarmee in Norwegen zu sichern. Der Ungewißheit müde, steuerten Ernst Wollweber und Gudrun Wiik den Grenzort Ottebol an. Dort setzten sie sich auf eine Bank des kleinen Bahnhofs und warteten im Vertrauen auf ihre Papiere den nächsten Zug ins Landesinnere ab. Nach Lage der Dinge konnte das nicht gut gehen. An diesem 18. Mai 1940, eine Woche zuvor hatte der deutsche Feldzug gegen Frankreich und die Benelux-Staaten begonnen, traf Wollweber sein Verhängnis in Gestalt zweier höflicher Militärpolizisten des Königreiches Schweden.

Unmittelbar nach dem 9. April hatte Schwedens Regierung eine neue Polizei-Instruktion für den Ernstfall erlassen. Sie legte u. a. fest, daß jeder in Schweden lebende oder dort ankommende Ausländer genau zu beobachten sei, wobei besonders berücksichtigt wurde, „ob von ihm angenommen werden kann, daß er zum Nachteil der Sicherheit des Reiches den Interessen einer fremden Macht dient". Dementsprechend gründlich fielen die Grenzkontrollen aus. Nachdem Wollweber seinen falschen dänischen Paß überreicht hatte, verschwand ein Militärpolizist im Bahnhofsgebäude, der andere blieb als Wache zurück. Nach kurzer Zeit erschien der Kontrolleur wieder und sagte: „Sie sind kein Däne. Alles andere ist Sache der Kriminalpolizei." Die letzte Fluchtmöglichkeit war verstrichen. Wollweber wurde in die nächstgelegene Stadt Charlottenberg eskortiert und der regulären Polizei übergeben. Hätte man ihn über die Grenze abgeschoben, wäre es wahrscheinlich sein Ende gewesen. Aber das war wenig wahrscheinlich, weil der schwedische Geheimdienst Interesse daran besaß, von Wollweber Details über seine illegale Organisation zu erfahren, die außer ihm niemand wissen konnte. Am nächsten Tag wurde der Verhaftete per Eisenbahn unter starker Bewachung ins 90 Kilometer entfernte Gefängnis von Karlstadt überführt. Dort spach man ihn sofort mit „Wollweber" an, um zu demonstrieren, daß man sich über seine Identität im klaren war. Der Polizeichef von Karlstadt präsentierte während der ersten Vernehmung sowohl den falschen dänischen Paß wie auch die korrekten norwegischen Papiere der gleichfalls festgenommenen Gudrun Wiik. Das dänische Dokument sei gefälscht, sagte der Polizist. Um den geheimdienstlichen Komment zu wahren, stritt Wollweber dies heftig ab. Doch der Schwede ließ sich nicht beirren. Die Verhöre blieben ohnedies fruchtlos.

Am 22. Mai wurden Wollweber und Gudrun Wiik nach Stockholm überführt. Im Eisenbahnabteil, bewacht von einem männlichen und einem weiblichen Kripo-Beamten, gelang es ihnen, unter Vorwänden Informationen auszutauschen. Während die beiden Aufpasser heftig miteinander flirteten, erhielt die Norwegerin anläßlich einer Zigarettenpause auf dem Gang knappe Instruktionen, was sie im Verhör zu sagen hatte. Im Stockholmer Polizeipräsidium wurden beide getrennt. Eine Arrestzelle, deren Sauberkeit Wollweber angenehm auffiel, war die nächste Station. Dort ließ man dem Häftling zunächst eine Woche Zeit zum Nachdenken. Dann erschien Erik Lönn, Chef der 6. Abteilung des Sicherheitsdienstes, höchstpersönlich. Seine Ausführungen klangen beunruhigend. Die Einreise mit gefälschtem Paß sei in Schweden ein Verbrechen, dozierte er. Doch wäre dies nebensächlich, wenn der Gefangene vernünftig sei und alles erzähle, was man wissen

11. Wollwebers falscher Paß auf den Namen Fritz Koller

wolle. Geschehe das nicht, dann könne er kaum lange im Land bleiben. Nach Ablauf einer relativ kurzen Strafzeit werde man ihn ausweisen. Das wäre schlecht, so Lönn, weil „ein starkes Interesse der Gestapo“ an seiner Person bestünde. Die Drohung war nicht zu überhören.

Doch es gab in Schweden ein Gesetz, das die Auslieferung von Personen verbot, denen in ihrem Heimatland die Todesstrafe drohte. Das wußte Wollweber natürlich, und entsprechend forsch fielen seine Antworten aus. Er werde über seine Tätigkeit außerhalb Schwedens nichts aussagen; Auskünfte könne man von ihm nur über die Paßfälschung erwarten. Es war klar, daß die Vernehmer sich damit nicht abfinden würden. Lönn und sein Stellvertreter Bogefeld versuchten in ausführlichen Verhören einen Ansatzpunkt zu finden, um die Sabotage-Organisation der Kommunisten zu entlarven. Doch ihr Kontrahent verlor sich ständig in langatmigen Schilderungen unwichtiger Details, getreu seiner Devise: „Ich hatte das größte Interesse daran, immer auf Nebengleisen zu operieren.“ In einem eigenhändig verfaßten Lebenslauf jener Tage bezeichnete sich Wollweber als „Instrukteur unter ausländischen Arbeitern“, worunter man alles Mögliche verstehen konnte. Das einzige marginale Zugeständnis bestand in dem Satz, er sei nach Schweden mit falschem Paß eingereist, „was ja den Gegenstand der gegen mich eingeleiteten Untersuchung betrifft“.

Nachdem sämtliche Vernehmungen ergebnislos blieben, wurde Wollweber im Juli unter Anklage gestellt. Die Verhandlung vor dem Rådhusrätt (Amtsgericht) Stockholm fand unter Ausschluß der Öffentlichkeit statt. Dem Angeklagten wurde wiederholte Paßfälschung vorgeworfen. Neben seinem dänischen Ausweis, den er an der Grenze abgeben mußte, lag ja auch noch jenes Schweizer Dokument vor, das im September 1939 auf dem Stockholmer Flughafen beschlagnahmt worden war. Der Staatsanwalt vermutete richtig, daß hinter diesen Fälschungen eine kriminelle Organisation stehen müsse, die von einem ausländischen Staat gelenkt werde. Aus diplomatischen Rücksichten durfte die Sowjetunion nicht ausdrücklich genannt werden, aber jeder wußte natürlich, welches Land gemeint war. Wollwebers Pflichtverteidiger Hugo Lindberg hatte seinem Mandanten geraten, politische Bekundungen beiseite zu lassen und sich auf formaljuristische Gesichtspunkte zu beschränken. Diese Taktik war insofern erfolgreich, als das Gericht am 17. Juli 1940 ein verhältnismäßig mildes Urteil fällte, sechs Monate Strafarbeit. Die Untersuchungshaft wurde indes nicht angerechnet, so daß mit Entlassung im Januar 1941 zu rechnen war. Am 20. Juli verzichtete der Verurteilte auf Rechtsmittel; von diesem Tag an datiert seine halbjährige Haft.

Wollweber, der sich im Geiste schon per Flugzeug nach Moskau reisen sah, wurde am 22. Juli ins Zentralgefängnis auf der Insel Långholmen im Mälar-See überstellt. Da er zur Strafarbeit verurteilt war, brachten die Wärter ihm eine Nähmaschine in seine Zelle. Die ersten Versuche fielen erbarmungswürdig aus. Weil der Gefangene aber unbedingt nähen mußte, bekam er zerrissene Pferdedecken zum Flicken. „Sie haben zwar fürchterlich gestunken, aber mein Geruchssinn ist nicht besonders empfindlich", lautete Wollwebers Kommentar. Für diese halbjährige Strafarbeit winkte ihm ein Lohn von 25 Kronen, der normale Dreitages-Verdienst eines schwedischen Arbeiters. Seine baldige Freiheit vor Augen, trug er das Gefangenenlos auf Långholmen mit Gleichmut. Um so schlimmer war das Erwachen. Am 20. Januar 1941, dem Tag seiner Haftentlassung, kamen zwei Beamte in die Zelle. Sie präsentierten etwas, das Wollweber später als „Keulenschlag" bezeichnete – einen erneuten Haftbefehl und ein Auslieferungsersuchen der deutschen Regierung wegen mehrfach gemeinschaftlich begangener Brandstiftung im schweren Fall.

Gestapo-Chef Heinrich Müller hatte erst wenige Tage zuvor zu seinem Entsetzen erfahren, daß der Gesuchte kurz vor seiner Entlassung stand. Die schwedischen „Polizeinachrichten" (Polisunderrättelser) hatten in ihrer Ausgabe vom 4. Januar 1941 Informationen über Wollweber veröffentlicht. Das Blatt wurde noch am selben Tage auch an die Polizei nach Berlin geschickt. Außer Namen, Geburtsdatum und Verbrechen, für das er verurteilt worden war, erfuhr man dort auch das Datum von Wollwebers bevorstehender Entlassung und mußte unmittelbar reagieren. Rechtzeitig erinnerten Müller seine juristischen Experten, daß seit 1878 zwischen Schweden und dem Deutschen Reich ein Auslieferungsvertrag bestand. Am 2. Januar 1941 überreichte der deutsche Gesandte in Stockholm, Viktor Prinz zu Wied, eine Verbalnote an das schwedische Außenministerium. Darin hieß es, die Reichsregierung werde in Kürze wegen des deutschen Staatsangehörigen Ernst Wollweber ein förmliches Auslieferungsbegehren stellen, weil „er dringend verdächtig ist, Schiffe vorsätzlich in Brand gesetzt zu haben, wobei der Brand den Tod von Menschen dadurch verursacht hat, daß diese Personen zur Zeit der Tat in einer der in Brand gesetzten Räumlichkeiten sich befanden". Gesandter Wied wies darüber hinaus auf die „gebotene Dringlichkeit" des Falles hin.

Das Amtsgericht Hamburg hatte inzwischen einen Haftbefehl ausgestellt; er datierte vom 9. Januar 1941. Darin wurden Wollweber konkret drei Aktionen vorgeworfen: die Versenkung bzw. Beschädigung der Schiffe „Tajima Maru", „Claus Böge" und „Reliance". Gegen den Beschuldigten habe sich „der dringende Verdacht ergeben, daß er für eine Reihe von Schiffsunfällen der geschilderten Art der geistige Urheber und Aufrüster der Täter gewesen ist", schrieb Amtsgerichtsrat Dr. Bertram in seiner Begründung. Dieser Haftbefehl wegen Brandstiftung stellte ein rechtspolitisches Fangnetz dar. Laut deutschem Strafgesetzbuch waren als Höchststrafe für derartige Delikte 15 Jahre Zuchthaus vorgesehen. Demnach standen formaljuristische Hindernisse der Auslieferung nicht im Wege, das wäre nur bei drohender Todesstrafe der Fall gewesen.

Am 28. Januar stellte Gesandter Prinz zu Wied das förmliche Auslieferungsbegehren an den schwedischen Außenminister Christian von Günther. Er beantragte namens der Reichsregierung, den Gefangenen nach Hamburg zu überführen; Ort der Übergabe sollte die Hafenstadt Saßnitz auf der Insel Rügen sein. Die Schweden lehnten vorerst ab, weil sie selbst einen Haftbefehl gegen Wollweber erlassen hatten. Deshalb insistierte die deutsche Gesandtschaft am 24. Februar mit weiteren Anklagen. Vom Hamburger Amtsgericht war mittlerweile ein zweiter Haftbefehl erlassen worden. Diesmal ging es um die 1937/38 versenkten Schiffe „Boccaccio", „Hestia" und „Kashii Maru". Der Fall Wollweber erlangte politische Dimensionen, welche sogar Schwedens Regierung beschäftigten, denn auch die Sowjetunion bekundete nun ihr Interesse an dem Gefangenen. Ein seltsames diplomatisches Verwirrspiel zwischen den offiziell noch freundschaftlich verbundenen Reichen Hitlers und Stalins begann.

In einem ersten Verhör am 22. Februar bestätigte Wollweber zunächst, die von den Deutschen gesuchte Person zu sein; er bestritt aber energisch jede Verwicklung in die genannten Sabotagehandlungen. Gegen seine drohende Auslieferung legte er Protest ein mit der Begründung, er wäre kein deutscher Staatsbürger mehr. Das wurde zur zentralen Frage des ganzen Falles. Gesandter Wied hatte den Auszuliefernden am 2. Januar expressis verbis als deutschen Staatsangehörigen bezeichnet. In Wirklichkeit war er am 12. Juli 1940 formgemäß ausgebürgert worden, weil man von seiner Verhaftung in Schweden noch nichts wußte. Dieses Faktum wollte die Nazi-Regierung gern verschweigen. Doch am 24. Februar mußte Wied kleinlaut zugeben, daß Wollweber die deutsche Staatsangehörigkeit verloren habe und „vermutlich staatenlos geworden ist". Als Staatenloser besaß er freilich nicht viel bessere Karten – eine Auslieferung wäre gleichfalls, wenn auch mit Verzögerungen, möglich gewesen.

Nun schalteten sich die sowjetischen Behörden in Gestalt ihrer Botschafterin Alexandra Kollontai ein. Der 68jährigen adligen Offizierstochter, berühmt geworden als Propagandistin der „freien Liebe", sagte man ein ausgeprägtes Interesse an Männern aus dem Matrosenmilieu nach. Vielleicht setzte sie sich aus diesem Grunde für Wollweber vehementer ein, als es unter Diplomaten üblich war. Ende Februar 1941 suchte sie den Kabinettssekretär im schwedischen Außenministerium Erik Boheman auf. Kollontai erklärte ihm, Moskau lege größtes Gewicht darauf, daß Wollweber nicht ausgeliefert werde. Der Deutsche genieße in der Sowjetunion höchste Achtung und könne als naher Freund Stalins (!) bezeichnet werden. Frau Kollontai bat Boheman, diese Informationen als persönlich und streng vertraulich zu betrachten. Doch Boheman konnte ihr lediglich sagen, daß es für Schweden sehr schwer wäre, ihn nicht auszuliefern. Für die Sowjets, damals noch mit Hitler politisch verbündet, konnte das höchst unangenehm werden. Falls Wollweber in Deutschland freiwillig oder unter Folter seine Kenntnisse preisgäbe, könnte womöglich die gesamte Spionageorganisation der Kommunisten in Skandinavien auffliegen. Der Sowjetunion drohte unübersehbarer politischer Schaden. Andererseits konnte man dem alten Terroristen nicht kurzerhand die sowjetische Staatsbürgerschaft zuschanzen, ohne sich in schwedischen und deutschen Augen zu kompromittieren. Es galt, zwischen zwei Übeln das geringere zu wählen.

In Moskau engagierte sich Losowski für Wollweber. Am Abend des 5. März rief er den schwedischen Gesandten Vilhelm Assarsson an. Er hätte eine „kleine, aber doch wichtige Frage“ mit ihm zu klären, die unmittelbare Auslieferung des „Sowjetbürgers“ Wollweber betreffend. Um seinem Wunsch Nachdruck zu verleihen, stellte Losowski die Auslieferung von in der UdSSR verurteilten Schweden in Aussicht. Am nächsten Morgen suchte Alexandra Kollontai in Stockholm wiederum den Kabinettssekretär auf. Wie Boheman in seinen Memoiren schrieb, hinterließ sie den Eindruck, als hinge ihr Ansehen bei Stalin davon ab, wohin die schwedische Regierung den Deutschen ausliefern werde. Sie erklärte nun, Wollweber sei sowjetischer Staatsbürger. Während der Diskussion holte Boheman das schwedische Auslieferungsgesetz hervor und zeigte es ihr.

Dabei blieb sein Finger auf einem bestimmten Absatz liegen. Er lautete, wenn zwei Länder die Auslieferung desselben Verbrechers forderten, könne jenem Land der Vorzug gegeben werden, dessen Staatsangehörigkeit der Gesuchte besitze. Boheman hatte dazu kein Wort gesagt, aber Fau Kollontai verstand und verabschiedete sich schnell.

Am 17. März wandte sich die Gesandte offiziell mit einem Auslieferungsersuchen Wollweber betreffend an das schwedische Außenministerium. Er hätte 1939 in der Sowjetunion als Angestellter des Volkskommissariats für Binnenschiffahrt 25 000 Rubel Gewerkschaftsgelder veruntreut, hieß es in der Begründung. Ein Haftbefehl des sowjetischen Generalstaatsanwalts, datiert auf den 25. Februar 1941, war beigefügt. Im selben Schreiben wurde mitgeteilt, daß Wollweber inzwischen sowjetischer Staatsbürger sei. Am 24. März wandte sich Alexandra Kollontai in einem sehr persönlichen Handschreiben an Außenminister Christian von Günther, den sie auf die „große Bedeutung" des Falles aufmerksam machte. Wiederum wurde der Mann, dessen Auslieferung nun zwei Großmächte forderten, zum Verhör vorgeladen. Am 27. März erklärte er sich mit seiner Ausreise in die UdSSR einverstanden. Aber auch der von den Sowjets konstruierte „Fall" war zu durchsichtig, und Schweden wollte es sich auf keinen Fall mit Deutschland verderben. Schließlich sprach Frau Kollontai auch persönlich bei Innenminister Gustav Möller vor. Sie schlug vor, man solle Wollweber bei einer Gefängnisüberführung entweichen lassen. Ihre Vertretung werde sich dann seiner annehmen. Natürlich konnte Möller dem schwedischen Rechtsstaat eine solche Räuberpistole nicht zumuten. Er machte aber einen Vorschlag: Wollweber solle beichten! Je mehr nachprüfbare Dinge er zugebe, desto länger müsse er hinter Gitter. Bis dahin sei der Krieg vielleicht zu Ende, und die Welt sehe anders aus.

Auch die deutsche Seite ließ in ihren Bemühungen nicht locker. Sie lud den Chef der politischen Polizei Schwedens, Martin Lundquist, zu einem Gespräch ein.

Nachdem sich Lundquist zuvor mit dem erwähnten Erik Boheman sowie dem Leiter der Politischen Abteilung im Außenministerium, Staffan Söderblom, abgesprochen hatte, reiste er am 14. März 1941 nach Berlin. Dort konferierte er mit Gestapo-Offizieren über die Wollweber-Affäre. Auch Informationen über die in britischen Diensten stehenden Saboteure Alfred Rickman und Hermann Knüfken wurden ausgetauscht. Die Deutschen rieten Lundquist, sämtliche einheimischen Kommunisten zu überwachen, und gaben ihm eine Liste mit Daten über verdächtige Ausländer, die sich wahrscheinlich in Schweden aufhielten. Vier Tage später sandte Gestapo-Chef Müller einen sechsseitigen Bericht an Lundquist, in dem sämtliche Kenntnisse über die Wollweber-Organisation aufgelistet waren. Besonders wurde vor Josef Schaap gewarnt, der noch aktiv im Sabotage-Geschäft sei.

Für Schweden war es außerordentlich heikel, deutsche und sowjetische Begehrlichkeiten abzuweisen. Die sozialdemokratisch dominierte Koalitionsregierung unter Per Albin Hansson traute beiden Seiten nicht. Russische Behauptungen, Wollweber habe einige tausend Rubel veruntreut, entlarvten sich durch ihre Plumpheit selbst. Bei den deutschen Anklagen ging es zwar vordergründig um Ahndung von Gewaltverbrechen, doch war unschwer zu erkennen, daß Wollweber in erster Linie aus politischen Gründen verfolgt wurde. Alles hing nun davon ab, daß der Mann, um den es ging, eine Vereinbarung auf Treu und Glauben mit den Schweden schloß.

Während der turbulenten Märztage saß Wollweber wieder in Untersuchungshaft. Seine Vernehmer ließen durchblicken, daß sie jetzt über mehr Informationen verfügten als noch vor einem dreiviertel Jahr. Ein finnischer Angehöriger der Organisation von Luleå namens Einar Risto hatte zu plaudern begonnen und identifizierte seinen einstigen Chef anläßlich einer Gegenüberstellung. Die schwedischen Sicherheitsbehörden mußten nicht mehr im Nebel herumstochern, doch sie fanden gegen den prominenten Gefangenen auch kein ausreichendes Beweismaterial. Ihre nach dem Krieg verbreitete Version, man habe schon 1938 um die Zusammenhänge innerhalb der Wollweber-Organisation gewußt, ist eine Schutzbehauptung. Wäre es anders gewesen, hätte man nicht 1941 den ein Jahr zuvor internierten Karl Bargstädt freigelassen. Er war lange Zeit technischer Chefberater bei Sabotageaktionen in Skandinavien gewesen. Man wußte über ihn nur, daß er einer ominösen Widerstandsgruppe „Bernhard" angehörte. Der einstige Leiter des Hamburger Roten Frontkämpferbundes hütete sich, seinen Vernehmern mitzuteilen, daß sich hinter „Bernhard" niemand anderes als die gesuchte Wollweber-Truppe verbarg. Selbst die Verhaftung eines gewissen „Göken" im Juni 1941 brachte keine Klarheit. „Göken" hieß tatsächlich Gösta Andersson, hatte in Spanien eine Partisanenausbildung absolviert und war lange Zeit Gruppenleiter unter Martin Hjelmen gewesen. Zwar gab Andersson zu, daß er Wollweber kenne, doch Details über die einzelnen Sabotagetrupps verschwieg er beharrlich.

Während Wollweber im Gefängnis saß, geriet er unversehens und indirekt in die Schlagzeilen der Weltpolitik. Am 22. Juni 1941 marschierte die deutsche Wehrmacht in der Sowjetunion ein. Als offizielle Begründung für diesen Schritt verlas Reichsaußenminister Joachim von Ribbentrop am selben Tag eine Note des Auswärtigen Amtes an die Sowjetregierung. Darin war von Stalins Angriffsabsichten die Rede, eine These, die heute wieder heiß diskutiert wird. Eindeutig auf Wollweber zielte dabei Punkt II der deutschen Note unter dem Titel „Verstärkte Wühlarbeit der Komintern". Darin hieß es: „Ferner wurden Sabotagegruppen gebildet, die ihre eigenen Laboratorien unterhielten, in denen sie Brand- und Sprengbomben zur Verübung von Sabotageaktionen herstellten. Solche Anschläge wurden beispielsweise auf nicht weniger als 16 deutsche Schiffe verübt ... Man bediente sich dabei ehemaliger deutscher kommunistischer Funktionäre." Deutschland fühlte sich offenbar von Wollwebers Organisation nicht zu Unrecht schon in Friedenszeiten mit kriegsmäßigen Mitteln angegriffen. Letztlich entsprach dies ja auch den Intentionen der Komintern.

Die Ribbentrop-Note basierte auf einem Bericht des Chefs der Sicherheitspolizei und des SD, Reinhard Heydrich, vom 10. Juni 1941. Sein Amt VI-E (Spionageabwehr Inland) hatte in einer Geheimen Reichssache an Heinrich Himmler, Reichsführer SS und Chef der Deutschen Polizei, „die zersetzende Tätigkeit der Kommunistischen Internationale" aufgelistet. Darin war der gesamte Erkenntnisstand der deutschen Sicherheitsbehörden zusammengefaßt. Da die Komintern, so hieß es, „bei der Verwirklichung ihrer weltpolitischen Machtgelüste stets mit der Möglichkeit einer kriegerischen Auseinandersetzung rechnete, gab sie auf ihren Weltkongressen Richtlinien heraus, die eindeutig ihre Anhänger zur Durchführung von Terror- und Sabotageakten aufforderten und diese Gewaltverbrechen als politische Notwendigkeit hinstellten". Der Bericht verwies in einer ausführlichen Passage auf eine „weitverzweigte von der Komintern aufgezogene Terrororganisation, deren Aufgabe hauptsächlich in der Vernichtung der Schiffe derjenigen Staaten bestand, die seinerzeit im Antikominternpakt zusammengeschlossen waren ... Leiter dieser Organisation war der deutsche Emigrant Ernst Wollweber". Seine Tätigkeit wurde folgendermaßen beschrieben: „Er ist maßgeblich verantwortlich für den Aufbau und aktiven Einsatz der auf Weisung Moskaus gebildeten Sabotagegruppen in Deutschland, Norwegen, Schweden, Dänemark, Holland, Belgien, Frankreich und den ehemals baltischen Randstaaten. Im großen Maßstab überwachte er die Beschaffung und den Transport von Sprengstoffen und anderem Sabotagematerial und verfügte über die in reichem Maße zur Finanzierung der Organisation und zur Entlohnung der Agenten von der Komintern bereitgestellten Geldmittel." Weiter stellte der Heydrich-Rapport fest, daß 21 Unfälle bzw. Totalverluste von Schiffen auf Wollwebers Sabotagetätigkeit zurückzuführen seien. Diese Anschuldigungen Ribbentrops und des SD wurden in Schweden zwar registriert, man hütete sich jedoch, sie in prozeßrelevantes Material umzuwandeln. Das um Neutraliät bemühte Land wollte in die sowjetisch-deutschen Auseinandersetzungen möglichst wenig hineingezogen werden.

Das Interesse der deutschen Sicherheitsbehörden an Wollweber und seiner Organisation hielt unvermindert an. Dies hing mit einer Reihe von Sabotage-Anschlägen gegen norwegische Eisenbahnanlagen zusammen, die im Sommer und Herbst 1941 erfolgten. Dabei wurden z.B. auf dem Ost- und Westbahnhof von Oslo Schäden angerichtet. In einem Schreiben des Befehlshabers der Sicherheitspolizei und des SD Oslo, SS-Standartenführer Fehling, an das Reichssicherheitshauptamt vom 16. März 1942 wurde festgestellt: „Zeitlich betrachtet erscheint es auffallend, daß die ersten Sprengstoffdiebstähle und -anschläge in Norwegen erst nach Beginn des deutsch-sowjetischen Krieges verübt wurden, weshalb die Vermutung naheliegt, daß es sich um planmäßige kommunistische Sabotageakte handelt. Diese Annahme gewinnt an Wahrscheinlichkeit, weil Art und Ausführung verschiedener Sprengstoffanschläge Hinweise in Richtung auf die kommunistische Sabotageorganisation Wollweber als möglichen Täterkreis ergeben haben." Diese Einschätzung war insoweit zutreffend, als Operativgruppen unter Leitung von Asbjörn Sunde, dem einstigen Vertrauten Wollwebers, für die genannten Anschläge verantwortlich waren. Sunde hatte die Organisation von Martin Hjelmen übernommen, nachdem dieser schon im Februar 1940 von der schwedischen Geheimpolizei verhaftet wurde. Später schob man ihn in das von deutschen Truppen besetzte Norwegen ab.

Kriminalkommissar Erik Lönn schien an seiner Aufgabe beinahe zu verzweifeln, da gelang ihm im Sommer 1941 ein wichtiger Fang. Im nordschwedischen Kiruna kamen seine Fahnder neun verdächtigen Personen auf die Spur. Unter ihnen befand sich Johan Edvard Nyberg, ein als grundsolide angesehener leitender Angestellter der Erzbergbau-Gesellschaft „Grängesberg Bolaget". Der Bürger Nyberg war nicht nur ein versierter Bastler auf dem

Gebiet der Elektrotechnik, er zählte auch zu den treuesten Anhängern der Kommunisten. In seinem Haus fand die Polizei eine Werkstatt zur Herstellung von Zündermechanismen. Da Nyberg überdies Zugang zum Dynamitlager der Grängesberg-Gesellschaft besaß, wurde er zur Schlüsselfigur. Er gab zu, Höllenmaschinen konstruiert zu haben, die gegen deutsche Schiffe eingesetzt werden sollten. Als die Polizei ihn beschuldigte, bezahlter Agent Moskaus zu sein, wehrte der schwedische Nationalkommunist heftig ab. Niemals habe er Geld von Ausländern bekommen. In seiner Entrüstung beging er den kapitalen Fehler, Wollweber als Zeugen für seine Unschuld zu nennen. Lönns Männern gelang es nach und nach, das nordschwedische Netz der Sabotage-Organisation zu zerreißen.

Für das Ansehen der KP Schwedens, die trotz demonstrativer Gesetzestreue kurz vor ihrem Verbot stand, konnte das sehr schädlich werden. Schon am 10. Februar 1940 waren in einer landesweiten Razzia Durchsuchungen in Parteibüros, Redaktionen und Wohnungen bekannter Kommunisten erfolgt. Parteivorsitzender Lasse Linderot schrieb deshalb in einem offenen Brief an die Polizei, daß weder er, noch seine Partei, noch die Komintern etwas mit diesen Aktionen zu schaffen hätten. In einem Leitartikel der KP-Zeitung „Norrskens Flamman“ hieß es am 18. August 1941: „Unsere Partei ist der Auffassung, daß einzelne Sabotageakte nicht mit dem Kampf der Arbeiterklasse zu vereinbaren sind. In Konsequenz dieser Aussagen haben wir kein Engagement in Sabotageangelegenheiten gezeigt.“

Die Gegenüberstellung mit dem kopflosen Nyberg brachte Wollweber in beträchtliche Verlegenheit. Er konnte kaum noch leugnen, Straftaten begangen zu haben; es fragte sich nur, was er unbedingt zugeben mußte. Laut schwedischem Strafgesetzbuch benötigten die Behörden entweder zwei Belastungszeugen oder das Geständnis des Angeklagten. Relevant war die Tatsache, daß Wollweber aktiv in einer Gruppe gegen Deutschland, Italien und Japan gekämpft hatte und dafür technische Basen in Schweden anlegen ließ. Dies konnten oder wollten allerdings weder Risto noch Andersson bestätigen. Als einziger Zeuge stand Nyberg zur Verfügung. Es hing also alles vom Geständnis des Beschuldigten ab. Die Schweden schienen bereit, einen Kuhhandel abzuschließen, der sie davor bewahrte, den Gefangenen entweder an Deutschland oder an die UdSSR ausliefern zu müssen. Mittlerweile hatte sich so viel Belastungsmaterial angesammelt, daß die Strafe höher ausfallen mußte als beim ersten Gerichtsverfahren im Juli 1940. Erik Lönn konzentrierte seine Ermittlungen auf Sprengstoffdiebstähle, und Wollweber erklärte sich bereit, zu gestehen, er habe Nyberg angestiftet, Dynamit von der Grängesberg Bolaget zu stehlen. Mit bemerkenswerter Dreistigkeit bezeichnete er diese Diebstähle gegenüber Lönn als „Expropriation“ (Enteignung), was den Schweden einigermaßen verblüffte. Bei dieser Sachlage drohten etwa drei bis vier Jahre Haft - genügend Zeit, um Gras über die Affäre wachsen zu lassen und den Ausgang des Weltkrieges abzuwarten. Am 6. Mai 1941 hatte das Oberste Gericht Schwedens zudem den geheimen Beschluß gefaßt, daß einer Auslieferung Wollwebers aufgrund seiner Verbrechen nichts im Wege stünde. Wohl war nach dieser Entscheidung wohl kaum jemandem, erst recht nicht im Außenministerium in Stockholm. Deshalb sollte zunächst auch niemand über diesen Entscheid erfahren.

Die Zeit bis zum Beginn der Gerichtsverhandlung war für Wollweber sehr strapaziös. Ständige Verhöre, bei denen auch Fragen gestellt wurden, die im ausdrücklichen Interesse der Berliner Gestapo-Zentrale lagen, wechselten mit monatelanger zermürbender Einzelhaft. Darüber hinaus plagten ihn finanzielle Sorgen. Damals bestand die Möglichkeit, sich Essen aus einem Restaurant zu bestellen, um die karge Gefängniskost aufzubessern. Doch sein Geld, 150 von der Kominternkasse gezahlte US-Dollar, hatte er nach der Verhaftung im Mai 1940 zum größten Teil seiner Freundin Gudrun Wiik gegeben, die als norwegische Staatsbürgerin frühzeitig entlassen wurde und sich nach Moskau abgesetzt hatte. Nun versuchte Wollweber, über seinen Anwalt Hugo Lindberg dieses Geld wiederzubekommen. Am 2. Juli 1941 deutete er erstmals Schwierigkeiten an. Er besitze nur noch wenige Dollar, schrieb er Lindberg, man weigere sich aber, sie in schwedische Kronen umzutauschen. Am 10. September wurde er ganz deutlich: „Mein Geld wird bald zu Ende sein. Neben anderen Bedürfnissen, die ich habe, muß ich mir, wenn ich noch längere Zeit im Gefängnis bin, unbedingt die Zähne reparieren lassen. Könnten Sie sich nicht vielleicht bei der Botschaft (der Sowjetunion – d. A.) erkundigen, ob mir Gudrun Wiik von Moskau Geld überweisen kann. Vielleicht hat die Botschaft die Möglichkeit, mit ihr in Verbindung zu treten und die Geldübermittlungen zu ordnen. Bitte erkundigen Sie sich."

Erst einen Monat später interessierte er sich für das Schicksal seiner Angetrauten Ragnhild Wiik. An Lindberg erging „eine Bitte, die mir besonders am Herzen liegt. Könnten Sie nicht versuchen, zu erfahren, wo sich meine Frau befindet und wie es ihr gesundheitlich geht?" Dieser Brief war bereits aus Kiruna adressiert, wo Wollweber sich vor dem Kreisgericht wegen Sprengstoffdiebstahls zu verantworten hatte.

Kiruna ist die nördlichste Stadt Schwedens, fast 1000 Kilometer von Stockholm entfernt. Dieses Zentrum des Erzbergbaus wurde als Gerichtsstätte gewählt, weil hier das Hauptverbrechen, wiederholter Sprengstoffdiebstahl, stattgefunden hatte. Anfang Oktober waren Wollweber und die weiteren Angeklagten in einem tagelangen Eisenbahntransport nach Kiruna überstellt worden. Der Prozeß begann am 9. Oktober 1941. Das Datum mußte für überzeugte Kommunisten ein furchtbares Mentekel sein. An diesem Tag verkündete der deutsche Reichspressechef Otto Dietrich vor internationalen Medienvertretern, daß „die militärische Entscheidung im Osten gefallen" und „Rußland erledigt" sei. Dem war eine Sondermeldung des Oberkommandos der Wehrmacht vorangegangen, daß die Rote Armee bei Brjansk und Wjasma vor den Toren Moskaus verheerende Niederlagen erlitten hätte. Diese Nachricht erreichte sogar Kiruna am nördlichen Polarkreis wie ein Lauffeuer. Wollweber hat später die nicht mehr nachprüfbare Behauptung aufgestellt, er habe trotz allem fest an einen sowjetischen Sieg geglaubt. Dennoch wirkte die Meldung vom 9. Oktober mit Sicherheit bedrückend.

Vorsitzender des Kreisgerichts war ein Landrichter, der vom schwedischen Reichsgericht eingesetzt worden war, laut Wollweber „ein würdiger Herr, sehr seriös, sehr ruhig und scheinbar zuvorkommend". Ihm zur Seite stand ein Schöffenkollegium, unter dessen zwölf gewählten Mitgliedern sich zwei Arbeiter befanden, einer von ihnen war Kommunist. Rechtsanwalt Lindberg, den die beschwerliche Reise in den Norden und die voraussichtlich lange Prozeßdauer abschreckten, war diesmal nicht zugegen. An seiner Stelle übernahm Arvid Lindman aus Malmberget die Verteidigung. Die Angeklagten, darunter Einar Risto, Gustav Anton Ceder, Gösta Andersson und Johan Edvard Nyberg, versuchten sich so gut als möglich aus der Affäre zu ziehen. Im Mittelpunkt des Interesses standen Nyberg und sein Chef, der mittlerweile 43 Jahre alte Ernst Wollweber. Der Oberstaatsanwalt, Landvogt Axel Danielsson, forderte die Angeklagten auf, von ihrer bisherigen Haltung abzuweichen und offene Geständnisse abzulegen. Das Gegenteil trat ein. Als man versuchte, Nyberg anhand einer Messinghülse die Konstruktion von Sprengkörpern nachzuweisen, erklärten er und seine Genossen einhellig, jene Hülse sei ein spanisches Fabrikat.

Staatsanwalt Danielsson präsentierte dem Gericht eine „Vugge", die erwähnte magnetische Haftmine. Dieser Apparat war von der Polizei bei Hausdurchsuchungen sichergestellt worden. Er sei „wiederholt von der vom Hauptangeklagten geleiteten Organisation gegen deutsche, italienische, spanische und japanische Schiffe eingesetzt worden". Damit wäre die Gefährlichkeit dieser Organisation erwiesen. Wollweber konterte mit dem Mut der Verzweiflung. Solange man ihm nicht erkläre, welches schwedische Schiff durch solche Minen beschädigt oder versenkt worden sei, werde er zu dem Fall überhaupt nichts sagen. Hier handele es sich um ein schwedisches Gericht mit landeseigenen Gesetzen, die nicht auf Schiffe anderer Nationen anwendbar seien. Der Prozeß schleppte sich mehr als einen Monat dahin. Das Gericht versuchte über den mißglückten Anschlag auf das polnische Passagierschiff „Batory“ Klarheit zu erlangen; an Bord dieses Dampfers der Gdynia-Amerika-Linie war Ende Januar 1938 im Kopenhagener Hafen eine Brandbombe entdeckt worden, deren Bestandteile von der dänischen Polizei den Schweden zur Verfügung gestellt wurden. Doch die Belastungszeugen fielen reihenweise um, so daß sich keine Handhabe für eine Verurteilung wegen Sabotage oder Terrorhandlungen bot. Am 12. November 1941 fällte das Gericht seinen Spruch. Wollweber wurde als Anstifter und Hauptangeklagter zu drei Jahren Gefängnis wegen Sprengstoffdiebstahls verurteilt. Nyberg erhielt zweieinhalb Jahre, Risto sechs Monate. Die anderen kamen mit Bagatellstrafen davon.

Das erstaunlich milde Urteil war Ausdruck der schwedischen Diplomatie gegenüber Deutschland und der Sowjetunion. Beide Seiten mußten dieses Verdikt zähneknirschend akzeptieren, wobei der deutsche Gesandte Prinz zu Wied ausdrücklich das „Bedauern“ seiner Regierung vorbrachte. Klugerweise verzichtete Wollweber auf eine Berufung, wozu ihm offenbar Staatsanwalt Danielsson gleich nach Prozeßende anläßlich eines Besuches in seiner Gefängniszelle geraten hatte. Andere Angeklagte wie Nyberg gingen in die zweite Instanz und wurden prompt vom schwedischen Reichsgericht zu höheren Strafen verurteilt; auch war inzwischen die Gesetzgebung für Delikte wie Sabotage oder Spionage verschärft worden. Wollwebers also verhältnismäßig mildes Urteil gewann am 27. Dezember Gesetzeskraft.

Über diese und andere Vorfälle war Wollweber trotz seiner Einzelhaft gut unterrichtet, weil es im Kirunaer Gefängnis keine Toiletten auf den Zellen gab. Das Gemeinschaftsklosett diente als Nachrichtenzentrale, wo man eifrig Kassiber tauschte. Arbeiter der proletarisch dominierten Stadt spendierten den Gefangenen Mittagessen, Kaffee und Kuchen. Auch in der nächsten Zwischenstation, dem Gefängnis der Hafenstadt Luleå, waren die Verhältnisse ähnlich. Das änderte sich Mitte Januar 1942, als Wollweber und Einar Risto ins Zuchthaus Härnösand überführt wurden, „im rückständigsten Gefängniswagen, den ich auf all meinen Transporten erlebt hatte". Es handelte sich um umgebaute Güterwagen mit je zwölf Stahlzellen, in denen man nur mit Mühe sitzen konnte.

Härnösand, ein einsames Städtchen in Mittelschweden am Bottnischen Meerbusen gelegen, beherbergte das gefürchtetste Gefängnis des Landes. Hier wurden die Insassen grundsätzlich in Isolationshaft gehalten. Außer „Guten Morgen" und „Gute Nacht" durfte kein Wort gesprochen werden. Die ersten sechs Monate in Härnösand brachten Wollweber so weit, daß er mehrfach an Selbstmord dachte. Ein Brief vom 1. Februar an seinen Rechtsanwalt enthält eine Entschuldigung für seine schlechte Handschrift, er sei „nicht mehr gewohnt, zu schreiben". Auch jedwede Lektüre war verboten. Sehnsüchtig dachte der Gefangene an jene „bequeme" Zeit im Stockholmer Gefängnis Långholmen zurück, wo er noch arbeiten durfte. Im Juli 1942 meldete sich Wollweber erstmals beim Direktor des Zuchthauses und forderte sein Recht ein, mit anderen Insassen wenigstens während des täglichen Hofrundgangs zusammenzukommen. Der Direktor lehnte ab, ließ sich aber auf einen Kompromiß ein und gab dem Häftling wenigstens die örtliche Tageszeitung, ein bescheidenes Provinzblättchen, zu lesen. Danach vergingen weitere sechs Monate, bis die Gefängnisleitung erlaubte, daß an jedem Wochenende für jeweils zwei Stunden ein Gefangener Wollweber in seiner Zelle besuchen durfte. Allerdings handelte es sich um einen mehrfach vorbestraften Berufsverbrecher, der als Spitzel für die Geheimpolizei arbeitete. Das merkte der konspirativ geschulte Deutsche sehr rasch, und er verbat sich weitere Visiten.

Alle Bemühungen der Sowjetunion um Auslieferung

12. Martin Hjelmen, Polizeifoto, 1940
13. Edvard Nyberg, Gösta „Göken“ Andersson und Ernst Wollweber, porträtiert im „Norrbottenskuriren“, 13. November 1941

waren von den Schweden seit Februar 1942 abschlägig beschieden worden. Frau Kollontai begann sich Sorgen um ihren Schützling zu machen. Dazu bestand auch jeder Anlaß. Am 13. Februar 1942 hatte der schwedische Justizminister Karl G. Westmann seinen Außenminister offiziell davon unterrichtet, daß Wollweber nach Deutschland ausgeliefert werden kann. Pflichtgemäß erhielt daraufhin der Prinz zu Wied am 25. d. M. diese Nachricht zugestellt. Die Auslieferung wegen des Verbrechens der Sabotage sollte indes erst nach Abdienung der Strafe in Schweden erfolgen. Zudem bat man die deutsche Seite, diese Nachricht unbedingt geheim zu halten.

Zur Jahreswende 1942/43, als die Deutsche Wehrmacht in Stalingrad vor ihrer bisher größten Niederlage stand, war Wollweber ein kranker Mann. Zweieinhalb Jahre Einzelhaft hatten ihn so geschwächt, daß er im Januar 1943 einen körperlichen Zusammenbruch erlitt. Er konnte nicht mehr aufstehen und erduldete nach eigenen Worten „eine ganze Skala fürchterlicher Schmerzen, drückend, stechend, brennend, reißend“. Der Arzt diagnostizierte ein Herzleiden, zu hohen Blutdruck, Rheuma und eine beginnende Gürtelrose. Der Gefangene wurde medizinisch behandelt, durfte jeden Tag eine Stunde allein im Hof spazierengehen. Im Frühjahr besuchte ihn sogar der Präsident des schwedischen Reichsgerichtes und erkundigte sich nach seinem Befinden. Plötzlich durfte er auch Bücher seiner Wahl bestellen.

Diese Erleichterungen gingen nicht nur auf die veränderte Kriegslage zurück. Inzwischen hatte sich der sowjetische Legationsrat Boris Jarzew beim Außenministerium für Wollweber eingesetzt. Jarzew bezeichnete Wollweber gegenüber Engzell als einen „guten Mann“, der keine Verbrechen in Schweden begangen und die Schuld auch nur auf Anraten des Anwalts auf sich genommen hätte, um nicht nach Deutschland ausgeliefert zu werden. Der selbstsichere Russe wollte nun mit offenen Karten spielen. Engzell hütete sich, ihm vom Ausweisungsbeschluß zugunsten Deutschlands zu erzählen. Schweden mußte schließlich weiterhin Rücksicht auf die deutsche Regierung nehmen. Dafür waren nicht zuletzt wirtschaftliche Belange maßgebend. Der Erzexport nach Deutschland (7,5 Millionen Tonnen im Jahr) machte damals fast 90 Prozent des Außenhandelsvolumens aus; die Produkte der einheimischen Kugellagerindustrie gingen größtenteils nach Deutschland. Diesen Partner durfte man vorerst nicht verärgern, zumal im Hamburger Stella-Haus immer noch der Gestapo-Kommissar Paul Kraus Ermittlungen gegen die Wollweber-Organisation führte und Belastungsmaterial sammelte. In der Folge machte man dem wichtigen Gefangenen jedoch einige Zugeständnisse.

Am 17. Mai 1943 erschien Jarzew im Zuchthaus Härnösand und teilte dem verdutzten Direktor mit, die sowjetische Gesandtschaft werde sich von Stund an um ihren Staatsbürger Ernst Wollweber kümmern, das beträfe vor allem seine Verpflegung. Er besuchte den Häftling in seiner Zelle und malte ein rosiges Bild: Die einheimische Justiz werde bald zur Besinnung kommen und ihn freilassen. Offensichtlich war der Diplomat auch über den geheimen Ausweisungsbeschluß nach Deutschland informiert, doch das würde sich schon klären. „Stellen Sie sich darauf ein, daß – wenn Riga erobert ist – der schwedischen Regierung endlich klar sein wird, daß es für Ihre Entlassung höchste Zeit ist." Er könne schon anfangen, seine Koffer zu packen. Jarzew hatte indes zuviel versprochen. In ihrer Euphorie nach dem Sieg von Stalingrad wähnten die Sowjets den Gegner schon entscheidend geschlagen. Doch bis zur Eroberung von Riga sollte noch viel Zeit vergehen. Erst anderthalb Jahre später, am 13. Oktober 1944, fiel die lettische Hauptstadt der Roten Armee in die Hände.

Dennoch gestaltete sich Wollwebers Los jetzt wesentlich erträglicher. Schon am 25. Mai bedankte er sich bei der UdSSR-Gesandtschaft. „Meine früher so schweren Lebensbedingungen sind nun etwas gebessert. So habe ich 3 Stunden täglich Gartenarbeit, eine Fußbodenmatte und nicht zuletzt eigene Literatur." Er klagte über Schmerzen in Brust, Rücken und Beinen und machte sich große Sorgen um seine Ehefrau Ragnhild, die von der Gestapo in Dänemark verhaftet worden war. Beeindruckt von Jarzews optimistischen Prognosen, hoffte Wollweber: „Wenn die militärischen und politischen Veränderungen sich in den nächsten 6 Monaten in demselben Tempo und derselben Richtung vollziehen wie im letzten halben Jahr, dann schlägt die Stunde der Freiheit auch bald für mich wie für Millionen Menschen." Langsam besserte sich der Gesundheitszustand des Mittvierzigers. Die Sowjets schickten ihm Lebensmittelpakete mit Bohnenkaffee, Milch, Weißbrot, Zwieback, Butter, Fleisch und Feingemüse, hinzu kamen zehn Zigaretten pro Tag. Ein Gefängniswärter empörte sich angesichts dieser Rationen, die höher ausfielen als für eine schwedische Familie zu Kriegszeiten. Der behandelnde Arzt hingegen meinte sarkastisch, nun gehe der Krieg bald zu Ende und man müsse den Gefangenen ordentlich hochpäppeln. In seiner Zelle wechselte man sogar den harten Betonfußboden durch elastische Holzdielen aus.

Im Sommer 1943 durfte Wollweber Härnösand nach anderthalb Jahren Gefangenschaft verlassen. Seine Freiheit stand nach wie vor nicht zur Debatte; eine mögliche Internierung in einem Lager für Ausländer schien zu riskant, weil er dort wieder Kontakte zu Gesinnungsgenossen knüpfen konnte. Also entschloß man sich, ihn in ein Haus nach Södertälje, 40 Kilometer südwestlich von Stockholm auf halben Wege nach Schloß Gripsholm gelegen, zu bringen. Inmitten herrlicher nordischer Wälder erwartete den Deutschen ein nachgerade idyllischer Gewahrsam – allerdings entpuppte sich die Einrichtung als Irrenanstalt. Dort wurden Straftäter eingeliefert, so erklärte der Direktor, die laut schwedischem Gesetz auf ihren Geisteszustand untersucht werden mußten. Mit Haftbedingungen war das nicht zu vergleichen. In dem großzügig angelegten Gelände nebst Garten und Fußballplatz durfte sich Wollweber frei bewegen sowie mit jedermann sprechen. Anders als die meisten Insassen mußte er keine Anstaltskleidung tragen.

Diese Methode war nicht unüblich. Auch den internierten Sabotage-Chef Hermann Knüfken hatten die Schweden zu seiner eigenen Sicherheit für einige Zeit in eine Nervenklinik delegiert. So kam es, daß in diesen Anstalten Gesunde neben geistig Kranken saßen.

Nach wenigen Tagen meldete sich der Erste Legationsrat der UdSSR-Botschaft in Södertälje zur Visite an. Es handelte sich um Wladimir Semjonow, den späteren langjährigen Botschafter in der Bundesrepublik. Er versicherte Wollweber, daß die gegenwärtige Lösung zwar nicht sowjetischen Vorstellungen entspreche, doch vorläufig könne man kaum etwas dagegen unternehmen. In seinem Gepäck fühte Semjonow mehrere Flaschen Wein mit. Alkohol war in der Anstalt streng verboten, doch man erlaubte diesmal eine Ausnahme. Nur durfte kein anderer Insasse von dem Wein kosten.

Während seines Aufenthaltes in Södertälje konnte Wollweber seltsame Existenzen kennenlernen: einen vorgeblichen Journalisten, der für ein beflecktes Manuskript 5000 Kronen Schadenersatz forderte; Simulanten, die mit aller Gewalt den Verrückten markierten, um sich vor dem Militärdienst zu drücken; gewöhnliche Ganoven, denen der Gewahrsam im Irrenhaus bequemer schien als eine Gefängnisstrafe. Zu den skurrilsten Gestalten zählte ein ehemaliger schwedischer Offizier von altem Adel, der angeblich mit einer Seitenlinie des Königshauses verwandt war. Seine vornehme Familie hatte ihn auf seinen Geisteszustand untersuchen lassen, um Skandalgeschichten zu vertuschen, die dem Ex-Offizier etliche Monate Gefängnis eingebracht hätten. Ein anderer Insasse mit gorilla-artigen Gesichtszügen versicherte jedem, der es hören wollte „im Vertrauen", er werde am Tag seiner Entlassung einen bestimmten Wärter in der Badewanne ertränken!

Dieses seltsame Ambiente umgab Wollweber die nächsten anderthalb Jahre. Zu seiner persönlichen Verfügung stand in jener Zeit ein umgänglicher Kalfaktor. Dieser ungefähr 25jährige schwedische Berufsdieb mußte ihm das Zimmer sauberhalten und die Mahlzeiten zubereiten – im

Gegenzug partizipierte er an den USA-Zigaretten, die Wollweber von der Sowjet-Botschaft erhielt. Er sorgte sogar dafür, daß sein überglückliches Faktotum einen mehrtägigen Urlaub auf Ehrenwort erhielt. Der Schwede bedankte sich, indem er mehrere Einbrüche beging und der Polizei ein Feuergefecht lieferte. Als man ihn fing, wurde er zu lebenslanger Sicherheitsverwahrung verurteilt. Im Irrenhaus zu Södertälje aber wurde er als Held gefeiert.

Inzwischen war die deutsche Niederlage im Weltkrieg absehbar. Am 11. Juni 1944, fünf Tage nach der alliierten Landung in Frankreich, entschloß sich die schwedische Regierung endgültig, Wollweber nicht an Deutschland auszuliefern. Am 24. Juni wies die sowjetische Vertretung darauf hin, daß Wollwebers Strafe bald auslaufe und man mit dessen Abreise in die UdSSR rechne. Doch für Schweden war die Lage nicht so einfach, noch mußte man auf die deutsche Seite Rücksicht nehmen. Erik Boheman erklärte Frau Kollontai, daß in Anbetracht der besonderen Situation Schwedens der umstrittene Gefangene nirgendwohin ausgeliefert werden könne. Die sowjetische Seite erklärte sich damit vorläufig einverstanden. Fünf Tage später, am 29. Juni unterrichtete Gősta Engzell den deutschen Legationssekretär Wilhelm von Grolmann über die veränderte Situation. Grolmann empörte besonders Engzells Bemerkung, daß eine Auslieferung direkt in den Tod nicht mit der schwedischen humanitären Politik übereinstimmen würde. Für Wollweber ergaben sich aus der neuen Situation weitere Vergünstigungen.

Die sowjetische Gesandtschaft stellte am 11. November bei Kabinettssekretär Boheman den offiziellen Antrag auf Ausreise Wollwebers in die Sowjetunion. Drei Tage später kam der Leiter der schwedischen Gefangenenbetreuung nach Södertälje und holte den Häftling ab. Der weigerte sich zunächst, die Anstalt zu verlassen, ehe nicht die sowjetische Vertretung seine Freilassung bestätige, was schließlich geschah. In der Stockholmer UdSSR-Vertretung wurde am Abend des 14. November ein Cocktail gegeben. Zu den geladenen Gästen zählte Erik Boheman.

Alexandra Kollontai machte ihn mit einem untersetzten dunkelhäutigen Mann bekannt, den sie als Ernst Wollweber vorstellte. In seinen Memoiren berichtet Boheman, der Deutsche habe seinen großen Dank für den „alles in allem angenehmen Gefängnisaufenthalt“ in Schweden abgestattet. Das dürfte pure Höflichkeit oder Erleichterung gewesen sein. Später behauptete Wollweber, die schwedische Regierung sei „zu jedem Schurkenstreich durchaus fähig gewesen“.

Am 15. November 1944 startete vom Flughafen Bromma eine sowjetische Militärmaschine. Sie war für die lange Strecke mit zusätzlichen Reservetanks ausgerüstet worden. Man mußte den noch von deutschen Truppen gehaltenen Kurland-Kessel umfliegen, um nicht in Flakfeuer zu geraten. An Bord des Flugzeugs befand sich Wollweber. Dreieinhalb Jahre Gefangenschaft lagen hinter ihm. Was ihn in der Sowjetunion erwartete, schien ungewiß.

Der getarnte Politiker (1945–1953)

Auf dem Moskauer Flughafen konnte Wollweber seine diplomatische Masken fallen lassen. Als sich der schwedische Gesandte Staffan Söderblom nach seinem Befinden erkundigte, antwortete er mit Schimpfkanonaden. Schwedens Geheimdienst sei eine „Agentur der Gestapo und Stockholm das Provokationszentrum gegen die Sowjetunion“. Man habe ihn ungesetzlich behandelt, entrüstete sich jener Mann, den Gesetze bisher überhaupt nicht gekümmert hatten. Nachdem er den Gesandten solcherart abgefertigt hatte, lernte der Neuankömmling schnell die Atmosphäre allgegenwärtigen Mißtrauens in Stalins Reich kennen. Ein Beispiel sei dafür genannt. An einem der ersten Abende nahm Wollweber an angeregten Diskussionen über die politische Lage in Deutschland teil. Bald sah er sich in seinem Übereifer von den sowjetischen Partnern mit der Frage gebremst: „Wie ist das überhaupt möglich? Du kommst aus langjähriger Gefangenschaft und bist aufs beste informiert.“ Geistesgegenwärtig zog er sich aus der Affäre. Ein Marxist könne auch bei geringen Informationen zu richtigen Schlußfolgerungen gelangen. Das habe schließlich Georgi Dimitroff 1933 im Reichstagsbrandprozeß bewiesen. Die Lage war gemeistert, und nach einigen Tagen durfte Wollweber in Moskau mit seiner norwegischen Freundin Gudrun Wiik Wiedersehen feiern.

Auf Anraten der Ärzte schickten die Sowjets ihn zur Erholung nach Kislowodsk, einem Städtchen im Kaukasusvorland, das für seine heilkräftigen Mineralquellen berühmt war. Dort erlebte er den Tag der deutschen Kapitulation; an diesem 8. Mai 1945 floß sogar im Sanatorium der Wodka – für Wollweber, der konzentrierte geistige Getränke sehr schätzte, ein weiterer Grund zur Freude. Wenige Tage später sollte er die Stimmung von deutschen Kriegsgefangenen erkunden, die in Kislowodsk Bauarbeiten verrichten mußten. Zu seinem Erstaunen war ihnen die Niederlage vollkommen egal. „Ihr persönliches Schicksal interessierte sie mehr als die Frage: Was wird aus Deutschland?“, verwunderte sich der Kommunist, welcher nach vielen turbulenten Jahren wieder mit Deutschen zusammentraf, die keine Fanatiker, Gesinnungstäter oder Berufsrevolutionäre waren.

Nach Moskau zurückgekehrt, traf er im Juni 1945 auf der Gorki-Straße den KPD-Vorsitzenden Wilhelm Pieck. „Ich wunderte mich ein wenig, daß er sich noch in Moskau befand“, schrieb Wollweber später. Ulbricht war immerhin schon am 30. April nach Deutschland zurückgekehrt. Warum die Sowjets den 69jährigen Alt-Kommunisten nicht aus dem Land ließen, war beiden unklar. Pieck äußerte seine Enttäuschung über die Hartnäckigkeit der russischen Partner. Die Auseinandersetzung gehe um mehr als 100 Genossen, „die man für die deutsche Arbeit nicht freigeben will“. Nach einigen Wochen merkte Wollweber, daß er offenbar auch zu jenen zählte, die man nicht ausreisen lassen wollte. Seine Bitte an Pieck, er möge ihn als Kader für Deutschland empfehlen, hatte wenig bewirkt. Er erkundigte sich endlich, wann man ihn nach Berlin fahren ließe. Die sowjetische Reaktion fiel kryptisch aus. Was er denn in Berlin wolle, lautete ihre Frage. „Wenn Du wieder gesund bist, ist es vielleicht notwendig, dich woanders hinzuschicken, wo die Rote Armee nicht steht und die Arbeit um so schwieriger ist.“ Das war deutlich genug. Wahrscheinlich winkte wieder ein Geheimdienstauftrag im Ausland, wozu der Auserkorene nach all den Strapazen der letzten Jahre keine Lust mehr verspürte.

Die Intentionen der Sowjets empfand Wollweber nach eigenen Worten als „eine eiskalte Dusche“. Er begehrte gegen Tätigkeiten „in internationaler Verkleidung“ auf und vertraute seinen Geheimpapieren an, er sei „zum ersten Mal mit den sowjetischen Freunden nicht zufrieden“. Allmählich merkte man, daß es ihn vom Krieg im

Dunkeln zu offizieller Verantwortung zog. Ein halbes Jahr dauerte das Tauziehen, dann lenkten die Sowjets ein. Am 8. März 1946 flog er von Moskau nach Berlin, wo neue Aufgaben warteten.

Als Wollweber in Berlin eingetroffen war, spielte sich eine Szene ab, die gleichsam als Menetekel kommender Ereignisse wirken mußte. Das Zentralkomitee der KPD befand sich damals in der Wallstraße (Stadtbezirk Mitte) in einem wenig repräsentativen Gebäude; später hatte hier der parteieigene Dietz Verlag sein Quartier. Wollweber, der von einem sowjetischen Major begleitet wurde, sollte sich dort im Büro von Wilhelm Pieck melden. Im Vorzimmer saß Lotte Kühn, die spätere Ehefrau Ulbrichts. Sie sprach fließend russisch und der Major teilte ihr mit, sie möge Pieck benachrichtigen, daß Besuch für ihn eingetroffen sei. Was daraufhin geschah, schildert Wollweber in seinen geheimen Aufzeichnungen aus den 60er Jahren folgendermaßen: „In dem Augenblick trat Walter Ulbricht aus dem Nebenzimmer. Ich wurde von ihm nicht gerade freundschaftlich, aber freundlich begrüßt, und er meinte: ‚Bist du nun endlich da? Dann komm mal mit rein‘ – und wies auf sein Zimmer. Ich war bereit, dieser Aufforderung Folge zu leisten, da ich ja wußte, wie die Verhältnisse waren. Aber der sowjetische Offizier trat dazwischen und erklärte, er habe nur den Auftrag, mich an den Genossen Pieck zu übergeben. Walter Ulbricht drehte sich, ohne ein Wort zu sagen, um und ging in sein Zimmer."

Diese peinliche Szene verdeutlichte die Machtverhältnisse innerhalb der KPD. Der alternde Pieck, nominell Parteivorsitzender, wurde von seinem Stellvertreter Ulbricht systematisch an die Wand gedrängt und konnte sich nur noch auf sowjetische Berater verlassen. Die Situation war darüber hinaus heikel und kompliziert, weil die Kommunisten gerade in Verhandlungen mit den Sozialdemokraten standen. In der Sowjetischen Besatzungszone sollten beide Parteien fusioniert werden, wobei man mehr auf Zwang als auf Überzeugung setzte. Am 22. April 1946 erfolgte diese Vereinigung zur Sozialistischen Einheitspartei Deutschlands (SED). Vorsitzende wurden Wilhelm Pieck (KPD) und Otto Grotewohl (SPD). Ulbricht erhielt den unscheinbaren Posten eines Stellvertreters, bis er 1950 den politischen Machtkampf gewann und zum „Ersten Sekretär des Zentralkomitees" avancierte.

Ernst Wollweber, dessen KPD-Zugehörigkeit am 28. Mai anerkannt worden war, durfte sich nun SED-Mitglied nennen. Seine erste Unterredung mit Pieck ergab nichts Konkretes. Der kränkelnde Ex-Tischler interessierte sich seit geraumer Zeit weniger für politische Angelegenheiten als für die Konsistenz seines Stuhlgangs, was umfangreiche Tagebuchnotizen dokumentieren. Somit fand sich Wollweber am Ende doch beim allgegenwärtigen Ulbricht wieder, der seine Verärgerung zu verbergen wußte. Der spitzbärtige Sachse vermutete lange Zeit, daß der dubiose West-Emigrant Wollweber über besondere Kontakte nach Moskau verfügte, die sich seiner Kontrolle entzögen. Deshalb behandelte er ihn weniger aggressiv als sonstige Untergebene. Das Verhältnis zwischen beiden war stets von unterschwelligem Mißtrauen geprägt. „Was wünscht man in Moskau in bezug auf deine künftige Funktion?" erkundigte sich Ulbricht vorsichtig. Da die Sowjets keine besonderen Instruktionen gaben, schlug er eine Verwendung im Staatsapparat vor. Süffisant bemerkte er: „Wir dürfen dich aber nicht so sehr herausstellen, denn bei bestimmten Dingen protestieren die Amerikaner und bei dir ganz sicher." SED-Kaderchef Franz Dahlem hatte schließlich die salomonische Idee, den einstigen Seemann Wollweber als Chef der Generaldirektion Schiffahrt einzusetzen. Dabei unterlief Dahlem ein ärgerlicher Lapsus, der kennzeichnend war für die chaotische Nachkriegszeit.

Die Generaldirektion Schiffahrt unterstand damals der Zentralverwaltung für Verkehr; aus diesen insgesamt elf Zentralverwaltungen gingen später die DDR-Ministerien hervor. Chef der ZV Verkehr war ein ehemaliger Sozialdemokrat, Dr. Wilhelm Pfitzner. Er stellte jedoch nur eine Galionsfigur dar. Die entscheidenden Fäden hielt sein

Stellvertreter Otto Kühne in der Hand. Der Altkommunist Kühne, ehedem Sekretär der KPD-Reichstagsfraktion, mußte seinem alten Bekannten von 1932 Wollweber mitteilen, daß es leider schon einen Generaldirektor für Schiffahrt gebe, den früheren SPD-Mann Christian Herbst. Es bliebe nur noch der Posten eines Stellvertretenden Generaldirektors. „Ich muß wohl ein ziemlich dummes Gesicht gemacht haben", erinnerte sich Wollweber jener Szene, die ihn schließlich zum Ministerialdirektor mit Dienstwagen Marke „Opel Kapitän" erhob. Sein künftiges Metier sollte die Binnenschiffahrt sein. Schnell erkannte er die Machtverhältnisse in seiner übergeordneten Behörde. Gegenüber dem ZV-Chef Pfitzner benahm er sich ausgesprochen renitent. Als der ihn beispielsweise fragte, ob er denn überhaupt Interesse habe, in der Schiffahrt zu arbeiten, entgegnete Wollweber: „Wenn Sie Interesse gleich besonderes Verlangen setzen, nein." Die Retourkutsche ließ nicht lange auf sich warten. Im Dienstsitz der Generaldirektion, er befand sich damals in der Charlottenburger Knesebeckstraße, erhielt der neuernannte Ministerialdirektor ein Zimmer mit unverputzten Wänden und eine halbierte alte Schulbank als Schreibtisch.

Wollweber stürzte sich pflichtbewußt in die Arbeit. In sein Ressort fiel es, 700 versenkte Schiffe zu heben, die Trümmer von 400 zerstörten Brücken über schiffbare Wasserwege zu beseitigen, die Schiffahrt in Gang zu setzen, nach einem Transportplan zu arbeiten, eine Arbeitsgemeinschaft privater Binnenschiffer zu bilden, die Werften zu übernehmen und die Wasserwirtschaft zu organisieren. Fast alle gehobenen Schiffe mußten als Reparationsleistung an die UdSSR geliefert werden. Die Sowjetische Militäradministration in Deutschland (SMAD) hatte zwei Aufpasser, Oberst Krajew und Oberstleutnant Scharapow, abgeordnet, mit denen Wollweber gelegentlich in Konflikte technischer Natur geriet. Immer wenn diese uniformierten SMAD-Bürokraten ihm bei der Beschaffung von Material Schwierigkeiten machten, drohte er mit seinen guten Beziehungen in Moskau. Und wenn etwas nicht reibungslos funktionierte, sprach er stets von Sabotage – der Fachmann mußte es schließlich wissen.

Im Februar 1947 wurde Christian Herbst als Generaldirektor abgesetzt, Wollweber trat an seine Stelle. Vieles deutet darauf hin, daß man ihn schon damals für geheimdienstliche Aufgaben in Reserve hielt. Sein oberster Chef der ZV Verkehr erhielt den ausdrücklichen Befehl, ihm nicht in seine Arbeit hineinzureden. Im Verlaufe des nächsten Jahres kam es in etlichen Bereichen der Generaldirektion Schiffahrt zu „Säuberungen", deren Opfer unsichere Kantonisten wie Bürgerliche, Parteilose oder ehemalige Sozialdemokraten waren. Eine der letzten unmittelbaren Ressortaufgaben, die Wollweber erledigte, war die Bekämpfung einer drohenden Hochwasserkatastrophe im Frühjahr 1947. Nach einem plötzlichen Tauwetter traten damals viele Flüsse über die Ufer. Auf Elbe und Oder kam es zu gefährlichen Eisstauungen, die Dämme drohten zu brechen. Am 8. März ereignete sich die erste große Eisversetzung bei Riesa. Der alte Experte Wollweber ordnete daraufhin Sprengungen der Eismassen an. Die erste sollte an der Elbbrücke von Wittenberg (Sachsen-Anhalt) erfolgen. Sowjetische Armeepioniere waren als Sprengtrupp vorgesehen, doch Generalmajor Pawel A. Kwaschnin, Chef der SMAD-Transportverwaltung, weigerte sich zunächst, weil ihm die Sache zu gefährlich schien. Schließlich ließ er sich überzeugen. Die Wittenberger Brücke wurde ebenso gerettet wie die Elbbrücke bei Hohenwarte.

Gefahr drohte jetzt noch einer wichtigen Behelfsbrücke in Tangermünde. Hier sollte eine Granatwerferbatterie das Eis beseitigen. Wieder sperrte sich Kwaschnin. Wollweber, der sich in seinem Element fühlte, hatte ihm erklärt, man müsse sprengen, auch wenn „die Brücke zum Teufel geht". Erst ein Anruf bei SMAD-Chef Marschall Wassili Sokolowski brachte die Entscheidung. Am 21. März begann der Beschuß, das Eis zerbarst und die Hälfte der Brücke wurde weggerissen, doch konnte der Verkehr eingleisig aufrechterhalten werden. Als Verkehrschef Pfitzner zu dem Erfolg gratulierte, erwiderte Wollweber ironisch, er freue sich, daß die Schlachtenbummler nun auch gekommen wären. Die Sowjets bedankten sich mit einem großen Lebensmittelpaket. Der halsstarrige General Kwaschnin wurde im Dezember 1949 abgesetzt und vier Monate später bei einem Fluchtversuch nach Schweden in der Nähe von Stettin erschossen.

Die Generaldirektion für Schiffahrt war mittlerweile in die Leipziger Straße im Ostteil Berlins umgezogen und nahm dort Quartier im ehemaligen Reichsluftfahrtministerium. Wollweber selbst bewohnte seit 1947 eine kleine Villa in Lehnitz bei Oranienburg, Waldweg 19. Diese Siedlung war ursprünglich für Ritterkreuzträger der Wehrmacht errichtet worden. Zu jener Zeit verdichteten sich Gerüchte, daß der ostzonale Generaldirektor seinem alten Sabotagemetier treu geblieben sei und weniger Schiffe bauen als wieder versenken lassen wollte. Die eigentliche Arbeit im Verkehrswesen übernahm immer öfter seine Stellvertreterin Maria Weiss. Böse Zungen sagten der Weiss ein Verhältnis mit ihrem Chef nach.

Am 29. Oktober 1948 feierte Wollweber seinen 50. Geburtstag. Unter den Gästen fand sich auch seine alte Freundin Lotte Kann aus dem einstigen Kopenhagener ISH-Büro ein. Die 39jährige war inzwischen mit dem Dänemark-Remigranten Max Spangenberg verheiratet, der in den 60er Jahren dem Arbeitsbüro der subversiven Westkommission beim SED-Politbüro vorstehen sollte. 1940/41 hatte sie das gesamte Paßfälschermaterial der KPD-Abschnittsleitung Nord in ihrer Wohnung versteckt. Die Nazis brachten sie 1943 ins Konzentrationslager; ihr dänischer Ehemann war bei einem Schiffsunglück ums Leben gekommen. Nach Kriegsende führte sie in Dänemark Spionageaufträge für die Sowjetunion aus. Es war gewiß kein Zufall, daß Lotte Kann jetzt bei ihrem Ex-Geliebten auftauchte.

In Skandinavien betrachtete man diese Entwicklung aus leidvoller Erfahrung mit Sorge. Der norwegische Presseattaché in Stockholm suchte am 6. November 1948 das schwedische Außenministerium auf und teilte vertraulich

14. 3. Transportkonferenz der Deutschen Zentralverwaltung des Verkehrs, 1948
von links: Kurt Lukas, Dolmetscher von Saß, Generalmajor Karaschnin, Dr. Wilhelm Fitzner, Otto Kühne, Willi Besener, Ernst Wollweber

mit, man sei sich in Oslo „praktisch sicher“, daß Wollwebers offizieller Posten in der Ostzone nur Tarnung für andere, geheime Aufgaben wäre. Er hätte seine wichtigsten Stützpunkte in Wismar und Rostock, seine Agenten in Schweden seien Willy Rohde und Franz Stephany, die sich als Zonenflüchtlinge ausgäben. Beide seien dabei, eine Organisation für geheime Transporte aufzubauen. Das schwedische Außenministerium reichte diese Informationen an die zuständigen Polizeistellen weiter. Tatsächlich hatte sich Wollweber schon im Sommer 1946 mit Willy Rohde getroffen. Der ehemalige Diversant und illegale Kurier fühlte sich in Skandinavien wie zu Hause und kannte vor allem kommunistische Kreise besser als jeder andere. Ebenso verdächtig mußte Franz Stephany, einstiger Leiter der KPD-Emigration in Oslo, den skandinavischen Behörden erscheinen. Ihre „Flucht“ aus der SBZ aus politischen Gründen schien wenig wahrscheinlich. Beweise für eine Beteiligung an Sabotagehandlungen konnten allerdings nie erbracht werden.

Je mehr die Beziehungen zwischen den Siegermächten des Zweiten Weltkrieges sich verschlechterten, je schneller die Welt in jenen angespannten Konfliktzustand geriet, der als Kalter Krieg bezeichnet wird, desto höher stieg die Bedeutung von Geheimdiensten. In den westlichen Besatzungszonen war schon im Juli 1946 vom ehemaligen Wehrmachtgeneral Reinhard Gehlen ein Nachrichtendienst aufgebaut worden, die nach ihm benannte „Organisation Gehlen“. Sie blieb bis Anfang 1954 unter US-amerikanischer Kontrolle. Die Sowjets behielten in ihrem Machtbereich die Fäden ebenfalls lange in der Hand. Erst nach dem 16. August 1947 wurden durch den SMAD-Befehl Nr. 201 bei allen Polizeidienststellen auf Länder- und Kreisebene spezielle fünfte Kommissariate gebildet, die sogenannten K 5, die als Vorläufer des Ministeriums für Staatssicherheit Spionageabwehr und politische Kontrolle der Bevölkerung übernahmen. Die K 5 durften allerdings nur Delikte bearbeiten, an denen die sowjetische Besatzungsmacht nicht interessiert war; später wurden ihnen auch staatsanwaltschaftliche Befugnisse übertragen. Als Auslandsgeheimdienst traten die K 5 nicht in Erscheinung, das überließ man dem KGB bzw. Wollwebers Generaldirektion für Schiffahrt, die laut Aussage von ehemaligen Mitarbeitern gegenüber dem BND intern „gefährlichste Dienststelle" genannt wurde. Dort standen stets zwei sowjetische Geheimdienstoffiziere in Zivil am Eingang und beobachteten jeden Besucher.

Nach Gründung der DDR am 7. Oktober 1949 wurde die Generaldirektion Schiffahrt zum Staatssekretariat aufgewertet. Unter dem parteilosen Verkehrsminister Hans Reingruber dienten Ernst Wollweber und der CDU-Mann Erich Wächter als Staatssekretäre. Wollwebers Gehalt stieg von 1800 auf 2250 Mark im Monat, damals eine astronomisch hohe Summe; der Durchschnittslohn eines DDR-Arbeiters betrug knapp 350 Mark. Über das neue Staatssekretariat wurde öffentlich so gut wie nichts bekannt. Selbst eingeweihte SED-Funktionäre ergingen sich in Mutmaßungen. Die Weisungen kamen aus Moskau, ihren Inhalt scheint auch Ulbricht nicht gekannt zu haben. Wollweber blieb ein Mann des Halbdunkels, der seine Leute völlig unter Kontrolle hatte. Sein Erscheinungsbild war nicht das eines Sympathieträgers. Kleinwüchsig, dicklich, mit gedunsenem Gesicht, nahezu kahlköpfig wurde er von seinen Mitarbeitern hinter vorgehaltener Hand als „Pfannkuchen auf Beinen" bezeichnet. Hätte man in der DDR das Genre der innenpolitischen Karikatur erlaubt, wäre er gewiß eines der beliebtesten Objekte gewesen. Dennoch verstand es Wollweber, sich Respekt zu verschaffen, sei es auch nur durch seine vielzitierte finstere Miene, die womöglich einstudiert war, denn im privaten Kreis offenbarte der gefürchtete Chef durchaus humorvolle Züge.

Trotz aller Geheimhaltung sickerte allmählich durch, daß der einstige Sabotagechef seinem alten Handwerk wieder frönte. Schwedens Polizei ermittelte 1950 gegen mehr als 150 östliche Agenten im Land, davon allein 50 in Göteborg, einer der wichtigsten Hafenstädte Skandinaviens. Konservative Parlamentarier forderten im Stockholmer Reichstag, die Namen der „kommunistischen Fremdenlegionäre" zu nennen, die „mehr oder minder bekannt im Dienst einer fremden Macht herumspionieren dürfen". Von der dänischen Geheimpolizei war der alte Wollweber-Intimus Richard Jensen ins Kreuzverhör genommen worden. Jensen, 1942 wegen Sprengstoffattentaten zu 16 Jahren Zuchthaus verurteilt und zwei Jahre später aus der Strafanstalt geflohen, leugnete alle Kontakte mit DDR-Stellen. Die Polizei sah hingegen in ihm einen der bedeutendsten Verbindungsmänner Moskaus, der auf vielen nachweisbaren Reisen durch Skandinavien alte Agentenverbindungen wieder fest verknüpft hatte. Überdies gab es Informationen, daß Jensen sich im Sommer 1950 in Ost-Berlin aufhielt. Nun rätselte man darüber, wo und wie Wollweber, Kopf und Generalinstrukteur einer neu auflebenden kommunistischen Sabotagetruppe, seine Leute motivierte und ausbildete. Besonders drängend wurde diese Frage nach dem Ausbruch des Korea-Krieges am 25. Juni 1950. Die US-Truppen in dem fernöstlichen Land waren auf funktionierenden Nachschub zur See angewiesen. Spezialisten im „Stören von Transportlinien" konnten äußerst gefährlich werden.

Des Rätsels Lösung trug drei Namen: Wustrow, Ladebow und Goldberg. Die Seefahrtsschule Wustrow, auf der Ostsee-Halbinsel Darß gelegen, bildete pro Jahr etwa 180 Männer als Kapitäne, Schiffinsingenieure und Funker aus. 20 bis 30 von ihnen erhielten darüber hinaus eine Sonderschulung. In Wustrow wurden künftige Saboteure auf ihren Einsatz in den Operativgruppen „Seehäfen", „Binnenhäfen", „Eisenbahn- und Transportwege" sowie „Alliierte Nachschublinien" vorbereitet; sie erhielten eine Sprengausbildung sowie Aufklärungsaufträge. Gleiches geschah im mecklenburgischen Goldberg und in Ladebow bei Greifswald, wo eine „Fachschule des Verkehrsministeriums - Abteilung Schiffahrt" ihren Sitz hatte. Die ideologische Indoktrination übernahm die „Karl-Marx-Schule" in Kleinmachnow bei Berlin.

In Ladebow, einem ehemaligen Gutsherrensitz, den Wollweber im Oktober 1950 inspizierte, wurden neben Deutschen auch junge skandinavische Kommunisten unter Leitung eines geheimnisvollen Balten, der sich Dr. König nannte, fachmännisch ausgebildet. Zu seinen Lehrsätzen zählte beispielsweise folgender:

Ein Saboteur muß den Sprengstoff selbst in das Schiff bringen. Er kann also kaum mehr als zwei Kilo unauffällig an Bord schmuggeln. Diese Menge muß er so wirksam plazieren, daß die Detonationswelle den Schiffskessel sprengt und die Explosion dann das Schiff zum Sinken bringt.

Dr. König bildete seine Schüler auch an einem Spezialgerät aus, der Unterwasser-Ringhaftladung. Sie besteht aus einem 20 Kilo schweren, hohlen Metallring, der mit Sprengstoff gefüllt ist. Diese Mine kam immer dann zum Einsatz, wenn es nicht möglich war, Dynamit unauffällig auf ein Schiff zu bringen. An ihrer Unterseite waren acht Magnete angebracht. Sie hielten die Sprengladung an der Bordwand fest. Bei der Detonation, die ein Uhrwerkzünder auslöste, wurde ein rundes Stück aus der Schiffswand gesprengt. Ein Lehrgangsteilnehmer aus Ladebow berichtete später: „Wir haben Zeichnungen von sämtlichen Schiffstypen studiert. Fachleute zeigten uns die Verwendung von Brandsätzen, die wie Kohle- oder Eisenerzbrokken aussahen. Andere Explosivstoffe glichen Weizen oder Zucker zum verwechseln; wir bekamen raffiniert als Füllhalter getarnte Brandladungen, die an Bord unter Sitzpolster oder Matratzen zun schieben waren."

Die Sprengausbildung war sicher der spektakulärste Teil der Kurse. Wollwebers Eleven lernten aber noch mehr, beispielsweise, wie man mit Embargo-Gütern oder Waffen beladene Schiffe unter falscher Flagge unbehelligt in fremde Häfen bringt. Einbezogen wurden nicht nur Deutsche. So verschwanden Mitte August 1951 während der sogenannten Weltfestspiele der Jugend in Ost-Berlin mehrere Dutzend schwedische Teilnehmer und ließen sich in Ladebow, Wustrow oder Goldberg ausbilden. Ein Jahr später geschah ähnliches mit 96 Matrosen und 18 Dockarbeitern aus Großbritannien. Manche Kursanten verfaßten regelrechte Werbeschreiben an Gleichgesinnte. So heißt es in einem Brief aus der Fachschule Ladebow nach Westdeutschland: „Wir wohnen hier in einem Herrenhaus. Es gibt gute Verpflegung und guten Sold – sonntags mindestens Huhn mit Reis".

Früchte jener Ausbildung zeigten sich zuerst in Großbritannien. Der britische Flugzeugträger HMS [His Majesty's ship = Bezeichnung aller britischen Kriegsschiffe] „Illustrious" wurde im Juli 1951 kurz vor seinem Auslaufen nach Korea durch Beschädigung der Kesselventile und anderer wichtiger Teile lahmgelegt. Als man das Schiff gründlich untersuchte, fanden sich vier explosive Leuchtpatronen im Kesselraum nahe am Feuerloch. Im Hafen von Swansea geriet ein Tanker, der Nachschub für die US-Truppen nach Korea bringen sollte, durch Explosion in Brand. Große Munitionsstapel detonierten in mehreren britischen Marine-Arsenalen. Gleichzeitig wurden den kommunistischen Nordkoreanern illegal Waffen geliefert. Dieser Schmuggel blieb fast immer unentdeckt. Spektakuläre Ausnahme war der Dampfer „Mai Rickmers" aus Hamburg, der unter bundesdeutscher Flagge fuhr und Anfang Mai 1951 im Chinesischen Meer von einem taiwanesischen Kanonenboot gestoppt wurde. Im Laderaum fanden die Nationalchinesen Maschinengewehre, Handgranaten, Pistolen und Munition. Die verhafteten deutschen Matrosen bekannten sich als Kommunisten und Mitglieder der DDR-Jugendorganisation FDJ.

Die „Rickmers"-Affäre sorgte in Westdeutschland für Aufsehen; im Bundestag nannte der SPD-Abgeordnete Herbert Wehner als Verantwortlichen für den Schmuggel ausdrücklich Ernst Wollweber. Als im Oktober 1951 wilde Streiks der Hafenarbeiter in Hamburg und Bremen ausbrachen, machte die Presse den ostdeutschen Staatssekretär dafür verantwortlich. Dieser „destruktivste Kommunist Europas" werde von Moskau gedeckt und gesteuert.

Die vielzitierten guten Beziehungen Wollwebers zu den Sowjets sind jedoch weitgehend Legende. Noch zu Lebzeiten Stalins, bevor der Machtkampf im Kreml offen ausbrach, hegte man Mißtrauen gegen den erfahrenen deutschen Saboteur. Dafür spricht ein Vorgang, der in den Annalen der SED-Geschichte äußerst ungewöhnlich sein dürfte. Im Mai 1952 stellte die Zentrale Kaderregistratur fest, daß sie „keinerlei Unterlagen" über Ernst Wollweber besitze. Man hatte lediglich das Datum des 7. Februar 1952 vermerkt; damals sei die Akte an den ZK-Abteilungsleiter Weigand geschickt worden. Doch Weigand schob die Schuld einem Mitarbeiter in die Schuhe, der habe das Dossier als letzter auf seinem Schreibtisch gehabt, was er jedoch bestritt. Nachdem dieses Verwirrspiel sich einige Wochen hinzog, stellte die Kaderregistratur am 23. Dezember plötzlich fest: „Nach Überprüfung der vorliegenden Unterlagen bestehen keine kaderpolitischen Bedenken." Die Akte war also gleichsam aus dem Nichts wieder aufgetaucht, und trotz angeblicher Überprüfung fanden sich darin keinerlei Anmerkungen über den Werdegang der Schriftstücke, eine weitere Ungereimtheit. Es ist sehr wahrscheinlich, daß die Wollweber-Papiere während der zurückliegenden Monate vom sowjetischen Geheimdienst einer Kontrolle unterzogen wurden. Offenbar traute man den deutschen Genossen nicht, die Anfang August 1951 im Zuge einer Parteisäuberung Wollweber für unbelastet erklärt hatten. Der Grund dieses Mißtrauens lag, wie man noch sehen wird, nicht zuletzt in der Person von Clara Vater, der Lebensgefährtin Wollwebers, die er Ende der 40er Jahre kennengelernt hatte. Überdies gehörte er zu den sogenannten West-Emigranten, denen man russischerseits mit beträchtlichen Vorbehalten entgegentrat. Als West-Emigrant hatte er zwielichtige Kontakte gepflegt u. a. zu dem in britischen Diensten stehenden Saboteur Hermann Knüfken.

In den Jahren 1952/53 kam es ungewöhnlich oft zu Schiffsunfällen, diesmal nicht nur auf Passagier- oder Frachtdampfern, sondern auch auf Kriegsschiffen. Betroffen waren vor allem Großbritannien und in geringerem Maße die USA. Bis heute ist nicht vollständig geklärt, ob es

15. Ernst Wollweber in Zakopane, Dezember 1951

sich in jedem Fall um gezielte Sabotage handelte und wer dafür verantwortlich war. Die einschlägige Literatur zu diesem Thema zählt insgesamt 13 Unfälle auf; es heißt dort, sie trügen „die Handschrift Wollwebers“ oder es sei „nicht erwiesen, aber immerhin wahrscheinlich“, daß er hinter jenen Aktionen stand.

Sabotage war mit Sicherheit bei Ereignissen des Januar 1953 die Ursache, als auf drei großen britischen Passagierdampfern Brände ausbrachen („Empress of Canada“ am 25., „Queen Elizabeth“ am 29. und „Queen Mary“ am 30. Januar). In allen drei Fällen hatten geheimnisvolle Täter Feuer gelegt, Polstermöbel in Kabinen waren mit leicht entflammbaren Chemikalien getränkt worden, Haufen von Lumpen lagen an besonders feuergefährdeten Stellen, Büchsen mit Spiritusmischungen und Langzeitzünder wurden gefunden. Sabotage dürfte auch 1953 beim britischen Flugzeugträger HMS „Warrior“ vorgelegen haben, auf dem das Hauptkabel zum Maschinenraum durch Axthiebe zerstört wurde; ähnliches passierte auf dem Flugzeugträger HMS „Triumph“. Erwähnt sei noch der Flugzeugträger HMS „Indomitable“; im Februar 1953 riß ihm eine Explosion vor Malta die Bordwand auf, wobei drei Matrosen zu Tode kamen und 40 verletzt wurden. Auch hier glaubte man, daß Spuren ins ostdeutsche Staatssekretariat für Schiffahrt führten, doch es gelang nie, Wollweber etwas Konkretes nachzuweisen. Da er aus den 30er Jahren für seine Sabotageaktionen bekannt war, lag es natürlich nahe, bei jedem Schiffsbrand in ihm den Hauptverdächtigen zu vermuten.

Dieser Verdacht wurde genährt durch seine markigen Sprüche aus früheren Tagen, die z. B. Richard Krebs-Valtin zitiert: „Es ist billiger und effektiver, wenn wir mit nur einer Handvoll Männer arbeiten, als wenn die Sowjetunion ihre Flotte einsetzen würde.“ Als eines seiner Vorbilder nannte Wollweber den kaiserlichen Kapitänleutnant Franz Rintelen von Kleist, der als größter Saboteur aller Zeiten gilt. Kleist war kurz nach Ausbruch des Ersten Weltkrieges zur deutschen Botschaft nach Washington versetzt worden. Seine Aufgabe war es, Waffenlieferungen der neutralen USA nach England und Frankreich zu verhindern. Mit Hilfe seiner Brandbomben und Höllenmaschinen versenkte oder beschädigte er 32 Schiffe. Von ihm sei vor allem bei der Herstellung von Sprengsätzen noch viel zu lernen, schwärmte Wollweber.

Interessanterweise wußte auch der beste westliche Meisterspion, den man quasi im Vorzimmer Wollwebers plaziert hatte, nichts genaues über die Organisierung irgendwelcher Schiffskatastrophen zu berichten. Der Gehlen-Verbindungsmann „Brutus“ beobachtete nach eigenen Worten Wollweber auf Schritt und Tritt, jede seiner Lebensgewohnheiten wurde nach Pullach, dem Hauptquartier Gehlens, gemeldet. So kam man auch dem geheimen Treiben in Wustrow und Ladebow auf die Spur. Hinter „Brutus“ verbarg sich der ehemalige Reichsbahn-Beamte Walter Gramsch, nach dem Krieg Ministerialdirektor in Sachsen-Anhalt. Während der Hochwasserkatastrophe von 1947 lernte er Wollweber kennen, dem Gramschs Fachkenntnisse und rasche Auffassungsgabe imponierten. Als Generaldirektor und Staatssekretär beförderte er ihn zweimal, zuerst zum Abteilungsleiter für Befrachtung, später zum Leiter der Hauptabteilung Flotteneinsatz und Häfen. Niemand ahnte, daß Gramsch für die Organisation Gehlen, den Vorläufer des Bundesnachrichtendienstes, arbeitete. Er lieferte detaillierte Berichte über seinen Chef und setzte sich erst Ende November 1953 in den Westen ab. In einer Einschätzung der DDR-Geheimdiensttätigkeit berichtete „Brutus“ 1951 zusammenfassend: „Die Wollweber-Organisation ist planmäßig in die Geheimdienste des Ostblocks, die gegen den Westen arbeiten, eingegliedert. Oft ist es schwer, bei zwangsläufigen Überschneidungen zu erkennen, ob es sich tatsächlich um Operativ-Gruppen, Stützpunkte und Agenten der Wollweber-Organisation handelt.“

In den Papieren von Gramsch finden sich auch Passagen, die das Bild vom kommunistischen Finsterling differenzieren. So war beispielsweise zu lesen, daß Wollweber

16. Ernst Wollweber liebte gute Zigarren

„den Verhältnissen in der Ostzone nicht völlig kritiklos“ gegenüberstehe. Im kleineren Kreis habe er betont, es wäre „gar nicht so falsch, die Lehren Lenins und Stalins mit den Erfahrungen des Westens zu verbinden“. „Häufig“, so Gramsch, sei von Wollweber die Äußerung zu hören: „Wir müssen manches vom Westen lernen.“ Ein weiterer Vorfall: „Im November 1952 äußerte sich Wollweber anläßlich einer Informationsreise im engsten Kreise in Chemnitz (Hotel ‚Chemnitzer Hof‘): ‚Warum wird eigentlich immer auf den Kapitalismus des Westens geschimpft? Die freie Kapitalbildung ist doch die einzige Möglichkeit, den Konkurrenzkampf anzuspornen und damit die Produktionsmenge und -qualität zu steigern.‘“

Diese Meldungen sind außerordentlich wichtig zum Verständnis der Vorfälle in den Jahren 1957/58. Aufschlußreiche Erkenntnisse liefern auch Wollwebers geheime Aufzeichnungen, in denen der „stramme Kommunist“ (Karl Schirdewan) über die Jahre 1952/53 notierte: „Viele Funktionäre fingen an zu kommandieren nach dem Vorbild, ein Unmöglich gibt es nicht. Vieles wurde reglementiert, kritisiert - von der Kreppsohle bis zur Frisur, von der Niethose bis zum modernen Tanz. Das war auf fast allen Gebieten so, auch auf ökonomischem Gebiet. Die Zeit des Kommandierens und Reglementierens hatte begonnen. Und die Republikflucht nahm zu.“

Ob derartige Zweifel an der Richtigkeit des Ulbricht-Kurses lediglich „ehrgeizigen und skrupellosen Absichten“ entsprangen, wie der westliche Gegenspieler Reinhard Gehlen argwöhnte, ist fraglich. Als die SED-Führung im Juli 1952 den planmäßigen Aufbau des Sozialismus anordnete, tauchten bei einigen führenden Kadern Bedenken auf, ob das nicht übereilt geschehe. Zu den Skeptikern gehörten der Minister für Staatssicherheit Wilhelm Zaisser und der Chefredakteur des SED-Zentralorgans „Neues Deutschland“, Rudolf Herrnstadt. Wollweber stand mit beiden nicht unmittelbar in Kontakt, doch seine Aufzeichnungen deuten darauf hin, daß er sich ebenfalls Gedanken machte, ob ein Sozialismus mit Holzhammermethoden durchsetzbar sei. Die Erörterung solcher Fragen wäre für viele Genossen sehr gefährlich gewesen, doch der geschulte Geheimdienstler kannte die Kreise, in denen er offener reden durfte. „Er zieht sich gern zurück. Er vertraut nur sehr wenigen Personen; auch gegenüber seinen ‚Freunden' sichert er sich durch Spitzel", hieß es in einem Gramsch-Bericht. Er sitze immer in verschlossenen Räumen, so auch in seiner Lieblingsgaststätte. Es handelte sich um das für Ost-Berliner Verhältnisse noble Gewerkschaftshotel „Newa" in der Invalidenstraße, wo Wollweber zu vorgerückter Stunde auf den Tisch kletterte und den sächselnden Diskant des SED-Chefs Ulbricht imitierte.

Den Sturz seines Dienstherren, des parteilosen Verkehrsministers Hans Reingruber, überstand Wollweber ohne Schwierigkeiten. Reingruber war am 10. April 1953 wegen Lappalien abgesetzt und durch den SED-Mann Roman Chwalek ersetzt worden. Freilich stand nicht zu erwarten, daß dessen Staatssekretär noch zu Höherem berufen war. Erst als eine gesellschaftliche Krise heraufzog, die das Ulbricht-Regime, womöglich sogar die ganze SED-Herrschaft in der DDR gefährdete, bekam Wollwebers Leben eine erneute Wendung.

Über die Ereignisse um den 17. Juni 1953 ist so viel geschrieben und berichtet worden, daß sich nähere Darstellungen hier erübrigen. Sie sollen vorrangig im Hinblick auf das Ministerium für Staatssicherheit (MfS), Wollwebers künftiges Arbeitsfeld, erfolgen. Der Juni-Aufstand großer Teile der DDR-Arbeiterschaft war nicht nur eine eklatante moralische Niederlage für die SED-Herrschaft, sondern zuallererst für das geheimnisumwitterte MfS, dem man ein derart offensichtliches Versagen nicht zugetraut hätte. Aus den sogenannten Fünften Kommissariaten (K 5) hervorgegangen, wurde das Ministerium durch Gesetz vom 8. Februar 1950 gegründet. Jenes Gesetz enthielt keinerlei Festlegungen zu Aufgaben oder Zuständigkeiten des MfS. Abgesehen von einigen eher nebensächlichen Regelungen über Befugnisse der im Volksmund „Stasi" genannten Sicherheitsbehörde sowie allgemeinen

Bestimmungen im Volkspolizeigesetz oder der Strafprozeßordnung gab es keine Gesetze, die speziell das MfS betrafen. Seine Tätigkeit wurde mittels interner Richtlinien, Ordnungen, Dienstanweisungen, Befehle etc. geregelt, die generell der Minister für Staatssicherheit erließ oder wieder außer Kraft setzte.

Dieses Amt bekleidete Wilhelm Zaisser, der 1893 geborene Sohn eines Gendarmerie-Wachtmeisters aus dem Ruhrgebiet. Ebenso wie Wollweber war der Kommunist Zaisser von den Sowjets in der Vierten (Spionage-)Abteilung der Roten Armee ausgebildet worden. Mehrere Jahre arbeitete er in China illegal für die Komintern. Während des spanischen Bürgerkrieges war er von 1936 bis 1938 Kommandeur der XIII. Internationalen Brigade bzw. des Stabes der internationalen Einheiten in Albacete; unter seinem Decknamen „General Gomez“ wurde er zur legendären Figur. Der einstige kaiserliche Leutnant, ein Hüne an Gestalt, hielt selbst im Schützengraben auf penible preußische Kleiderordnung. Ein Zeitgenosse aus der Spanienzeit zeichnet von ihm folgendes Porträt: „Der General ist ein gigantischer Mann. Seine Augen liegen tief in einem massiven Gesicht. Sein Wesen ist jovial, aber ich möchte glauben, daß diese Jovialität wie eine Maske fallen kann. Wer die harten verkniffenen Augen des ‚General Gomez‘ sah, und sein hartes, von Narben zerschnittenes Gesicht, der spürte, daß die Gutmütigkeit nur gespielt und die Brutalität echt war.“

Seit 1939 gehörte Zaisser dem Verlag für fremdsprachige Literatur in Moskau an. Zuvor hatte ihn Geheimdienstchef Berija aus dem Gefängnis geholt, in das er während der Stalinschen „Säuberungen“ geraten war. 1947 kehrte er nach Deutschland zurück, wurde zunächst Leiter der Landespolizei von Sachsen-Anhalt und ein Jahr später Innenminister von Sachsen. Seit 1950 Mitglied des Politbüros, gehörte Wilhelm Zaisser zu den mächtigsten Männern der DDR. Seine Ehefrau Elisabeth (Else) leitete seit Juli 1952 das Volksbildungsministerium.

Stellvertreter Zaissers wurde im Range eines Staatsse-

17. Wilhelm Zaisser, Minister für Staatssicherheit, und Erich Mielke (links), einer seiner Stellvertreter, 1952

kretärs Erich Mielke. Über dessen Vita ist genügend bekannt, vor allem seine Beteiligung an zwei Polizistenmorden 1931 in Berlin, die in den 90er Jahren gerichtsnotorisch wurden. Er bekleidete seit 1946 Polizeifunktionen in der SBZ, ab 1948 leitete er den „Ausschuß zum Schutze des Volkseigentums", der später im MfS aufging. Sein Chef Zaisser hatte eine gediegene Schulbildung genossen und sprach fließend russisch, französisch und englisch. Mielke hingegen konnte den primitiven Proletarier aus Berlin-Moabit nie verleugnen. Doch er galt als zäher und skrupelloser Bürokrat, der sich in den personellen und strukturellen Feinheiten des MfS besser zurecht fand als jeder andere. Viele Mitarbeiter des Stasi-Hauptquartiers in der Berliner Normannenstraße 22 kannte er persönlich.

Das Ministerium für Staatssicherheit verkörperte Anfang der 50er Jahre einen reinen Inlandsgeheimdienst. Sein Personalbestand war mit 4000 hauptamtlichen Mitarbeitern im Vergleich zu späteren Dimensionen eher bescheiden; außerdem gab es noch ein spezielles 1500 Mann starkes MfS-Wachregiment, das 1967 den Namen des ersten bolschewistischen Geheimpolizeichefs Felix Dzierżyński erhielt. Für Auslandsspionage war im wesentlichen der 1951 gegründete „Außenpolitische Nachrichtendienst" (APN) zuständig, der dem Außenministerium unterstand und erst 1953 zur Staatssicherheit kam. In der Bevölkerung genoß die Stasi einen denkbar schlechten Ruf. Das lag u. a. an ihren rabiaten Methoden wie Festnahmen ohne Haftbefehl grundsätzlich zu nächtlicher Stunde, an der Existenz eigener Gefängnisse, die keiner Gerichtsbarkeit unterstanden und nicht zuletzt am perfiden Spitzelsystem, das dafür sorgte, zahlreiche Menschen nur wegen eines politischen Witzes ins Zuchthaus zu bringen. Das MfS konnte jeden Brief mitlesen und jedes Telefongespräch abhören, es inszenierte Prozesse und entschied über Anklage und Urteil.

Um das Land mittels möglichst vieler Zuträger kontrollieren zu können, erließ man im November 1952 die Richtlinie Nr. 21 über Suche, Anwerbung und Arbeit mit Geheimen Mitarbeitern (GM), Geheimen Informatoren (GI) und Personen, die konspirative Wohnungen unterhalten. Jeweils 10 bis 20 GM oder GI wurden von einem hauptamtlichen Mitarbeiter des MfS als sogenanntem Führungsoffizier gesteuert. Damit erhob das MfS, dessen Angehörige seit Oktober 1952 militärische Dienstgrade trugen, die Spitzelei zum gesellschaftlichen System. Dabei war es besonders skandalös, daß sich in den Reihen der Stasi auch ehemalige Gestapo- und SD-Beamte fanden, Fachleute, die Minister Zaisser jenseits aller parteipolitischen Bedenken schätzte. Zu ihnen gehörte beispielsweise der einstige SS-Hauptsturmführer Louis Hagemeister, Leiter der Vernehmungsabteilung in der MfS-Bezirksverwaltung Schwerin. Dennoch gab es im MfS nur wenige erfahrene Geheimdienstprofis. Viele hatten vor 1950 nichts mit diesem Metier zu tun gehabt. Daran lag es wohl, daß Walter Ulbricht im Mai 1953 feststellen mußte: „Die erste Aufgabe besteht darin, die ideologische Erziehung der Mitarbeiter der Staatssicherheit bedeutend zu verbessern, ihr fachliches Wissen zu erhöhen". Diese Mahnung erfolgte zu einem Zeitpunkt, an dem weder die SED-Spitze noch die Führung des MfS erkannten, was sich im Lande zusammenbraute.

Das Jahr 1953 wurde nicht nur für die gesamtdeutsche Politik schicksalhaft. Am 5. März war der allmächtige Diktator Josef Stalin gestorben. Im Kreml etablierte sich die neue Führungsmannschaft mit Georgi Malenkow (Ministerpräsident), Nikita Chruschtschow (Parteichef) und Nikolai Bulganin (Verteidigungsminister). Vorsichtig wurde eine Abkehr vom Personenkult des Verstorbenen diktiert, die Troika kehrte zu Lenins Prinzip einer kollektiven Führung zurück. Doch das war nur die eine personelle Kehrseite der Sowjet-Medaille – es gab auch einflußreiche Gruppen von Altstalinisten, die mit der neuen Entwicklung unzufrieden waren, in erster Linie Außenminister Wjatscheslaw Molotow, Lasar Kaganowitsch, der Erste Stellvertretende des Vorsitzenden des Ministerrates, und Ex-Generalstaatsanwalt Andrej Wyschinski. In diesen

Machtkämpfen spielte Geheimdienstchef und Innenminister Lawrenti Berija eine merkwürdige Rolle. Der bebrillte Georgier, einer der gefürchtetsten Bluthunde Stalins, neigte erstaunlicherweise den Reformern um Malenkow zu. Durch seine Informanten über die wahren Verhältnisse in der DDR gut unterrichtet, verfolgte Berija den Plan, Ulbricht zu stürzen und eine gemäßigte Fraktion ans Ruder zu bringen. Sein Mann in Ost-Deutschland war der sowjetische Hohe Kommissar Wladimir Semjonow, jener Funktionär, der einst Wollweber aus dem schwedischen Gefängnis befreit hatte. Die Reformgegner stützten sich hingegen auf den Außerordentlichen Botschafter der UdSSR in Ost-Berlin, Georgi Puschkin.

Die wachsende Unzufriedenheit der DDR-Bevölkerung, verbunden mit dem immer aggressiver vorangetriebenen Umbau von Staat und Gesellschaft durch Ulbrichts Leute, erfüllte eingeweihte Sowjets mit Sorge. Ein neutralisiertes, entwaffnetes und vereintes Deutschland, so überlegte man, könnte das eigene Sicherheitsbedürfnis besser befriedigen als ein geteilter Staat in der Mitte Europas. Semjonow sah sich deshalb nach geeigneten SED-Spitzenfunktionären um, denen er einen Kurswechsel zutraute. Seine Wahl fiel auf Wilhelm Zaisser und Rudolf Herrnstadt. Beide hatten Geheimdiensterfahrung in der Sowjetunion gesammelt. Der 1903 geborene Rechtsanwaltssohn Herrnstadt gehörte zu den Kandidaten des Politbüros.

Im Frühjahr 1953 tauchten erste Gerüchte über eine Rivalität zwischen Zaisser und Ulbricht auf. Der letztere verlor als Erster Sekretär des Zentralkomitees langsam seine Gefolgschaft. Von 14 Mitgliedern und Kandidaten des Politbüros hielten nur noch zwei bedingungslos zu ihm, Hermann Matern und Erich Honecker. Hingegen wollten Spitzenfunktionäre wie Heinrich Rau, Chef der Staatlichen Plankommission, Berlins Parteisekretär Hans Jendretzky oder der Staatssekretär im Außenministerium Anton Ackermann nicht nur die SED vom stalinistischen Ballast befreien, sondern auch in einem neutralisierten Gesamtdeutschland mit einer vereinigten Arbeiterlinken den Kampf um die politische Macht ausfechten. Anläßlich der Beerdigung Stalins hatten Malenkow und Berija der SED-Delegation erklärt, sie hätten wenig Lust, Ulbrichts radikalen Kurs zu unterstützen. Am 15. April 1953 verdeutlichten sie das noch einmal in einer offiziellen Note. Doch Ulbricht blieb starrsinnig und antwortete mit einem Zeitungsartikel, in dem er sich ausdrücklich auf den „weisen Lehrer des sozialistischen Aufbaus, J. W. Stalin" berief. Das war ein ziemlich offener Affront gegen die Malenkow-Fraktion in Moskau.

Semjonow ermunterte Zaisser und Herrnstadt daraufhin, gegen Ulbricht Stellung zu beziehen. Anlaß sollten die ständigen und willkürlichen Normenerhöhungen sein, mit denen die SED die Arbeiterschaft traktierte. In einer Kommissionssitzung des Politbüros stellte Zaisser den Antrag, das ZK-Plenum möge Walter Ulbricht von seinem Posten ablösen und an seiner Stelle Rudolf Herrnstadt zum Ersten Sekretär wählen. Am 15. Juni 1953 veröffentlichte das „Neue Deutschland" einen Aufsatz aus der Feder seines Chefredakteurs Herrnstadt unter der Schlagzeile „Es wird Zeit, den Holzhammer beiseite zu legen". Er wandte sich unmißverständlich gegen die jüngsten Normenerhöhungen und kritisierte „das selbstherrliche und überhebliche Auftreten" von SED-Funktionären. Damit wurde eine Lawine losgetreten, die ihre Urheber unter sich begrub.

Chef des Staatssicherheitsdienstes (1953–1957)

Der Aufstand vom 17. Juni 1953 kam für alle unerwartet. Weder die Führung in der Sowjetunion oder in der DDR und schon gar nicht die Regierenden im Westen rechneten mit solch eruptivem Ausbruch. Sein Verlauf und das Ende sind bekannt. Für weitere 36 Jahre zwang der orthodoxe Kommunismus, erst unter Ulbricht, dann unter Honecker, dem Land östlich von Elbe und Werra ein ungeliebtes und letztlich menschenverachtendes System auf. Doch die unmittelbaren Folgen gingen weit darüber hinaus. In der Sowjetunion stürzte Berija über innenpolitische Machtkämpfe. Der 17. Juni diente als willkommener Anlaß, den Geheimdienstchef neun Tage später zu verhaften und im Dezember 1953 hinzurichten. Die Entstalinisierung verzögerte sich für drei Jahre. Von einem vereinten Deutschland war keine Rede mehr. Vor allem hatte der Juni-Aufstand Ulbricht gerettet; die Sowjets hielten es jetzt für besser, den Reiter nicht zu wechseln. Gegen dessen Widersacher begann, kaum daß man sich vom ersten Schreck erholt hatte, eine bösartige Hetzkampagne.

Zaisser, von Ulbricht noch zum 50. Geburtstag im Januar mit überschwenglichen Lobeshymnen bedacht, geriet ins Kreuzfeuer. Daß sein Ministerium am 17. Juni versagt hatte, stand außer Frage. Von den Ereignissen wurden nicht nur die MfS-Zentrale, sondern auch sämtliche im Juli 1952 gegründeten 15 Bezirksverwaltungen (Berlin, Rostock, Schwerin, Neubrandenburg, Magdeburg, Potsdam, Frankfurt/Oder, Cottbus, Karl-Marx-Stadt, Dresden, Leipzig, Halle, Gera, Erfurt und Suhl) weitgehend überrumpelt. Jetzt rächte es sich, daß man drei Jahre lang unermüdlich Spione, Agenten und Provokateure gejagt hatte, aber auf eine systematische Auswertung unzähliger

Stimmungsberichte zur Lage im Land verzichtete. An der Basis des Ministeriums, den MfS-Kreisdienststellen, wußte man zwar von weitreichender Unzufriedenheit unter der Bevölkerung, doch die Informationen wurden weder systematisiert, noch gelangten sie an die entscheidenden Stellen. Dafür wurden Zaisser und Herrnstadt zu Sündenböcken erklärt. Sie hätten eine „parteifeindliche Fraktion mit einer defätistischen gegen die Partei gerichteten Linie“ gebildet. Herrnstadt mußte seinen Posten räumen und wurde nach dem Parteiausschluß in ein Archiv abgeschoben.

Durch die Maßregelung Zaissers, er wurde als Minister Anfang Juli abgesetzt und 1954 aus der Partei ausgeschlossen, und mit prinzipieller Kritik an der Arbeit des MfS suchte sich die engere Parteiführung um Ulbricht von der Verantwortung für die Fehlentwicklung im Land zu entlasten. Die Kritik an Zaisser, der 1958 starb, bedeutete auch einen Prestigeverlust für die Stasi. Vor allem in den Bezirken begegneten Funktionäre örtlicher Organe den MfS-Mitarbeitern demonstrativ ablehnend. Im thüringischen Gera beispielsweise äußerte ein Mitarbeiter der Stadtverwaltung unverblümt: „Bei euch in der Staatssicherheit sind doch Strolche.“ Ein Offizier der Volkspolizei berichtete stolz, er habe einen MfS-Kollegen, der Informationen von ihm verlangte, „hochkantig hinausgeschmissen“.

Um Zaisser zu demontieren, griffen seine Gegner – vorrangig Ulbricht und Politbüromitglied Erich Honecker – auf belastendes Material aus dem Jahr 1952 zurück. Im Stasi-Apparat fanden sich genügend Brutusse, an ihrer Spitze Zaissers ehrgeiziger Stellvertreter Erich Mielke und Otto Walter, 1. Sekretär der SED-Kreisleitung im MfS. Sie berichteten von ihrem einstigen Chef, er habe geäußert, „daß bei gesamtdeutschen Wahlen unsere Partei nicht die Mehrheit bekommen wird“. Zaisser wolle die DDR zugunsten eines Gesamtdeutschland opfern, denunzierte der sächsische MfS-Chef Joseph Gutsche. Erschwerend kam hinzu, daß sich während der Julitage in der Juristischen Hochschule des MfS bei Potsdam-Eiche ein weitgehend unbekannter Vorfall ereignete. Etwa hundert Offiziers-Hörer, die hier zu Diplomjuristen ausgebildet wurden, sammelten sich auf dem Exerzierplatz und skandierten Sprüche wie: „Wir wollen endlich als freie Menschen leben“ und „Weg mit Spitzbart!“. Drei Anführer dieser nächtlichen Revolte wurden wenige Stunden später verhaftet und verschwanden auf Nimmerwiedersehen. Der neueingesetzte Chef der Hochschule, Oberst Gerhard Harnisch, erklärte im August 1953 mit deutlicher Anspielung auf Zaissers Amtsführung, er werde „diesen Augias-Stall mit eisernem Besen auskehren“.

In der offiziellen Begründung für Zaissers Parteiausschluß hieß es, er habe „eine von der Partei vollkommen abwegige politische Linie in der Frage der Einheit Deutschlands in der Richtung vertreten, daß es im Interesse der Erhaltung des Friedens nötig ist, daß die DDR aufgegeben wird, um ein bürgerliches Deutschland zu schaffen“. Den Beschuldigten wurde „kapitulantenhafte Politik“ vorgeworfen, sie hätten „die Genossen desorientiert und defätistische Stimmungen gefördert“. Das sei „Rebellion“ wetterte Ministerpräsident Otto Grotewohl. Als Konsequenz beschloß die DDR-Regierung, „das Ministerium für Staatssicherheit als Staatssekretariat in das Ministerium des Inneren einzugliedern“. Aus dem MfS wurde das SfS. Der interne Funktionärsspott bezeichnete die gedeckelten Stasi-Leute schadenfroh als „Zaisserlinge“. Somit war endgültig klar, daß der Sicherheitsdienst kein Eigenleben führen durfte, sonden als „Schild und Schwert der Partei“ zu dienen hatte.

Nachdem man Zaisser dergestalt abgefertigt hatte, stellte sich das drängende Problem seines Nachfolgers im Amt - ein beträchtliches Dilemma. Denn die meisten Kader mit Geheimdiensterfahrung arbeiteten schon im MfS. Das Ex-Ministerium hatte aber am 17. Juni so erbärmlich versagt, daß eine personelle Ergänzung aus dem eigenen Apparat, etwa durch Erich Mielke oder Richard Stahlmann, sich von vornherein verbot. Es mußte ein neuer Mann sein, der frischen Wind in die Normannenstraße bringen konnte und gleichzeitig soviel fachlich-ideologische Autorität besaß, daß die hartgesottenen Altstalinisten der Stasi ihn akzeptierten. Ulbricht besaß demnach nur sehr wenige Kandidaten, und ihm blieb in der chaotischen Situation nach dem 17. Juni wenig Gelegenheit zu langwierigen Konsultationen. Auch die Sowjets, von der Berija-Krise irritiert und durch Diadochenkämpfe abgelenkt, boten keine Entscheidungshilfe. Lediglich ein diskreter Wink des Hohen Kommissars Semjonow verwies auf die Person Ernst Wollwebers, der daraufhin zu den Favoriten des Politbüros avancierte. Der politisch angeschlagene SED-Chef mußte diese Wahl billigen, obwohl er damit kaum einverstanden war. Das zeigte sich in jenem Moment, als er Mitte Juli Wollweber zu sich rief und ihm mitteilte, „man“ sei der Meinung, er solle die Leitung der Staatssicherheit übernehmen. Erst auf die Frage: „Wer ist ‚man‘? Gehörst du auch dazu?“ - gab Ulbricht sein ausdrückliches Einverständnis. Ihm blieb auch kein anderer Ausweg. Quasi als Morgengabe wurde dem Staatssekretär für Staatssicherheit der Außenpolitische Nachrichtendienst unterstellt. Als künftige Hauptabteilung XV (Auslandsspionage) verstärkte es die Reihen des SfS.

Am 24. Juli 1953 leistete Ernst Wollweber seinen Amtseid vor Volkskammer-Präsident Johannes Dieckmann, einem Mitglied der Ost-Liberaldemokraten. Das Foto von dieser Zeremonie vermittelt den Eindruck eines improvisierten unfeierlichen Akts. In reichlich zerknittertem Habit steht Wollweber vor Dieckmann, dem Nicht-Genossen, und schaut teils erstaunt, teils fast belustigt auf die Szenerie. Der neuernannte Staatssekretär und Vize-Innenminister behielt sein Lächeln freilich nicht lange auf den Lippen. Kurz bevor er sein Amt übernahm, hatte Ministerpräsident Otto Grotewohl auf einem Treffen mit Funktionären der Blockparteien am 20. Juli 1953 dem Ärger über das ehemalige MfS noch einmal deutlich Luft gemacht. „Diesen Zustand kann der Staat nicht hinnehmen, daß wir uns zwar alle aus Presse und Archivmaterialien ein äußerliches Bild von allen Vorgängen machen konnten ... nur unsere Staatssicherheit nicht festzustellen vermochte, was sich da ereignete und wie das geworden und gewachsen war."

Mit Wollwebers Amtsantritt verstummte diese Kritik keineswegs. Die SED-Spitze stand lange unter dem Schock der Vorfälle am 17. Juni und versuchte krampfhaft, den Arbeiteraufstand zum faschistischen Putsch zu stilisieren; dafür bedurfte es natürlich vieler Anstifter, Hintermänner und Organisatoren, die man vor Gericht stellen und effektvoll verurteilen konnte. Der Stasi fiel die undankbare Aufgabe zu, Leute zu finden, die gar nicht existierten. Staatssekretär Wollweber ließ sich zunächst Zeit. Darüber mokierte sich Ulbricht am Rande einer Parteikonferenz. „Was ist denn nun?" fragte er. „Man sieht noch gar keine Veränderung in der Arbeit der Staatssicherheit." Am 23. September 1953 wurde das Politbüro deutlicher. „Trotzdem schon 3 Monate seit den Ereignissen des 17. Juni vergangen sind, haben die Staatssicherheitsorgane auch bis jetzt nicht die Organisatoren der Provokationen entlarvt", hieß es tadelnd. Darauf reagierte Wollweber zunächst in einer Zentralen Dienstkonferenz führender Mitarbeiter des SfS am 1. November. Selbstkritisch bemerkte er, es sei der Stasi bisher nicht gelungen, die Drahtzieher des Putsches dingfest zu machen. Man müsse nun feststellen, „wer ist beteiligt, wo, wann und mit wem ..., weil das diese Kreise sein werden, die in Zukunft ebenfalls die Aktionen mit größter Wahrscheinlichkeit leiten werden". Dem anwesenden Hermann Matern, als Chef der Zentralen Parteikontroll-Kommission gefürchteter Großinquisitor der SED, schien diese Einschätzung zu lasch. In seiner groben Art verbat er sich jedweden „Liberalismus" gegen Staatsfeinde. „Für knieweiche Pazifisten und Mondgucker ist in unseren Reihen kein Platz", tobte der eingefleischte Ulbricht-Gefolgsmann. Die DDR müsse „zur Hölle für die feindlichen Agenten" werden.

Derart harsche Kritik dürfte Wollweber einigermaßen gewurmt haben, zumal er einige Tage zuvor in einer Rede vor 1400 Angehörigen des VEB Siemens-Plania in Ost-Berlin die Erfolge seiner Männer nachdrücklich gelobt hatte. „Jeder Agent muß damit rechnen", hieß es in seiner Ansprache, „daß er von den Organen der Staatssicherheit mit Hilfe der Wachsamkeit der Bevölkerung unschädlich gemacht wird." Hintergrund dieser Erfolgsposaune war der Übertritt des Westberliner Geheimdienstlers Hans-Joachim Geyer auf östliche Seite am 29. Oktober 1953. Der Kriminalschriftsteller Geyer stand schon längere Zeit mit dem MfS in Verbindung. Seit 1953 kopierte er sämtliche wichtigen Dokumente seiner Dienststelle X/9592: Personalbogen, V-Mann-Berichte, Kodeschlüssel. Wollweber hielt es für angebracht, seinen Doppelagenten Geyer am 9. November der Presse als reuigen Gehlen-Mann vorzustellen. Der angeblich geflohene Agent löste eine Jagd auf Mitarbeiter des westdeutschen Geheimdienstes aus, der sich von diesem Schlag lange Zeit nicht erholte. Geyer verriet zahlreiche Namen von V-Leuten der Organisation Gehlen in der DDR. Stasi-Spezialisten verhafteten daraufhin in der Nacht zum 1. November mehrere Dutzend Personen, darunter Mitarbeiter des DDR-Außenministeriums, Offiziere der Volkspolizei, einen Redakteur der Ost-„Berliner Zeitung" und Spitzenfunktionäre der bürgerlichen DDR-Blockparteien. „Wenn man zuschlägt, muß man richtig treffen", lautete Wollwebers Kommentar. Der Angriff von Matern, so ungerechtfertigt er schien, enthielt eine unmißverständliche Forderung: In der SED-Führung lechzte man nach neuen Opfern, und das SfS hatte sie zu liefern.

Folge jener Diskussion mit Matern war eine „Aktion Ungeziefer", die Wollweber, Mielke und mehrere Hauptabteilungsleiter am 9. Januar 1954 in der Normannenstraße ausheckten. Sie zielte auf Mitglieder des „Komitees 17. Juni". Im Sommer 1953 hatte sich aus DDR-Flüchtlingen eine Aktiongemeinschaft gebildet, deren Ziel vorrangig in Hilfe für die Opfer der Repressalien des SED-Regimes bestand. Dieses „Komitee 17. Juni" besaß weitreichende Verbindungen in die DDR; natürlich sickerten in seine

Reihen auch Spione westlicher Geheimdienste. Besonders lästig waren der SED zwei Tatsachen: Zum einen förderte das Komitee zahlreiche öffentliche Auftritte im In- und Ausland von geflüchteten Teilnehmern des Juni-Aufstandes, zum anderen gab es eine Reihe von Schriften heraus, die in Ostdeutschland unter der Hand verbreitet wurden und peinliche Wahrheiten über Ulbricht und die Parteiführung enthielten. Der Stasi war es gelungen, in diese gegnerische Zentrale einen Informanten mit dem Decknamen „Ramba" einzuschleusen. Das nutzte Wollweber zu einem Schlag, der ihn in den Augen der SED-Führung rehabilitieren sollte. Im Verlauf ihrer „Aktion Ungeziefer" verhafteten Stasi-Trupps zwölf Verbindungsleute des Komitees, darunter das Vorstandsmitglied Werner Mangelsdorf. Er und weitere drei Angeklagte wurden nach einem propagandistischen Schauprozeß vor dem Obersten Gericht im Juni 1954 zu Zuchthausstrafen zwischen fünf und 15 Jahren verurteilt. Alle anderen versuchte man als Informanten für die Stasi zu gewinnen.

Die Aussagen der gefangenen Mitglieder des „Komitees 17. Juni" wurden propagandistisch nach Kräften ausgeschlachtet. Sie galten als Indiz für eine generelle Rechtfertigungsthese der SED, wonach der Aufstand des 17. Juni von langer Hand aus dem Westen gesteuert worden sei oder laut Parteijargon als „Beweis für den großen Umfang und die Intensität . . ., mit der der faschistische Putsch am 17. Juni von den Kriegstreibern organisiert wurde". Nach mehr als einem Jahr der Demütigung ergoß sich nun im Gefolge der „Aktion Ungeziefer" ein Ordensborn über die Stasi-Konfidenten. Wollweber persönlich nahm die Auszeichnungen am 4. August 1954 vor und triumphierte in seiner Ansprache, daß es gelungen sei, „unter den Agenten des sogenannten Komitees 17. Juni Angst und Panik zu verbreiten und Mißtrauen bei den Auftraggebern . . . zu erwecken". Zu diesem Zeitpunkt konnte es sich der SfS-Chef aus mehreren Gründen leisten, Selbstbewußtsein zu demonstrieren. Er hatte es binnen eines Jahres vermocht, aus dem Sündenbock Stasi wieder einen, wenn auch argwöhnisch beobachteten Musterknaben zu machen und gleichzeitig persönliche Macht anzuhäufen.

Das Selbstvertrauen des Sicherheitschefs wurde auch durch seinen Aufstieg in der Parteinomenklatur gekräftigt. Am 6. April 1954 rückte er in die Reihen des damals 91 Mitglieder zählenden SED-Zentralkomitees auf. Dies geschah am letzten Tag des IV. SED-Parteitages, auf dem Wollweber eine ausgesprochen scharfmacherische Rede hielt. Die Stalin-These über „Bedingungen eines sich noch weiter verschärfenden Klassenkampfes" findet sich ebenso darin wie die Charakterisierung „des 17. Juni als eines faschistischen Putschversuches". Dafür, so der Stasi-Chef wider besseres Wissen, hätte man „hinreichende Beweise". In Westdeutschland finde ein „schändlicher Verbrecherschutz für Brandstifter, Mörder, Giftmörder und ähnliche Typen" statt - dagegen gelte es „revolutionären Kampfgeist" und „leidenschaftlichen Haß" zu setzen. Auch die Forderung, „Gesetze mit aller Härte gegen Agenten, Spione und Terroristen anzuwenden", fehlte nicht. Man stelle sich vor, der bürgerliche Rechtsstaat Schweden hätte 1940 nach diesem Grundsatz gehandelt - Wollweber wäre wohl für immer hinter Gefängnismauern verschwunden. Unter all diesen martialischen Passagen finden sich aber auch ungewohnte Töne. Die Rede kritisierte „Überheblichkeit und Unfähigkeit leitender Staats- und Wirtschaftsfunktionäre", geißelte die „gewandten und anpassungsfähigen Halunken" in führenden Funktionen und gipfelte in der Schlußfolgerung: „Objektiv ist der Bürokrat ... der beste Helfer des Agenten." Wollweber endete mit der Versicherung, „die Staatssicherheit soll ein scharfes Schwert sein, mit dem unsere Partei den Feind unerbittlich schlägt, gleichgültig, wo er sich festgesetzt hat"! Den Sprung ins neunköpfige Politbüro schaffte er trotz solch tiradenhafter Bekenntnisse nicht. Ulbricht fürchtete immer noch das schlechte Beispiel von Vorgänger Wilhelm Zaisser, der ihn 1953 im de facto höchsten Parteigremium bekämpft hatte.

Wollweber dürfte kaum geahnt haben, mit welch tiefem

Mißtrauen die Deutschland-Abteilung des KGB ihn beobachtete. Generalmajor Alexander Korotkow, der Geheimdienstresident in Berlin-Karlshorst, inspirierte diesen Argwohn auf geradezu denunziatorische Weise. Wenige Tage nach dem Amtsantritt des neuen Stasi-Staatssekretärs verfaßte Korotkows Dienststelle ein Schreiben an die Kaderabteilung des SED-Zentralkomitees. Darin ging es vor allem um Wollwebers Lebensgefährtin Clara Vater. Die Berlinerin stammte aus einem kommunistischen Elternhaus. Nach 1933 arbeitete sie illegal in den Niederlanden zusammen mit ihrem damaligen Mann August Kreutzburg. Später gingen beide in die Sowjetunion und wurden im Zuge der Stalinschen „Säuberungen" vor Gericht gestellt. Kreutzburg erhielt zehn Jahre Strafarbeit, Clara Vater zwei Jahre Gefängnis. In einem Lager des GULAG kam ihre Tochter Tamara am 20. September 1937 zur Welt. Im Februar 1940 lieferten die Sowjets ihre Genossin nebst Tochter an Hitler-Deutschland aus. Dort wurde Clara Vater wegen Vorbereitung zum Hochverrat vom Volksgerichtshof zu anderthalb Jahren Gefängnis verurteilt. Diese relativ milde Strafe, so hieß es in der Urteilsbegründung, sei angemessen, weil sich „ganz allmählich ein Umschwung ihrer politischen Auffassungen vollzogen und zu ihrer jetzigen Abkehr vom Kommunismus geführt hat". Obwohl Clara Vater inzwischen SED-Mitglied war, fürchteten die Sowjets nicht ganz zu Unrecht, ihre schlechten Erfahrungen mit Stalins Reich hätten sie geprägt. Da zudem Wollweber des öfteren sein Nationalbewußtsein herauskehrte („Er war Deutscher durch und durch", stellte Krebs-Valtin fest.), schien sein Aufstieg das KGB zu alarmieren.

In dem erwähnten Dokument wird betont, daß Wollweber bei der Gestaltung seines Privatlebens „in starkem Abhängigkeitsverhältnis" zu Clara Vater stünde. Letztere sei eine „ehrgeizige, geltungsbedürftige, politikasternde Frau, die überall, wo sie auftritt, die Menschen gegeneinander ausspielt, sich bekämpfende Gruppen schafft, die Partei in Unordnung bringt und Unruhe stiftet". Alles an

Verfehlungen wurde aufgelistet. 1928 sei Vater (im Alter von 18 Jahren!) wegen „Rechtsabweichung" einige Zeit aus der KPD ausgeschlossen worden; das Rückwandereramt der NSDAP habe ihr eine Wohnung vermittelt; nach 1945 hätte sie mit einem Genossen verkehrt, der sich später als Trotzkist entpuppte etc. Das KGB hegte nun die Befürchtung, „daß die Genn. V. diese ihre Wirksamkeit auch durch den W. auf seine berufliche Tätigkeit auswirken lassen wird". Ihr Einfluß werde sich „verhängnisvoll auswirken". Als Abwehrmittel empfahlen Korotkows Leute, die Familie (Wollweber hatte Tamara Vater adoptiert) systematisch überwachen zu lassen. Es sei notwendig, „daß man sich gründlicher mit ihnen befaßt, sowohl durch Rückfragen in ihrem jetzigen und früheren Wohnort wie in den Parteieinheiten, in denen sie wirksam waren". Die Sowjets erklärten fordernd, sie seien bereit, sich „zu dieser Frage zu jeder Zeit befragen zu lassen". Nach heutiger Sicht der Dinge könnte Stasi-Minister Wollweber sich mit einigem Recht als „Opfer" bezeichnen, weil er bis in das Privatleben von seinen eigenen Genossen bespitzelt wurde. Ein bemerkenswert grotesker Umstand.

Daß die Sowjets in Wollweber nicht unbedingt ihren besten Freund sahen, besaß seine Ursachen. Der Staatssekretär nahm Anweisungen aus Moskau nicht widerspruchslos hin. Als Korotkow dem SED-Politbüro seine Vorstellungen zur Neugestaltung des SfS unterbreitete, fiel die Antwort Wollwebers negativ aus. In einem Schreiben an Ulbricht vom 23. September 1953 konstatierte er, daß „die sowjetischen Freunde eine wesentlich andere Auffassung" in Sicherheitsfragen hätten als die SED. Er sei der Meinung, „daß man zumindest den Vorschlag in der Form, wie er jetzt von den Freunden gemacht wird, nicht akzeptieren kann resp. darüber noch diskutieren muß". Das waren seltene Töne unter den DDR-Genossen.

1954 beeinflußten außenpolitische Vorgänge auch den Status und die Bewegungsfreiheit des SfS. Nachdem bei der Viermächtekonferenz im Januar keine Einigung über die Deutschlandfrage erzielt werden konnte, gingen die

Russen eigene Wege. Am 25. März 1954 gab die Sowjetregierung bekannt, daß sie die DDR als souveränen Staat anerkenne. Im Rahmen dieser Erklärung wurde die Kontrolle des Hohen Kommissars über die staatlichen Organe der DDR schrittweise aufgehoben. Ostdeutschland sollte künftig über seine inneren und äußeren Angelegenheiten in eigener Verantwortung entscheiden, wovon besonders das Verhältnis zum Nachbarn Bundesrepublik betroffen war. Zur „Gewährleistung der Sicherheit" blieben allerdings sowjetische Truppen weiterhin im Lande stationiert. Die Souveränitätserklärung für die DDR wurde im Moskauer Staatsvertrag vom 20. September 1955 noch einmal ausdrücklich festgeschrieben; das Amt des Hohen Kommissars existierte seit diesem Zeitpunkt nicht mehr. Damit ging auch ein allmählicher Abzug der sowjetischen Instrukteure im SfS einher, sie trugen jetzt den Titel „Berater" und wurden bis September 1958 auf 98 Mann reduziert. Ihr Chef war der bereits erwähnte KGB-Generalmajor Korotkow, sein Stellvertreter Oberst Ter Oganessian - mit beiden stand Wollweber auf nicht allzu vertrautem Fuße.

Natürlich blieben die Sowjets im Repressionsapparat präsent, selbstverständlich betrachtete Moskau die DDR-Staatssicherheit letztlich als verlängerten Arm des KGB. Doch es hatte sich in der Zeit zuvor gezeigt, daß der Sowjet-Geheimdienst sensible Fälle unter völliger Umgehung der Stasi zu lösen pflegte - eine Vorgehensweise, die von der SED-Führung mit verhaltenem Unmut zur Kenntnis genommen wurde. Symptomatisches Beispiel war die Entführung von Alexander Truchnowitsch am 13. April 1954 aus West-Berlin. Der 61jährige Truchnowitsch gehörte dem antikommunistischen russischen Emigrantenverein NTS (Nazionalnoje Trudowoje Sojus = Nationaler Bund des Schaffens) an und leitete dessen Berliner Sektion. Der schon 1930 gegründete NTS deklarierte sich öffentlich als Kulturgemeinde, wurde im Lauf der Jahre jedoch immer mehr zum Aktionsfeld von Geheimdienstlern. Truchnowitsch hatte während des zweiten Weltkrieges zur nationalrussischen antisowjetischen Wlassow-

Armee gehört und war dem KGB ein besonderer Dorn im Auge. Seine Entführung (und wahrscheinlich spätere Liquidierung) organisierten die Sowjets hinter dem Rücken der Stasi. Wollweber erfuhr davon aus Westberliner Zeitungen.

Den spektakulärsten Coup landete das KGB im Juli 1954: Es war der Fall Otto John, der zum bis dahin größten innenpolitischen Skandal in der Geschichte der Bundesrepublik führte. Am 20. Juli 1954 setzte sich der Präsident des Bundesamtes für Verfassungsschutz Otto John über Westberlin in die DDR ab. Jener Mann, der seit 1950 für die innere Sicherheit der Bundesrepublik verantwortlich war, befand sich jetzt beim östlichen Gegner. Bis heute ist nicht restlos geklärt, ob John, so seine eigene These, von den Sowjets mit Narkotika betäubt und hinterlistig entführt wurde oder ob er freiwillig in den Osten ging, wie es der damalige Bundesinnenminister Gerhard Schröder zur allgemeingültigen Version erhob („Schlappe im Kalten Krieg“). Wie auch immer, die Aktion war ein Unternehmen des KGB, die Stasi blieb unbeteiligter Zuschauer. „Alles, was mit John geschah, lief nach einem Plan, der von uns ausgearbeitet war“, erklärte 1993 der ehemalige KGB-Oberstleutnant Witali Tschernjawski. Erst am 23. Juli 1954 meldete sich der Flüchtling zu Wort. Während einer Rundfunkansprache dementierte er die Entführungstheorie. In der Bundesrepublik sei ihm seine Arbeit von sich „wieder regenden Nazis“ unmöglich gemacht worden. In zwei weiteren Presseverlautbarungen konkretisierte John seine politischen Motive: „Ich stehe hier, weil mich die Sorge um das Schicksal des deutschen Volkes bewegt und weil ich nirgendwo im Westen ... eine solche Plattform zur Verfügung gestellt bekommen hätte. Dafür ist in der Bundesrepublik die Restauration der Kräfte, die einst den Nationalsozialismus an die Macht gebracht hatten, schon viel zu weit fortgeschritten.“

In Bonn gab es heftige Kontroversen um den Fall. Die Sicherheitsbehörden des Landes wurden vor allem von den Sozialdemokraten heftig angegriffen. CDU-Bundeskanzler Konrad Adenauer bemühte sich am 8. August, die Bedeutung von Johns Übertritt herunterzuspielen. Er sei überzeugt, daß der Schaden „nicht so groß ist, wie es sich mancher zunächst gedacht hat". Offensichtlich hatte der Jurist John den Russen kaum Geheimnisse verraten, denn kein einziger Verfassungsschützer oder BND-Agent wurde nach seiner Flucht enttarnt. Für die Sowjets erschöpfte sich ihr Erfolg im Propagandistischen. KGB-Mann Tschernjawski, der die „Operation John" leitete, erkannte im Charakter des 45jährigen Ehrlichkeit, aber auch Willensschwäche und registrierte einen Hang zum Alkohol. Otto John sei aus freien Stücken nach Ostberlin gekommen, so Tschernjawski 1993. „Geblieben ist er nicht ganz freiwillig." Allmählich merkten die Sowjets, daß ihr Fang doch nicht so wertvoll war, wie anfangs gedacht. Die vom KGB entwickelte „Variante 2" (den Überläufer „zu politischen Zwecken gebrauchen") hatte sich erschöpft. Über interne Vorgänge im Verfassungsschutz war Moskau ohnehin durch seine zu Lebzeiten nie enttarnte Top-Spionin Vera Schwarte informiert. Iwan Serow, Chef des sowjetischen Geheimdienstes, entschied: „Wir brauchen John nicht mehr, soll er doch zurückgehen." Nunmehr sei das Ganze Angelegenheit der DDR.

Laut einem Augenzeugenbericht soll Wollweber getobt haben, nachdem ihm KGB-Resident Korotkow mit einem Augurenlächeln mitgeteilt hatte, der Fall John gehöre nun zur weiteren Behandlung in die Kompetenz des SfS. Später beklagte er sich bitter beim Ostberliner Sowjetbotschafter Georgi Puschkin über die Eigenmächtigkeiten seiner Moskauer Kollegen. Otto John tauchte am Sylvesterabend 1955 wieder in Westberlin auf. KGB und Stasi hatten ihm eine halbwegs glaubhafte „Flucht" ermöglicht. Vom Bundesgerichtshof wurde John zu vier Jahren Haft verurteilt und 1958 auf dem Gnadenweg vorzeitig entlassen.

1954 ereigneten sich weitere aufsehenerregende Flucht- bzw. Entführungsfälle. Am 21. August bat der CDU-Bundestagsabgeordnete Karlfranz Schmidt-Wittmack in der

DDR um politisches Asyl für sich und seine Familie. Auf einer Pressekonferenz begründete er seinen Schritt. Die Bundesregierung unter Adenauer habe in geheimer Absprache mit den USA Pläne zur Aufstellung einer 500 000 Mann starken westdeutschen Armee ausgeheckt. Dadurch würden die Wiedervereinigung Deutschlands und eine Verständigung mit der Sowjetunion unmöglich gemacht. Das Interesse der Stasi an dem neugewonnenen Asylanten wurde durch die Tatsache verstärkt, daß Schmidt-Wittmack als Mitglied des Bundestags-Ausschusses für Sicherheitsfragen Zugriff auf Geheimakten besaß. Außerdem gehörte er zu den Informanten des Verfassungsschutzes und war schon 1952 von der Stasi „umgedreht" worden. Schmidt-Wittmack zog es vor, in der DDR zu bleiben und starb dort 1987.

Ebenso peinlich verlief für die westliche Seite die Desertion des ehemaligen Gehlen-Mitarbeiters Franz Neugebauer am 8. September 1954. Zunächst nahm man eine Entführung durch die Stasi an. Neugebauer war unter Mithilfe zweier US-Amerikaner, den SfS-Agenten James und Henry Starr, in die DDR geschleust worden. Ob freiwillig oder nicht, steht dahin. Es dauerte geraume Zeit, bis Neugebauer am 14. Oktober 1954 eine offizielle Erklärung abgab, er sei „ohne jeden Zwang" in die DDR übergetreten. Dann verbreitete er sich über die Angehörigen des Gehlen-Dienstes, die „zum größten Teil ehemalige Faschisten, SS-, SD- und Gestapoleute sind, die alle von Revanchepläne beherrscht werden". Weiter hieß es: „Im Auftrage der Amerikaner bereitet diese Organisation alles auf einen neuen Krieg vor und führt zu großen Gefahren für Deutschland." Dieser Sermon klingt verdächtig nach SED-Diktion und beweist, wie sorgfältig der Überläufer von Wollwebers Vernehmern präpariert worden war.

Ein außerordentlich düsteres Kapitel in den Annalen des Staatssicherheitsdienstes ist die Entführung und Hinrichtung geflohener Mitglieder aus den eigenen Reihen. Mindestens zehn solcher Fälle sind bisher bekannt. Drei davon fallen in die Amtszeit Wollwebers. Der ehemalige

MfS-Oberstleutnant Paul Rebenstock, seinerzeit Leiter der Kreisdienststelle Prenzlau, war am 1. Februar 1953 nach Westberlin geflüchtet. Er fürchtete, aufgrund umfangreicher Unterschlagungen verhaftet zu werden. Acht Monate später entführte ihn ein Stasi-Kommando. Am 3. März 1954 wurde er wegen „Zusammenarbeit mit den Gegnern des Friedenslagers“ zum Tode verurteilt und 48 Stunden später in Dresden enthauptet. Am Tag der Hinrichtung erließ Wollweber den Befehl Nr. 78/54. Darin erklärte der SfS-Chef: „Für Schwankende, Feige und Verräter ist kein Platz in den Reihen der Organe der Staatssicherheit. Es gibt nichts Schlechteres als Verrat an der Sache der Partei, der Arbeiterklasse und des Sozialismus.“

Ein weiterer Fall sind die Eheleute Bruno und Susanne Krüger. Sie waren beide in der Stasi-Bezirksverwaltung Schwerin tätig gewesen - er als Vernehmungsoffizier, sie als Sekretärin in der Kaderabteilung. Bruno Krüger floh am 27. August 1953 nach Westberlin, seine Frau folgte ihm neun Tage später. Beide machten vor westlichen Nachrichtendiensten und dem Verfassungsschutz Aussagen über ihre frühere Dienststelle; gleiches geschah beim „Untersuchungsausschuß freiheitlicher Juristen“ und bei der „Kampfgruppe gegen Unmenschlichkeit“, die Verbindungen zum US-Geheimdienst CIA unterhielten. In den Augen ihrer früheren Genossen begingen die Krügers damit Verrat und sollten dafür büßen.

Unter mysteriösen Umständen gerieten beide wieder in die Fänge des SfS. Bruno Krüger wurde Anfang Oktober 1954 in die DDR entführt. Seine Ehefrau teilte dieses Schicksal am 17. März 1955. Nach einem Prozeß vor dem Obersten Gericht der DDR wegen „Kriegs- und Boykotthetze“, so die damals gängige Beschuldigung, fielen zwei Todesurteile. Im Hof des Dresdener Gefängnisses wurden der 31jährige Bruno und die 29jährige Susanne Krüger am 14. September 1955 mit dem Fallbeil hingerichtet. Auch in dieser Situation fühlte sich Wollweber bemüßigt, seine Untergebenen eindringlich zu warnen. Im Befehl Nr. 224/55 kündigte er jedem, der seine Verpflichtungen breche, „strengste Strafe“ an. Der Mahnung folgte die Drohung auf dem Fuße: „Jeden Verräter an unserer gerechten Sache ereilt sein verdientes Schicksal. Er wird genau wie die beiden Krüger ergriffen, auch wenn er sich in einem noch so sicheren Versteck zu befinden glaubt, und entgeht in keinem Fall seiner gerechten Strafe, denn die Macht der Arbeiterklasse reicht über alle Grenzen hinaus.“ Es ist ein höchst merkwürdiges Verständnis von Recht und Gerechtigkeit, welches sich in solchen Formulierungen verrät.

Mit Spionage und Tod hing auch ein Fall zusammen, der bis heute als größter Erfolg der Stasi gegen westliche Geheimdienste gilt. Im Vorzimmer des DDR-Ministerpräsidenten Otto Grotewohl saß seit 1949 die Chefsekretärin Elli Barczatis. Über ihren Schreibtisch gingen streng geheime Papiere der Regierung und Protokolle aus den einzelnen Ministerien. Barczatis las Briefe des sowjetischen Hochkommissars Semjonow ebenso wie Weisungen des SED-Politbüros. Sie schrieb für Grotewohl Briefe, gelegentlich auch Reden und notierte dessen Gespräche mit Funktionären der KPdSU oder Ministern. Niemand im Osten wußte, daß die geborene Berlinerin seit fünf Jahren für den bundesdeutschen Nachrichtendienst arbeitete. Geworben hatte sie ihr Lebensgefährte Karl Laurenz, ein Dolmetscher und ehemaliger Sozialdemokrat, der 1949 aus der SED ausgeschlossen worden war. Er unterhielt Kontakte zur Organisation Gehlen und weihte eines Tages seine Partnerin ein. Elli Barczatis war bereit, mitzumachen. Bald darauf gelangten Informationen und kopierte Dokumente von hohem Erkenntniswert über die Grenze. Am Abend traf sich „Gänseblümchen“ (so lautete Barczatis’ Deckname) in ihrer Köpenicker Wohnung mit Laurenz und berichtete ihm, was sie Stunden zuvor in Grotewohls Amtssitz stenographiert oder protokolliert hatte. Laurenz wechselte meist schon am selben Tag über die Sektorengrenze nach Westberlin und kontaktierte dort seinen Agentenführer. Er übergab ihm Durchschläge von Geheimpapieren oder berichtete mündlich über das Vorgefallene. BND-Chef Gehlen bezeichnete Elli Barczatis als

„Informantin von hohem Wert", die sich „in ihrer Einsatzbereitschaft für die Sache der freien Welt nicht . . . übertreffen" ließ. Freilich war diese hohe Einsatzbereitschaft auch mit der Zahlung von harter Westmark verbunden.

Nach geraumer Zeit fiel der Stasi auf, wie häufig sich Laurenz in Westberlin aufhielt. Seine Verbindung mit Barczatis war bekannt und nachdem offenkundig wurde, daß bestimmte vertrauliche Informationen, die man im Westen besaß, nur aus der Umgebung von Grotewohl stammen konnten, schloß sich der Ring. Am 4. März 1955 wurden Laurenz und Barczatis verhaftet. In geheimer Verhandlung vor dem Obersten Gericht erging am 3. Oktober gegen beide das Todesurteil. Sie starben in Frankfurt/Oder unter dem Fallbeil. Für Wollweber war das ein Grund, den Gehlen-Dienst in der DDR als „zerschlagen" zu bezeichnen, was zweifellos übertrieben war.

Doch die Enttarnung der Meisterspionin Elli Barczatis gehörte unbedingt zur Erfolgsbilanz des SfS, ebenso die Affäre Bandelow ein halbes Jahr zuvor. Bei diesem eklatanten Beispiel für Wirtschaftsspionage spielte der Hauptreferent im Staatssekretariat für Kraftverkehr und Straßenwesen Karli Bandelow die Schlüsselrolle. Seine 17 Jahre jüngere Geliebte Käthe Dorn, Sekretärin des Projektierungsleiters im Kraftverkehrsamt, hatte ihn für den Gehlen-Dienst geworben. Mit von der Partie war auch Ewald Misera, Disponent bei der Generaldirektion der Deutschen Reichsbahn. Der Tiefbau-Ingenieur Bandelow beschaffte Informationen über strategisch wichtige Brücken, Autobahnen, Straßen, er lieferte Telefonverzeichnisse, Volkswirtschaftspläne und Protokolle interner Besprechungen. Käthe Dorn besorgte Unterlagen über Neuprojektierungen von Straßen- und Eisenbahnbrücken und anderen verkehrstechnischen Objekten. Misera berichtete über Sonderfahrpläne und geheime Anweisungen für den Eisenbahnverkehr in Krisensituationen. Dafür wurden monatlich 500 Westmark an jeden gezahlt. Dies stand in keinem Verhältnis zur Gefährlichkeit des Unterfangens, denn in bezug auf die Sicherheit ihres Verkehrswesens zeigte sich die von sowjetischen Reparationsforderungen gestrafte DDR mit Recht außerordentlich empfindlich.

Als Bandelow, Dorn und Misera im August 1954 zusammen mit weiteren vier Wirtschaftsspionen verhaftet wurden, waren harte Urteile zu erwarten. Vor Gericht sagte u. a. der einstige Gehlen-Unterabteilungsleiter Werner Höher gegen die Angeklagten aus. Höher war höchstwahrscheinlich Doppelagent des SfS, der auf Wollwebers Geheiß nun den übergelaufenen wohlinformierten Gehlen-Konfidenten spielte. Am 9. November 1954 wurden Karli Bandelow und Ewald Misera zum Tode verurteilt; Käthe Dorn und ein weiterer Beschuldigter erhielten lebenslänglich, außerdem wurden Freiheitsstrafen zwischen zwölf und 15 Jahren Zuchthaus gegen die drei anderen Angeklagten ausgesprochen.

Mit derartigen Aktionen, die in der Tat etwas von der Härte des „Klassenkampfes" der 50er Jahre offenbaren, baute Wollweber das Prestige des SfS systematisch wieder auf. Gelegentliche Pannen begründete er ganz pragmatisch mit der „verantwortungslosen Arbeit" seines Vorgängers Zaisser. Während sowjetische Berater wie Korotkow und Oganessian ihn auf internen Konferenzen kritisierten, weil er die „Arbeit mit Informatoren" - sprich die Bespitzelung - vor allem von bürgerlichen Parteien, Kirche und Intelligenz vernachlässige, zeigte die SED-Führung sich angetan von den Erfolgen ihres Sicherheitsdienstes. Erste Belohnung war am 6. Oktober 1954 die Auszeichnung Wollwebers mit dem Vaterländischen Verdienstorden in Gold, dem zweithöchsten Orden der DDR, damals keineswegs so inflationär verliehen wie zu späteren Honecker-Zeiten. Gleichzeitig stieg auch der Personalbestand des SfS enorm an. 1955 waren gut 10000 hauptamtliche Mitarbeiter registriert, mehr als doppelt so viele wie noch 1952.

Damit ging eine verstärkte Öffentlichkeitsarbeit einher. Die vornehme Diskretion, einst Markenzeichen von Zaissers Geheimdienstpolitik, wurde in ihr Gegenteil verkehrt. Wollweber entwickelte unversehens ein ausgeprägtes Talent zur Selbstdarstellung, was unter Kommunisten, sofern sie nicht den illustren Politbürokreisen angehörten, als suspekt galt. Reden und Auftritte in der Öffentlichkeit sowie ein Fülle von Zeitungsartikeln aus seiner Feder – allerdings sämtlich ohne Foto des Autors – legen Zeugnis davon ab. Gelegentlich beschwor dieses Mitteilungsbedürfnis heikle Situationen herauf. So mußte sich der SfS-Chef in einem Interview der Kulturbundzeitung „Sonntag“ Anfang Oktober 1954 die Frage gefallen lassen, ob „die Organe für Staatssicherheit an die allgemeinen gesetzlichen Bestimmungen über die Untersuchungshaft gebunden“ wären. Allein diese Formulierung in einer offiziellen DDR-Publikation offenbart ein gerüttelt Maß an Mißtrauen gegenüber der Stasi und spricht für deren üblen Ruf. Wollwebers gebetsmühlenartig wiederholte Versicherung, nur feindliche Agenten und Spione hätten seine Organisation zu fürchten, widersprach erheblich den Alltagserfahrungen der Bürger.

Völlig unbekannt war die befremdliche Tatsache, daß in den Reihen der Staatssicherheit Nazi-Spezialisten arbeiteten. Schon wenige Wochen nach seinem Amtsantritt veranlaßte Wollweber „eine systematische Erfassung der feindlichen Elemente wie Offiziere, Funker, Fremdenlegionäre und aktive Faschisten mit dem Ziel, geeignete Geheime Mitarbeiter (GM) und Geheime Informanten (GI) zu schaffen“. 1955 agierten allein in der MfS-Bezirksverwaltung Leipzig neun ehemalige Wehrmachtsoffiziere bzw. SS-Führer sowie fünf frühere Funktionäre der NSDAP. Dieses peinliche Geheimnis wurde streng gehütet. Erst die Öffnung der Archive nach 1989 brachte Klarheit über solche Formen rot-brauner Zusammenarbeit.

Nach gut zwei Jahren Rehabilitierungsfrist hielt die SED-Führung es für gerechtfertigt, ihren Sicherheitsdienst wieder politisch aufzuwerten. Das lag auch daran, daß die westdeutsche Organisation Gehlen im Juli 1955 als „Bundesnachrichtendienst“ den Status einer obersten Bundesbehörde erhalten hatte. Das Staatssekretariat für Staatssicherheit wurde auf Beschluß des Ministerrates am 24. November 1955 wieder in den Rang eines Ministeriums erhoben, das MfS erlebte seine Wiedergeburt. Wollweber erhielt neben Mielke weitere Stellvertreter: die Generale Bruno Beater, Otto Last und Otto Walter. Ihm unterstanden 13 Hauptabteilungen und fünf Sonderabteilungen mit sehr weitgesteckten Aufgabenbereichen. Dazu gehörten neben den klassischen Geheimdiensttätigkeiten hauptsächlich Ermittlungen und Festnahmen, Untersuchungen und Vernehmungen sowie Verwaltung und Sicherung eigener Untersuchungsgefängnisse. Weiterhin wurden Hauptabteilungen für Kaderfragen, für Personenschutz sowie Bereiche mit operativ-technischer und kriminaltechnischer Aufgabenstellung gebildet.

Der politisch wichtigste Sektor war die Hauptabteilung XV (Auslandsspionage), seit Juli 1956 umbenannt in „Hauptverwaltung Aufklärung" (HVA), unter Generalmajor Markus Wolf. Sie führte im Gefüge des Ministerium ein weitgehendes Eigenleben. Zu jener Zeit installierte die HVA zwei künftige Einflußagenten in der Bundesrepublik, die viele Jahre später für Furore sorgten: Hannsheinz Porst, Nürnberger Großkaufmann und FDP-Politiker (Februar 1955) sowie Günter Guillaume, seit 1972 einer der Referenten des Bundeskanzlers Willy Brandt (Mai 1956). Porst wurde erst 1969 enttarnt. Bei Guillaume geschah das im Jahre 1974 mit gravierenden innenpolitischen Folgen.

Zunehmend selbstbewußter, ging Wollweber innerparteilichen Konflikten nicht mehr aus dem Wege. Ein beliebter Zankapfel waren Art und Weise der Parteiarbeit innerhalb des MfS. Wie Dokumente aus SED-Archiven belegen, war die 1950 gegründete Sicherheitsabteilung beim Zentralkomitee unter Gustav Roebelen ungehalten über mangelnde Zusammenarbeit mit dem Stasi-Apparat. Direktiven zur „Verbesserung der Arbeit der Parteiorganisation im Staatssekretariat für Staatssicherheit" wiederholten sich in kurzen Abständen, so am 7. Dezember 1954 und am 10. Januar 1955. Natürlich war das Bekenntnis zur SED, zu ihrer Politik und ihren Führern Prüfstein für die Zuverlässigkeit eines MfS-Mitarbeiters. Dennoch versuchte Wollweber, operative Belange seines Ministeriums von Fragen der Parteiarbeit möglichst strikt zu trennen; damit entzog er sich in gewissem Maße einer ansonsten allumfassenden Kontrolle. So erließ er im Januar 1956 eine Direktive. Darin hieß es unmißverständlich:

„In den Parteiversammlungen ist es aus Gründen der strengsten Geheimhaltung nicht zulässig, über folgendes zu sprechen:

a) über Namen und Decknamen inoffizieller Mitarbeiter, über die Anzahl von inoffiziellen Mitarbeitern, über ihren Einsatz
b) über konspirative Verbindungen zu inoffiziellen Mitarbeitern
c) über operative Vorgänge und noch nicht abgeschlossene operative Maßnahmen
d) über die operative Technik
e) auch nicht andeutungsweise, in welchen Agentenzentralen oder -filialen wir inoffizielle Mitarbeiter haben bzw. schaffen wollen
f) über Pläne und beabsichtigte Maßnahmen in der operativen Arbeit."

Hier bahnte sich zumindest ein formaler Konflikt an. Das Einvernehmen zwischen dem MfS-Chef und der Mannschaft um Ulbricht hatte sich nach dem Sturz Zaissers nicht wesentlich verbessert. Alles, was bisher über die Geschichte des Staatssicherheitsdienstes in den 50er Jahren bekannt ist, deutet darauf hin, daß Wollweber für Gesinnungsschnüffeleien gegen die eigene Bevölkerung nur mäßiges Interesse aufbrachte. Diesbezügliche Forderungen der Partei pflegte er in aller Regel zu ignorieren. Anders sein Erster Stellvertreter, Generalleutnant Erich Mielke. Dieser verschlagene Bürokrat erkannte die Zeichen der Zeit besser. Für ihn saß der Klassenfeind im eigenen Land. Überdies war der später ebenso unentbehrliche wie hochdekorierte Mielke damals keineswegs vor Anschuldigungen durch die SED-Spitze gefeit. Zwar hatte er nicht das Schicksal Zaissers teilen müssen, doch blieb ihm Kritik deshalb nicht erspart. Tadelnd hieß es in einem Dossier des Politbüros vom September 1953: „Für den unzulänglichen Zustand der Staatssicherheit ist auch der Genosse Mielke verantwortlich." Weiter war die Rede von „schlechter Leitung"; insgesamt befände sich die Stasi „in einem organisatorisch und ideologisch sehr vernachlässigten Zustand".

Für Mielke gab es also einiges an Wiedergutmachung zu leisten, weshalb er sich anbahnende Kontroversen zwischen seinem Chef und dem SED-Apparat unter Ulbricht sehr aufmerksam registrierte. Nicht zu unterschätzen ist auch der Ehrgeiz des ewigen Stellvertreters, der schon mehr als ein Jahrzehnt unter wechselnden Vorgesetzten gedient hatte, deren Qualitäten ihm rätselhaft schienen. Kein Zweifel, Mielke wollte nach oben. Doch er war viel zu gerissen, um sich etwa vordergründig mit Wollweber auseinanderzusetzen, der auch den „alten Rabauken" hervorkehren konnte. Auf den richtigen Moment zu warten, das war vor allem die Stärke des auch im Dienst ordinär berlinernden Stasi-Vizes. Er besaß seinem Chef gegenüber außerdem den wichtigen Vorteil, sich auch um Kleinigkeiten des Apparates zu kümmern. Der Stasi-Minister widmete dem Studium von Akten nur wenig Aufmerksamkeit, diesen Schluß legen fehlende Anmerkungen oder Paragraphen von ihm auf wichtigen MfS-Dossiers nahe. Papiere galten dem Praktiker nie als sonderlich interessant. Viele Vorgänge liefen offensichtlich nur über den Tisch seines persönlichen Referenten Oberstleutnant Schulze. Dennoch standen Wollwebers Qualitäten in Geheimdienstkreisen außer Zweifel. „Gegen ihn blieb selbst der heute noch amtierende General Mielke ... ein Mann der zweiten Garnitur", schrieb BND-Chef Gehlen 1971 resümierend.

Wollweber war „das Gegenteil eines autoritär herrschenden Ministers", erinnert sich der langjährige HVA-Leiter Markus Wolf. In einem Gespräch mit den Autoren schildert er seinen damaligen Chef als „hochpolitischen, geselligen und sehr offenen Menschen", der freie Diskussionen zuließ und es bevorzugte, seine Untergebenen „an der langen Leine zu führen". Viele Abende verbrachte er mit alten Bekannten wie Richard Stahlmann bei Cognac und Billardspiel, stets den unvermeidlichen Zigarrenstummel im Mundwinkel. Derlei Herrenabende vermied Stasi-Vize Erich Mielke nach Möglichkeit, und wenn er einmal zugegen war, dann spielte er laut Markus Wolf eher die Rolle eines mißgünstigen Aufpassers. „Mielke hielt sich für den eigentlichen Schöpfer des Ministeriums für Staatssicherheit und fühlte sich in Wollwebers Gegenwart unwohl."

Das Privatinteresse des vielbeschäftigten Sicherheitschefs galt der Geschichte des Widerstandes in Skandinavien. Mitte der 50er Jahre arbeitete Wollweber an ersten Entwürfen seiner Memoiren und sammelte dafür Material. So hatte er sich Ende Februar 1955 von der SfS-Abteilung XII (Zentrale Registratur) mehrere Gestapo-Akten ehemaliger Mitkämpfer zur Einsicht übergeben lassen. Dazu zählten Dossiers über Martin Hjelmen, Michael Awatin (der hier noch unter seinem lettischen Decknamen „Lambert" firmiert) und Wollwebers Scheingemahlin Ragnhild Wiik.

1956 wurde zum schicksalsschweren Jahr für die Länder des Ostblocks. Auf dem XX. Parteitag der KPdSU, der vom 15. bis 25. Februar in Moskau tagte, spielten sich Szenen ab, mit denen man weder im Osten noch im Westen gerechnet hatte. Zwar hatte die Innenpolitik des KPdSU-Generalsekretärs Nikita Chruschtschow erste Anzeichen einer Entstalinisierung erkennen lassen, doch was während des XX. Parteitages enthüllt wurde, ging weit darüber hinaus. Am vorletzten Tag des Kongresses sahen sich die Delegierten überraschend aufgefordert, um 18 Uhr in geschlossener Sitzung zusammenzutreten. Ausländische Gäste oder Journalisten waren nicht eingeladen. An jenem nächtlichen 24. Februar 1956 erfolgte im Kremlpalast eine schonungslose Abrechnung Chruschtschows mit seinem Vorgänger Stalin und dessen politischen Methoden. Jener „größte Führer aller Zeiten und Völker", so die „Prawda" noch im Dezember 1955 über Stalin, mutierte unversehens zum größenwahnsinnigen Despoten, krankhaften Meuchelmörder und Ausrotter ganzer Völkerschaften.

Die sowjetische Funktionärsriege war einiges an ideologischen Kapriolen gewohnt, doch diese Demontierung ihres einstigen Idols überstieg alles bisherige. Selbst den militärischen Ruhm ließ man dem einst „triumphaler Feldherr und großer Militärstratege“ betitelten Sowjetführer nicht mehr. Chruschtschows Vorwürfe wogen um so schwerer, weil ihnen nicht Übertreibungen, sondern Tatsachen zugrunde lagen.

Die SED-Delegation erfuhr noch in derselben Nacht vom Chruschtschow-Referat „Über den Personenkult und seine Folgen“. Ein hochrangiger Mitarbeiter des ZK der KPdSU informierte die Abgesandten mündlich mehrere Stunden lang vom Vorgefallenen. Ratlos blieben vier deutsche Kommunistenführer zurück: Walter Ulbricht, Otto Grotewohl sowie die Politbüro-Mitglieder Karl Schirdewan und Alfred Neumann. „Ulbricht war starr“, erinnerte sich Schirdewan. Der Jugendfreund Wollwebers aus Breslauer Tagen konnte auf eine bewegte Vergangenheit zurückblicken. 1934 verhaftet und ein Jahr später von den Nazis zu drei Jahren Zuchthaus verurteilt, mußte er bis 1945 im KZ sitzen. Nach einem Intermezzo als SED-Chef von Sachsen stieg Schirdewan 1953 ins Politbüro auf und war als Verantwortlicher für Kaderfragen der Partei de facto zweiter Mann nach Ulbricht. Der intelligente Königsberger Arbeitersohn gehörte in der Villensiedlung Lehnitz zu den Nachbarn des Wollweberschen Anwesens. Beide tauschten sich oft über politische Probleme aus. Von den Ereignissen während des XX. Parteitages, den erschütternden Enthüllungen Chruschtschows, erfuhr der Stasi-Minister somit aus erster Hand.

Schirdewan hatte Ulbricht noch in Moskau gefragt, wie man dem SED-Fußvolk die neue Situation begreiflich machen solle, und als Antwort erhalten: „Sag ihnen, daß Stalin kein Klassiker mehr ist.“ Mit derart lapidaren Einschätzungen konnte sich die Parteiführung freilich nicht aus der Verantwortung stehlen, denn die Kritik an Stalin kam nicht vom Klassenfeind, sondern aus Moskau, vorgetragen vom Generalsekretär der KPdSU. 30 Jahre später, während der Gorbatschow-Ära, ergab sich eine ähnliche Konstellation, und die SED-Oberen reagierten wiederum ebenso unflexibel wie hilflos.

Was Ulbricht am 4. März in einem mit Spannung erwarteten Zeitungsartikel zu vermelden wußte, löste Enttäuschung aus. Kein Wort der Selbstkritik war zu lesen. Der XX. Parteitag wurde im üblichen langweiligen Funktionärssermon referiert; ganz zum Schluß fanden sich einige nichtssagende Passagen über „Personenkult" und „Entstellungen der Parteigeschichte". Wie Stimmungsberichte des MfS belegen, sorgten schon diese eher verhüllenden Aussagen für heftige Diskussionen unter der Bevölkerung. Das politische Tauwetter in der Sowjetunion drohte die Reihen der SED zu verwirren. Doch selbst der oberste Parteiapparat blieb in jenen Tagen merkwürdig passiv.

Es dauerte fast drei Wochen, bis Ulbricht sich durchrang, die Mitglieder des Zentralkomitees im Schloß Pankow-Niederschönhausen über die Moskauer Ereignisse zu informieren. Auf der 26. ZK-Tagung am 22. März überließ er es Karl Schirdewan, das nächtliche Protokoll vom XX. Parteitag vorzutragen. Wenn diese Rede Eindruck hinterließ, dann wußten die Versammelten es gut zu verbergen. Zunächst tat man so, als existiere der Bericht Schirdewans überhaupt nicht. Vielmehr wurde stundenlang diskutiert über bewegende Themen wie Berufsausbildung in der Leichtindustrie oder den Besuch einer Regierungsdelegation in Indien. Erst Wollweber, der als ZK-Mitglied anwesend war, besaß die Courage, zu den Geschehnissen Stellung zu beziehen. Man müsse sich fragen, „welche Garantien bestehen bei uns, damit bei uns nicht solche Verletzungen der demokratischen Gesetzlichkeit oder etwas ähnliches in dem Umfang vorkommt, wie wir das in dem Bericht des Genossen Schirdewan gehört haben". Selbstverständlich ging es Wollweber vorrangig darum, den Ruf seiner Staatssicherheit zu wahren und nicht Vergleiche mit dem Stalinschen NKWD zu provozieren. Ihn schien besonders zu beunruhigen, daß in der Sowjetunion nicht nur „Klassenfeinde“, sondern verdiente Parteifunktionäre unter politischen Vorwänden hingerichtet worden waren.

Im Gefolge der Tagung vom 22. März kam zumindest ein positives Resultat zustande. Ulbricht installierte eine „Kommission zur Überprüfung von Angelegenheiten ehemaliger Parteimitglieder“, die ungerechtfertigte Verfolgungen von SED-Genossen aufklären sollte. Der neunköpfigen Kommission gehörten auch Schirdewan und Wollweber an. Bis zum Juni 1956 amnestierten die DDR-Staatsorgane mehr als 11 000 Personen, darunter 600 Sozialdemokraten; bis Oktober wurden insgesamt 21 000 Häftlinge entlassen, eine Zahl, die das Ausmaß der Justizwillkür vergangener Jahre verdeutlicht. Unter den Freigelassenen befanden sich auch hohe Staatsfunktionäre wie Ex-Justizminister Max Fechner und der einstige Vorsitzende der liberalen DDR-Partei LDPD, Karl Hamann.

Bevor diese Überprüfungen in vollem Umfang begannen, mußte die lange geplante 3. Parteikonferenz der SED über die Bühne gebracht werden; sie fand vom 24. bis 30. März 1956 in Berlin statt. Die Kritik an Stalin fiel außerordentlich moderat aus. „Fehler und Irrtümer“ wurden ihm attestiert, doch ansonsten blieb der Georgier „getreuer Schüler von Marx, Engels und Lenin, erprobt in unzähligen Kämpfen“. Am letzten Tag ergriff der Stasi-Minister das Wort. Wollwebers Ausführungen bewegten sich im allgemein üblichen SED-Duktus. Gelegentlich war unter lauter Erfolgsmeldungen etwas von Fehlern, mangelnder Erfahrung oder Nachlässigkeiten zu hören, welche „zu einer berechtigten Kritik aus der Bevölkerung geführt“ hätten. Interessant und bemerkenswert ist ein kurzer Absatz, worin Wollweber (ohne freilich Beispiele zu nennen) dagegen polemisiert, „daß man dem Kampf gegen Schlamperei und Unordnung dadurch auszuweichen versucht, indem man einfach feststellt, daß es sich nur um Agententätigkeit handeln könne“. Die beliebte „Haltet den Dieb“-Methode vieler SED Funktionäre, die für alle selbstverschuldeten Schwierigkeiten den untergründig wühlenden

Klassenfeind verantwortlich machten, wurde von einem berufenen Fachmann kritisiert.

Die innenpolitischen Veränderungen in der Sowjetunion blieben nicht auf verbale Deklarationen Chruschtschows beschränkt. Einem ersten Schock folgten allmählich Fragen nach den tieferen Ursachen für die Untaten Stalins. Die Parteiführungen der Ostblockstaaten nannten als alleinigen Grund den verbrecherischen Charakter des Sowjetdiktators, das gesellschaftliche System des Sozialismus träfe keine Schuld. Darum beschränkte sich die Entstalinisierung auf Entlassung oder Rehabilitierung politischer Gefangener und vorsichtige Korrekturen im Führungsstil der einzelnen Parteien. Im Laufe des Jahres war dennoch zu bemerken, daß Chruschtschows Enthüllungen schwere Erschütterungen hervorgerufen hatten. Am 1. Juni 1956 wurde der Stalin-Vertraute und UdSSR-Außenminister Wjatscheslaw Molotow gestürzt, ein Repräsentant des alten Kurses, ebenso wie der stellvertretende Ministerpräsident Lasar Kaganowitsch. Aber erst ein Jahr später stieß man beide als „parteifeindliche Gruppe" aus den Reihen der KPdSU.

Die polnischen Kommunisten unter Edward Ochab befanden sich in einer schweren Krise, das Land stand vor der offenen Rebellion. Am 28. Juni brach in Posen ein Aufstand von 15 000 Arbeitern aus, die politische Freiheit und bessere Versorgung forderten. Nach stundenlangen Straßenkämpfen schlug die Armee den Aufruhr nieder, 53 Menschen kamen ums Leben. In Ungarn verlor der berüchtigte Parteichef Mátyás Rákosi am 18. Juli sämtliche Ämter und Würden. Den Sturz des Budapester Diktators hatte der sowjetische Emissär Anastas Mikojan inspiriert, um Schlimmeres zu verhüten.

Unter der SED-Führung sorgten diese Vorfälle für ängstliche Irritationen. Ulbricht schenkte jedwedem Gerücht über bevorstehende Putschaktionen Gehör. Laut Wollweber merkte man, „daß ihm der Schreck des 17. Juni noch in den Knochen saß". Der Stasi-Minister sah die Angelegenheit wesentlich gelassener, mußte aber stirnrunzelnd feststellen, wie seine Leute ständig durch übertriebene Einsätze beansprucht wurden. „Jeden Freitagmittag häuften sich die Nachrichten über irgendeine bevorstehende konterrevolutionäre Aktion. Für mich war klar, es waren gezielte Informationen zu dem Zweck, den Apparat der Staatssicherheit unsicher zu machen, im Leerlauf zu halten, möglichst viel Bereitschaftsdienst aufrechtzuerhalten; doch ich war für eine genaue Analyse solcher Informationen", notierte Wollweber in seinen geheimen Aufzeichnungen.

Besonders kritisierte er die Sicherheitsabteilung des SED-Zentralkomitees unter Gustav Roebelen und dessen für das MfS zuständigen Sektorenleiter Arthur Hofmann. Beide verbreiteten „ausgesprochene Panikstimmung", meinte der Stasi-Chef und mokierte sich über das Ausmaß, in dem die SED-Sicherheitsleute ihren eigenen Gerüchten auf dem Leim gingen. Als Ulbricht Übungen von paramilitärischen Kampfgruppen in Grenzbezirken zu Polen anordnete, beschwerte sich Wollweber bei ihm. Er bezeichnete es als unsinnig, beispielsweise die Verteidigung des Rathauses von Frankfurt/Oder zu üben, dergleichen würde in der Bevölkerung nur Unruhe schaffen. Darüber kam es „zu einer ziemlich heftigen Auseinandersetzung". Jetzt merkten viele aus dem engeren Führungskreis, daß zwischen Ulbricht und seinem Sicherheitsminister „ein Knoten auf dem Draht" lag. Überdies munkelte man, daß Schirdewan und Wollweber im internen Kreis (meist auf privaten Zusammenkünften im Berliner Hotelrestaurant „Johannishof") die Frage möglicher Nachfolger von Pieck und Ulbricht erörtert hatten. „Wie bei allen, die Macht in ihrer Hand monopolisieren, war auch bei ihm (Ulbricht - d. A.) die Frage des Nachfolgers tabu, da er sich ein Ende seiner Macht nicht vorstellen konnte", heißt es offen in Wollwebers Notizen aus den 60er Jahren.

Die vielfältigen Probleme der letzten Monate forderten schließlich auch gesundheitlichen Tribut. Im Juni 1956 erlitt Ernst Wollweber einen Kreislaufkollaps. Er wurde sofort ins Berliner Regierungskrankenhaus eingeliefert.

Die Chefärztin Helga Wittbrodt stellte neben dem Herzinfarkt eine leichte Lungenembolie fest. Es sei „noch nicht abzusehen, wann der Gen. Wollweber aus der Krankenhausbehandlung entlassen werden kann“, hieß es in einer Diagnose vom 21. Juni. Tatsächlich dauerte es geraume Zeit, bis der 57jährige sich wieder erholte. Dennoch drängte es ihn aus Pflichtbewußtsein an seinen Arbeitsplatz. Er war mittlerweile ins Klinikum Berlin-Buch verlegt worden. Von dort aus schrieb sein behandelnder Arzt Rudolf Baumann am 20. August einen alarmierenden Bericht an SED-Kaderchef Schirdewan. „Genosse Wollweber beabsichtigt, in etwa 10 bis 14 Tagen die Arbeit wieder aufzunehmen. Ich möchte die Verantwortung für eine so frühzeitige Arbeitsaufnahme unbedingt ablehnen.“ Die Erfahrung habe gelehrt, daß anderenfalls eine Rückfallshäufigkeit außerordentlich zunehme. Den Zustand seines Patienten schilderte Baumann so: „Genosse Wollweber fühlt sich auch selbst noch sehr matt, ist schnell ermüdbar; es besteht ausgesprochene Wetterabhängigkeit, leichte Erregbarkeit bei Beschäftigung mit beruflichen Problemen. Ich bitte deshalb das Politbüro zu entscheiden, daß der Genosse Wollweber auf keinen Fall die Arbeit vor Ablauf von 6 bis 8 Wochen aufnimmt.“

Dieser Bitte wurde stattgegeben. Wollweber blieb bis September im Krankenhaus. Während seines viermonatigen Klinikaufenthaltes hatte ihn Ulbricht, im Gegensatz zu den üblichen Gepflogenheiten der Partei, nicht einmal besucht. Das war keineswegs nur ein persönlicher Affront, sondern ein politisches Signal. Der Stern des Stasi-Ministers schien zu sinken.

Rebell gegen Ulbricht (1957/58)

„Es gehört zu den merkwürdigsten Vorgängen im anderen Teil Deutschlands, daß Wollweber, jahrelang als unser größter ‚Gegenspieler' aufgebaut, seine revolutionären Erfahrungen schließlich gegen seine eigenen Genossen anzuwenden trachtete." Dieser Einschätzung des BND-Chefs Reinhard Gehlen kann man nur beipflichten. Das Beispiel Wilhelm Zaissers hatte zwar bewiesen, daß ein rebellischer Geheimdienstkommandeur auch unter sozialistischen Bedingungen möglich war, doch an eine Wiederholung dieser Konstellation mochte niemand glauben.

Es war Wollweber nicht in sein kommunistisches Stammbuch geschrieben, daß er einst den heiligen Kanon der Parteidisziplin verletzen werde. In den Jahren der Weimarer Republik, als die KPD noch keine politische Macht besaß, galten Fraktionskämpfe innerhalb der Partei als schweres Delikt, dennoch waren sie an der Tagesordnung. Doch sobald die Kommunisten den Staat okkupiert hatten, wandelte sich das Bild; dies traf mit graduellen Unterschieden auf sämtliche Länder des Ostblocks zu. Wer jetzt gegen die Parteiführung Front machte, lief Gefahr, nicht nur als interner Abweichler abgestempelt zu werden; jetzt drohte jedem kritischen Genossen die geballte Staatsmacht. Er konnte nach Belieben als Hochverräter, Volksfeind oder als „übelriechender menschlicher Abschaum", „Bastard von Fuchs und Schwein" oder „stinkender Kadaver" deklariert werden. Bei derartigen Beschimpfungen (sie sind wörtlich aus Protokollen Moskauer Schauprozesse entnommen) blieb es nicht. Selbst hochrangige kommunistische Funktionäre wurden im Gefolge solcher Anschuldigungen vor Gericht gestellt und hingerichtet. Dieses Schicksal widerfuhr z.B. dem Ungarn László Rajk

(September 1949), dem Bulgaren Traitscho Kostoff (Dezember 1949) und dem Tschechen Rudolf Slánský (Dezember 1952).

In der DDR verstieg man sich nicht zu solchen Wahnsinnstaten. Doch auch unter Ulbrichts Ägide wurden aus Gründen vorgeblicher Parteidisziplin verdienstvolle Funktionäre wie Anton Ackermann, Paul Merker oder Franz Dahlem (als SED-Kaderchef bis 1949 Vorgänger von Schirdewan) angeklagt bzw. ins Gefängnis geworfen. Wenn Ulbricht im Vergleich zu seinen osteuropäischen Amtsbrüdern zivilisierter vorging, so stellte er damit keineswegs einen Freibrief aus für das fluchwürdigste aller Parteiverbrechen, die „Fraktionsbildung“.

Wollweber war im September 1956 zur Erholung nach Polen geschickt worden. Er hielt sich in Kudowa, einem Städtchen des Glatzer Berglandes, auf. Polen war damals von Unruhen und Krisen gezeichnet. Die innenpolitische Situation hatte sich dramatisch zugespitzt. Immer dringender wurde der Ruf nach Veränderungen. Die schlechte Versorgungslage erregte zunehmend Unmut unter der Bevölkerung und hatte sich wenige Monate zuvor in Posen erstmals gewaltsam Luft gemacht. Fachleute drängten auf eine Abkehr von der starren Planwirtschaft, auf größere Selbständigkeit der Betriebe und realistischere Preisgestaltung. Die polnischen Intellektuellen forderten mehr Freiräume für Wissenschaft und Kunst. Den wachsenden Widerstand gegen ihre bisherige Politik wollte eine Gruppe von Altstalinisten unter Bolesław Bierut durch verstärkte Repressionen niederhalten. Mit orthodoxen Politikern und sowjetischen Generalen wurde sogar die Möglichkeit einer Militärintervention in Polen erörtert.

Von seinen polnischen Kollegen war Wollweber Mitte Oktober nach Warschau eingeladen worden; er registrierte dort „die allgemeine Unzufriedenheit mit dem bisherigen ultralinken Kurs unter Bierut“. Am 19. Oktober reiste eine sowjetische Delegation mit Nikita Chruschtschow an der Spitze nach Polen, um aktiv in die Entwicklung einzugreifen. Reformwillige polnische Kommunisten konnten sie überzeugen, daß es zur Liberalisierung im Lande keine Alternative gebe. Die Intervention Chruschtschows, der selbst um politische Veränderungen in der Sowjetunion bemüht war, führte schließlich am 21. Oktober zur Ernennung des Reformers Władysław Gomułka zum Ersten Sekretär der Polnischen Arbeiterpartei. Gleichzeitig verloren mehrere stalinistische Politiker, so u. a. Verteidigungsminister Konstantin Rokossowski, ihre Posten im Politbüro. Der Machtwechsel in Warschau rief umgehend gesellschaftliche Veränderungen an der Basis hervor. Während sich in zahlreichen Industriebetrieben „Arbeiterräte" bildeten, verließen immer mehr Bauern die zwangsweise gegründeten landwirtschaftlichen Kollektive.

Als Gomułka Parteichef wurde, hielt sich Wollweber noch in Warschau auf. Er erlebte die Umstände des Machtwechsels hautnah. Obwohl ihn nationalistische und sowjetfeindliche Tendenzen der Polen beunruhigten, zeigte er sich in Gesprächen mit seinen polnischen Sicherheitskollegen beeindruckt. Am 22. Oktober fuhr er nach Berlin zurück. „Von den Aufregungen und der Reise erschöpft", meldete er sich noch am selben Tag bei Karl Schirdewan und bat ihn, Ulbricht von den Vorgängen in Polen zu informieren. Wenige Tage später, höchstwahrscheinlich am 25. Oktober, erstattete er persönlich seinen Rapport beim SED-Chef. Diese Unterredung zwischen Ulbricht und Wollweber besaß eine Schlüsselfunktion. Beide waren seit langem nicht gut aufeinander zu sprechen, doch jetzt eskalierten die Spannungen in politischen Differenzen.

Der Stasi-Chef beschwor Ulbricht, er solle „aufhören mit den ständigen Erklärungen über den Schutz der Oder-Neiße-Grenze durch die DDR und die sowjetischen Truppen in der DDR". Das brachte Ulbricht in Rage. Es sei unerhört, was sich bei den Polen abspiele, vor allem der polnische Staatssicherheitsdienst habe vollkommen versagt. Er habe Gomułka gestattet, seine Reformrede im Radio zu halten und damit über das ganze Land zu verbreiten – „Klipp und klar: Die Staatssicherheit hätte verhindern müssen, daß die Gomułka-Rede übertragen wird." Damit sah Wollweber eine Kernfrage berührt: Wofür ist ein Sicherheitsapparat zuständig? „Ziemlich scharf" wies er den SED-Chef darauf hin, daß die Übertragung der Rede ein Beschluß des polnischen Zentralkomitees gewesen sei. Wenn man schon Einfluß auf Polen nehmen wolle, dann „aber nicht, indem man mit dem Gedanken spielt, die Staatssicherheit hätte faktisch die Wahl Gomułkas verhindern sollen". Darüber geriet Ulbricht völlig außer sich. „Es war das erste Mal, daß ich Ausdrücke aus seinem Munde hörte, die er sonst nie benutzte", resümierte Wollweber. Die beiden Politiker gingen auseinander, ohne von ihren unterschiedlichen Standpunkten abzuweichen. Der MfS-Chef merkte deutlich, wie sich Differenzen anbahnten, „die sich von allen vorhergehenden unterschieden, wo es sich nur um praktisch-operative Fragen handelte".

Kurz nach diesem Zusammenstoß kam es erneut zu Ereignissen, die orthodoxe Kommunisten zutiefst beunruhigten. In Ungarn brach ein Aufstand gegen die rote Diktatur aus, der alles bisherige übertraf. Nach Massendemonstrationen in Budapest waren sowjetische Truppen auf Ersuchen der ungarischen KP-Spitze unter Ernő Gerő gegen die einheimische Bevölkerung vorgegangen. Es kam zu einem Blutbad. Am 27. Oktober 1956 wurde die kommunistische Führung vertrieben und eine bürgerlich-demokratische Regierung unter Leitung des ehemaligen Landwirtschaftsministers Imre Nagy gebildet. Nagy war unter dem stalinistischen Rákosi-Regime mehrfach gemaßregelt worden. Nach schweren Straßenkämpfen mit bewaffneten Zivilisten und Teilen der ungarischen Armee mußten die Sowjets sich aus Budapest zurückziehen. Die Regierung Nagy proklamierte das Ende des Einparteiensystems und den Austritt Ungarns aus dem Warschauer Pakt. Damit war die Geduld der UdSSR-Führung überstrapaziert. Im Morgengrauen des 4. November griffen Panzer der Roten Armee Budapest an. Nach erbitterten Gefechten, die Tausende das Leben kosteten, wurde die Freiheitsbewegung niedergeworfen, eine moskauhörige Regierung unter János Kádár installiert und sämtliche Demokraten blutigen Repressalien ausgesetzt.

Die dramatischen Vorgänge in Ungarn vesetzten die DDR-Kommunisten in höchste Alarmstufe. Vor allem zwei Tatsachen wirkten beunruhigend: Die Budapester Garnison war zu den Aufständischen übergelaufen, und dem gefürchteten ungarischen Staatssicherheitsdienst AVH war es nicht gelungen, das zu verhindern. Die AVH, in ihren Methoden noch weitaus brutaler als das MfS, war so verhaßt, daß mehrere ihrer Mitglieder von der Bevölkerung auf offener Straße gelyncht wurden. Am 8. November trat das SED-Politbüro zusammen und schmiedete Krisenpläne. Für den Fall innerer Unruhen war man sich einig, daß die DDR verpflichtet sei, „mit ihren eigenen Kräften die Ruhe und Ordnung auf ihrem Territorium aufrechtzuerhalten und alle konterrevolutionären Aktionen zu unterdrücken und zu zerschlagen". Zu diesem Zweck sollten während der ersten Etappe eines möglichen Aufruhrs Volkspolizei sowie bewaffnete Kräfte des MfS und der Betriebskampfgruppen zum Einsatz kommen. Wenn das nicht ausreiche, so „übernimmt die Nationale Volksarmee die Lösung der Aufgabe. Dazu werden ihr alle Kräfte der ersten Etappe unterstellt."

Für die politisch-operative Führung in Krisenzeiten wurde eine Sicherheitskommission gebildet, deren Vorsitz natürlich Ulbricht übernahm. Außerdem gehörten ihr die Politbüromitglieder Otto Grotewohl, Karl Schirdewan, Willi Stoph, Hermann Matern und Erich Honecker (er war als Sekretär wichtigster Mann der Kommission) sowie Innenminister Karl Maron und MfS-Chef Ernst Wollweber an. Letzteren hatte Ulbricht aufgrund seines Amtes nolens volens in ein Gremium berufen müssen, das im Krisenfall alle Gewalt in Händen hielt. Über die hektischen Aktivitäten jener Zeit gab Wollweber ein bemerkenswertes Urteil ab. Gegenüber einem sowjetischen Berater sagte er: „Mit der Konterrevolution werden wir schon fertig, aber wie es sonst weitergehen soll, das ist mir nicht klar."

Ähnlich wie Wollweber dachten damals mehrere Führungspersönlichkeiten der SED, allen voran Karl Schirdewan. Obwohl es Ulbricht seit 1949 immer wieder gelungen war, tatsächliche oder vermeintliche Widersacher im Politbüro aufs politische Abstellgleis zu verbannen - genannt seien hier Franz Dahlem, Paul Wessel, Hans Lauter, Kurt Vieweg und Adalbert Hengst -, wurde er die innerparteiliche Opposition nicht los. 1953 hätte das beinahe seinen Sturz bewirkt, und vier Jahre später schienen derartige Gefahren wiederum zu drohen. Diese Entwicklung war nicht zuletzt Resultat bestimmter Eigenschaften des politischen Führungsstils von Ulbricht: Engstirnigkeit, Dogmatismus, skrupelloses Machtbewußtsein, Rücksichtslosigkeit und Selbstvergötzung. Seine Affinitäten zu Stalin verleugnete er nie. Doch die Gegnerschaft, welche der im Volk vom ersten bis zum letzten Tag unbeliebte Sachse bei seinen vertrauten Parteigenossen hervorrief, besaß neben persönlichen durchaus politische Gründe.

Auch nach Inkrafttreten der Pariser Verträge und dem Eintritt der DDR in den Warschauer Pakt im Mai 1955 war die SED-Spitze keineswegs einhellig davon überzeugt, daß die Teilung Deutschlands endgültig sei. Einige, darunter Karl Schirdewan und Ernst Wollweber, glaubten weiter an eine mögliche Wiedervereinigung Deutschlands auf der Basis militärischer Neutralität. Sie konnten sich dabei auf sowjetische Verbündete stützen, beispielsweise auf Wladimir Semjonow, der als Spiritus rector des Staatsvertrages mit Österreich galt und ähnliche Überlegungen für die Lösung der deutschen Frage anstellte. Die unnachgiebige Haltung konservativer Kreise in Moskau ließ ihn aber nur schwer zum Zuge kommen. So hatte Außenminister Wjatscheslaw Molotow Anfang 1955 gegenüber dem österreichischen Vizekanzler Adolf Schärf verlauten lassen, daß im Grunde jeder Russe Angst vor Deutschland habe und schon deshalb eine Wiedervereinigung nicht zweckmäßig wäre.

Die offenkundigen Differenzen in Moskau über die Deutschlandpolitik führten zu zahlreichen Geheimverhandlungen, welche zum Teil auch zwischen beiden deutschen Staaten liefen. Obwohl in den 50er Jahren Gesprächen zwischen ost- und westdeutschen Politikern etwas Delikates anhaftete, waren sie keinesfalls so sensationell, wie spätere Kritiker behaupten. Selbst Bundeskanzler Konrad Adenauer nahm es hin, daß sein Finanzminister Fritz Schäffer (CSU) im Juni 1955 inoffizielle Gespräche in Ostberlin führte. Schäffer wandte sich an den NVA-General und stellvertretenden DDR-Innenminister Vincenz Müller. Beide stammten aus Bayern und kannten sich über Müllers Vater, der während der Weimarer Republik gemeinsam mit Schäffer im Bayrischen Landtag gearbeitet hatte. Der einstige Wehrmachtsgeneral Vincenz Müller hatte sich 1944 in sowjetische Gefangenschaft begeben, wo er in der Antifaschule in Krasnogorsk für eine militärische Karriere in der DDR vorbereitet wurde. Müller eröffnete seinem bundesdeutschen Kollegen die Möglichkeit, mit dem UdSSR-Botschafter Georgi Puschkin zusammenzutreffen. Diese Aktion mußte zuvor mit den Sowjets abgesprochen worden sein. Allerdings erschien Schäffers Bereitschaft, Gespräche in Ostberlin zu führen, den Organisatoren solcher Kontakte um HVA-Chef Markus Wolf verdächtig, zumal der Westpolitiker ungewohnterweise allein mit der S-Bahn kommen wollte. Wolf setzte die gewünschten Gesprächspartner Puschkin und Grotewohl nicht einmal von dem Termin in Kenntnis. Schäffer mußte letztlich mit einem Mitarbeiter der sowjetischen Botschaft und Markus Wolf vorlieb nehmen. Trotz aller Enttäuschung trug er ihnen seinen Plan zur Bildung einer deutschen Konföderation vor, was bei manchen Funktionären der SED-Führung auf großes Interesse stieß. Im Oktober 1956 traf sich Schäffer dann mit Puschkin, und im Folgejahr wurde er vom NDPD-Volkskammerabgeordneten Otto Rühle, einem Parteifreund Müllers, in Bonn aufgesucht. Auch die westdeutschen Liberalen zeigten sich an Gesprächen mit Puschkin interessiert.

Neben diesen deutschlandpolitischen Kontakten gingen entscheidende Trennlinien durch die SED-Politik. Nach Stalins Tod waren auch deutsche Emigranten aus sowjetischen Lagern entlassen worden. Die Wiedereingliederung dieser zumeist verdienten Parteiarbeiter, die von Stalin unter falschen Anschuldigungen eingesperrt worden waren, fiel in den Aufgabenbereich von SED-Kaderchef Schirdewan, der dabei durch vertrauliche Gespräche und schriftliche Berichte erstmalig mit der wohl grausigsten Seite des Stalinismus konfrontiert wurde. Auch Ernst Wollweber empfand bis dato die Berichte seiner Lebensgefährtin Clara Vater über sowjetische Straflager teils als übertrieben, teils der besonderen Situation 1939/40 geschuldet. Im Rahmen seiner schon Anfang der 50er Jahre begonnenen intensiven Studien zur Geschichte der kommunistischen Bewegung, aus denen später die geheimen Notizen hervorgehen sollten, lud er viele leidgeprüfte Menschen zu sich nach Hause ein. Dort wurden sie zunächst von Clara Vater nach ehemaligen Schicksalsgefährten ausgefragt. Zu ihnen gehörte beispielsweise der einstige Chefredakteur der „Leipziger Volkszeitung" Hans Schrecker. Er war im November 1952 wegen „Verrat an der Sache der Arbeiterklasse" verhaftet und zu acht Jahren Gefängnis verurteilt worden. Im Juni 1956 vorzeitig entlassen, schilderte der Journalist Schrecker seine entwürdigende Behandlung in DDR-Haft, wo man ihm vorwarf: „Sie Schwein, Sie Dreckjude haben die Partei verraten, Sie trotzkistischer Bandit!"

Wollweber gab sich bei solchen Zusammenkünften als interessierter, aber verschlossener Zuhörer. Immer klarer wurde es für ihn und Schirdewan, daß auch Ulbrichts Hände blutbefleckt waren. Während der großen „Säuberungen" Stalins hatte der Arbeiterführer und spätere SED-Generalsekretär, so jedenfalls stellte es sich ihnen nun dar, in mehreren Fällen Gegner und Rivalen bedenkenlos der sowjetischen Geheimpolizei als Parteifeinde ausgeliefert. Im Unterschied zu Kominternchef Dimitroff hatte er sich auch nicht für zahlreiche wahllos eingekerkerte Genossen eingesetzt.

Nach dem XX. KPdSU-Parteitag drängte Schirdewan den sowjetischen Parteichef, Ulbricht fallenzulassen.

Doch Chruschtschow war selbst von restaurativen Kräften bedrängt und mußte Erschütterungen unbedingt vermeiden. Er ließ indes keinen Zweifel daran, daß seine Sympathien bei Schirdewan lagen. Unter dieser Voraussetzung konnte der deutsche Reformer auf breite Unterstützung im SED-Apparat rechnen, darunter von dem stellvertretenden Ministerpräsidenten Fritz Selbmann, dem Chefideologen der Partei und Politbüromitglied Fred Oelßner, den ZK-Sekretären Gerhart Ziller, verantwortlich für Wirtschaftsfragen, und Paul Wandel, Ressortleiter für Schulpolitik, Kunst und Literatur. Nicht zuletzt war sich Schirdewan mit dem Minister für Staatssicherheit einig. Ulbricht hatte sie mit seiner penetranten Besserwisserei alle gegen sich aufgebracht.

Handfeste Differenzen auf politischem und ökonomischem Gebiet sollten den Ausschlag für Aktionen gegen Ulbricht geben. Die massive Benachteiligung des privaten Einzelhandels, der durch aufgezwungene Kommissionsverträge in völliger Abhängigkeit vom staatlichen Großhandel stand, führte zu empfindlichen Mängeln in der Versorgung. Auch die Haltung des Staates zum privaten Handwerk hatte katastrophale Auswirkungen. Im August 1955 war mit der Verordnung über Produktionsgenossenschaften des Handwerks (PGH) ein entscheidender Schritt in Richtung Verstaatlichung getan worden. Das maßlose Verlangen der SED, alles zu kontrollieren, führte zu einem Ansteigen der Republikflucht von Gewerbetreibenden und damit zu weiteren Engpässen in der Versorgung. Weniger für die Allgemeinheit spürbar war ein weiterer volkswirtschaftlicher Unsinn, die großzügige finanzielle Unterstützung völlig ineffektiver Produktionsgenossenschaften in der Landwirtschaft, den LPG. Dies alles firmierte unter dem Etikett des sozialistischen Aufbaus. Das Ziel der Ulbricht-Gegner bestand hingegen in weitgehender Rücknahme von PGH- und LPG-Gründungen. Statt dessen sollten privates Handwerk, Einzelhandel sowie bäuerliche Familienbetriebe wieder gefördert werden.

Mitte der 50er Jahre war die Stimmung im Land nicht

die beste, wie das MfS zu melden wußte. Die Bevölkerung zeige sich der ständigen Bevormundung und Reglementierung überdrüssig, teilte Wollweber seinem Freund Schirdewan unverblümt mit. Im Bewußtsein vieler Genossen gäbe es ein Unfehlbarkeitsdogma, monierte der Stasi-Chef. „Die katholische Kirche konnte das über Hunderte von Jahren praktizieren, eine revolutionäre Partei kann das nicht.“ Die Ulbricht-Gegner einte der Wunsch nach Maßnahmen gegen den Personenkult, die auch zur Wiederherstellung Leninscher Parteinormen führen sollten. Viele alte Kommunisten forderten völlig zu Recht eine namentliche und öffentliche Rehabilitierung aller deutschen Emigrationsopfer in der Sowjetunion. Früher oder später wäre dabei Ulbrichts unrühmliche Rolle während des stalinistischen Terrors offenbar geworden.

Reformen schienen Schirdewan und Wollweber auf vielen Gebieten überfällig. Auch der Staatssicherheitsdienst sollte sich auf seine elementare Funktion einer durch das Parlament kontrollierten politischen Polizei beschränken, die nicht in jedem kritischen Bürger einen Staatsfeind sah, sondern vorrangig gegen äußere Feinde gerichtet sein sollte. „Die Tendenz des Apparates, den Menschen sozusagen auf der Seele zu knien, ihnen alle möglichen Vorschriften zu machen“, müsse abgeschafft werden, forderte Wollweber.

Vorstellungen polnischer Kommunisten über Selbstverwaltung der Betriebe oder Forderungen nach Entstalinisierung wurden in der DDR-Presse meist totgeschwiegen oder galten als antisozialistische Äußerungen. Im Gefolge sowjetischer Tauwetterpolitik griffen jedoch in der SED Überlegungen zur „Verbesserung des Sozialismus“ immer mehr um sich. Die Oktober-Ereignisse 1956 in Polen und Ungarn steigerten die Irritation vieler ostdeutscher Einheitssozialisten. An Universitäten und Hochschulen in Ostberlin, Halle, Leipzig und Dresden kam es zu Protestkundgebungen und Flugblattaktionen. Viele Intellektuelle opponierten immer offener gegen die Apparateherrschaft. „Revisionistische“ Strömungen zeigten sich in der

Philosophie (so bei Robert Havemann, Wolfgang Harich, Ernst Bloch) und in den Wirtschaftswissenschaften, wo Fritz Behrens und Arne Benary die Dezentralisierung und Demokratisierung des ökonomischen Systems forderten. In diese Richtung zielte auch das Agrarprogramm Kurt Viewegs, der Wollweber aus den Tagen des skandinavischen Exils gut kannte. Vieweg war Anfang der 50er Jahre als ZK-Sekretär entlassen worden, weil man dem ehemaligen West-Emigranten mißtraute; als Direktor des Instituts für Agrarökonomie besaß er allerdings weiterhin Einfluß.

In jener Zeit richteten sich alle Augen auf die Entwicklung in Moskau. Nikita Chruschtschow war damals bei der auf Veränderung hoffenden DDR-Bevölkerung beliebter als in seinem Heimatland. Befriedigt nahm Ulbricht deshalb im November 1956 die Ernennung des eben gestürzten Molotow zum Minister für Staatskontrolle zur Kenntnis. Die Ulbricht-Getreuen glaubten nach dieser offensichtlichen Stärkung des konservativen KPdSU-Flügels, wieder rigoroser gegen ihre Widersacher vorgehen zu können. Bereits im Oktober, kurz vor der Ungarn-Krise, als Wollweber sich in Polen zur Erholung aufhielt, hatte das MfS eine Verhaftungswelle eingeleitet und bekanntgegeben, daß in den letzten Wochen 73 „Agenten" festgenommen worden waren. Kurt Viewegs Nachfolger im Amt des ZK-Sekretärs für Landwirtschaft, Erich Mückenberger, intrigierte erfolgreich gegen den ihm fachlich deutlich überlegenen Professor für Agrarwissenschaft.

Ulbricht schreckte in dieser Krisenzeit nicht davor zurück, seine geballte Macht in Gestalt spezieller Terrorgruppen unter Stasi-Vizeminister Erich Mielke einzusetzen. Der gerissene Taktiker verstand es in den Wintermonaten 1956/57 aber vorzüglich, die Arbeiter mit Samthandschuhen anzufassen. Ein Gesetz über die Erhöhung der Altersrenten wurde verabschiedet und eine Erweiterung des Wohnungsbaus angekündigt. Die drohende Solidarisierung der Arbeiterschaft mit den opponierenden Intellektuellen bzw. den reformfreudigen SED-Spitzen kam nicht zustande. Über den unbequemen Kurt Vieweg, der politisch den geringsten Rückhalt besaß, konnte Ulbricht indes ein eindeutiges Verdikt aussprechen. Noch im März 1957 schloß die Zentrale Parteikontrollkommission Vieweg aus der Partei aus. Er selbst entzog sich dem Kesseltreiben gegen seine Person wenige Tage später durch Flucht in den Westen.

Eine alternative Politik zu Walter Ulbricht mußte im wesentlichen auf Entstalinisierung und Verlangsamung des sozialistischen Aufbaus hinauslaufen. Dies schloß auch Zugeständnisse in den Beziehungen mit der Bundesrepublik ein, um der innerdeutschen Entspannung den Weg zu ebnen. Die Männer um Schirdewan und Wollweber waren bereit, den Konföderationsgedanken bzw. die damit verbundenen Vorschläge Fritz Schäffers aufzugreifen und als Vorstufe freier Wahlen für ein Jahr unbehinderte politische Agitation in der DDR zuzulassen. Angesichts der angestrebten freien Wahlen hielt man auch Ausschau nach neuen Bündnispartnern; namentlich zur SPD wollte man ein freundschaftliches Verhältnis herstellen.

Chruschtschows Forderung nach Überwindung der Spaltung der Arbeiterklasse in Kommunisten und Sozialdemokraten betrachtete die Partei- und Staatsführung der DDR zunächst als Direktive Moskaus, die ausgeführt werden mußte. Kurzzeitig wurden die unsachlichen Angriffe gegen die SPD-Führung eingestellt. Die SED machte konziliante Gesprächsangebote. Besodere Aufmerksamkeit fand ein bisher zum Feind Nummer Eins stilisierter SPD-Vorständler - Herbert Wehner. Dieser hatte Ulbricht inoffiziell wissen lassen, es sei für die SPD notwendig, mit der SED „irgendwie" ins Gespräch zu kommen. Neben humanitären Erwägungen leitete Wehner dabei auch sein Wunsch, den von Ulbricht verzögerten Prozeß der Entstalinisierung voranzutreiben. Mit stalinistischen Doktrinen bestens vertraut, glaubte Wehner den Beginn einer inneren Zersetzung des kommunistischen Systems feststellen zu können. Um diese Entwicklung zu fördern, redete er einer Stärkung des Ostblocks durch „Demokratisierung" und

„Liberalisierung“ das Wort – eine Rhetorik, die in der Bundesrepublik Befremden auslösen mußte. Hatte Wehner im Mai 1956 überraschend dem jugoslawischen Staatspräsidenten und Altkommunisten Josip Broz Tito einen Besuch abgestattet, so bemühte er sich nun zielgerichtet um Gespräche mit SED-Politbüromitgliedern. Sein vornehmstes Bestreben bestand wohl darin, den Ostdeutschen eine blutige Entwicklung wie in Ungarn zu ersparen.

Markus Wolfs Hauptverwaltung Aufklärung war seitens der DDR-Führung, wie immer, mit der Sicherung solcher Kontakte betraut. Im November 1956 trafen sich Wehner und der gleichaltrige Wilhelm Girnus, seit 1953 Sekretär des Ausschusses für deutsche Einheit, im Westberliner Hotel „Savigny“. Doch Wehners Bemühungen schlugen fehl. Einer Einladung des Politbüromitglieds Hermann Matern, nach Ostberlin zu kommen, mißtraute er mit gutem Grund. Der Fall John war noch zu frisch in Erinnerung. Allerdings wurden die Kontakte nicht völlig abgebrochen. Noch Ende Februar 1957 erwähnte Ministerpräsident Grotewohl gegenüber Ulbricht, daß es ihm zweckmäßig erscheine, „den Gesprächsversuch von Wehner irgendwie fortzusetzen, damit die sozialdemokratischen Genossen eine Orientierung haben“. Diese Kontakte sollten aber weiter höchster Geheimhaltung unterliegen. Es ist anzunehmen, daß der Minister für Staatssicherheit informiert war, nicht aber sein Stellvertreter Mielke, der längst gegen die vermeintlichen Parteifeinde Schirdewan und Wollweber wühlte.

Dennoch standen die Chancen für einen innenpolitischen Wandel nicht ungünstig. Vier der wichtigsten Politbüromitglieder, sie waren allesamt auch Sekretäre des ZK, stellten sich 1956/57 mehr oder minder offen gegen Ulbricht: Schirdewan, Oelßner, Ziller und Wandel. Doch der SED-Chef besaß auch treue Gefolgsmänner, die jede Änderung der politischen Richtung strikt ablehnten. Ihre Motive waren unterschiedlicher Natur. Da gab es eiserne Stalinisten wie Hermann Matern und Alfred Neumann, die nicht bereit waren, auch nur ein Deut vom kommunistischen Dogma preiszugeben. Daneben agierten ehemalige Sozialdemokraten wie Otto Grotewohl und Erich Mükkenberger, die voller Renegateneifer alle Kommunisten an Radikalität überbieten wollten. Schließlich war noch auf jene kühlen Taktiker wie Erich Honecker und Kurt Hager zu zählen, denen ein klarer Kurs unter Ulbricht erfolgversprechender schien als verschwommene politische Experimente im Geiste von Schirdewan/Wollweber.

Die Auseinandersetzung zwischen den Gruppierungen erfolgte schließlich mit offenem Visier. Auf einer Politbürositzung Anfang November 1956 kam es zu einem heftigen Zusammenstoß zwischen Schirdewan und Ulbricht. Er endete mit der Bemerkung Schirdewans: „Der Zweck meiner Kritik ist, zu verhindern, daß du (Ulbricht - d. A.) den Weg Rákosis gehst." Der Hinweis auf den Sturz des dogmatischen ungarischen KP-Führers vier Monate zuvor ließ an Deutlichkeit nichts zu wünschen übrig. Nach dieser Kontroverse schien dem starken Mann der DDR die Lage klar: Wollweber hatte sich in letzter Zeit kritisch und renitent gezeigt; Schirdewan ging zum offenen Angriff über; beide waren miteinander befreundet. Hier mußte eine „parteifeindliche Gruppe" am Werk sein. Doch Walter Ulbricht war taktisch durchaus geschickt und in Partei-Intrigen höchst erfahren - ein direkter Schlag gegen beide mußte solange unterbleiben, bis man genau wußte, wer noch auf ihrer Seite stand.

Wenige Wochen später kulminierten die Auseinandersetzungen zwischen Ulbricht und Wollweber. Ursache war die Verhaftung einer Gruppe um den Ostberliner Dissidenten Wolfgang Harich. Der 35jährige Philosophie-Professor und Chefredakteur der „Deutschen Zeitschrift für Philosophie" hatte mit mehreren Gleichgesinnten über notwendige Veränderungen im politischen System der DDR diskutiert. Das Ergebnis dieser Gespräche, an denen u. a. der Leiter des renommierten Aufbau-Verlages Walter Janka und der Redakteur der Kulturbundzeitung „Sonntag" Gustav Just teilnahmen, faßte Harich in einer sogenannten Plattform zusammen. Ihr Kernpunkt war das

Konzept eines „dritten Weges“ zwischen stalinistischem Sozialismus und Kapitalismus. An konkreten Forderungen enthielt diese Plattform eine Entmachtung aller Stalinisten in der SED-Führung, Beseitigung bürokratischer Gängeleien der Wirtschaft, Auflösung des Ministeriums für Staatssicherheit sowie Einführung eines demokratischen Mehrparteiensystems. „Wir wollen Partei und Staat reformieren“, hieß es. Gleichzeitig werde man jedoch auf Positionen des Marxismus/Leninismus bleiben. Die Harich-Janka-Gruppe war schon seit langem von Stasi-Spitzeln infiltriert worden. Ulbricht hielt die Gelegenheit für günstig, der Öffentlichkeit die Existenz einer konterrevolutionären, staatsgefährdenden Gruppierung vor Augen zu führen und damit seine kompromißlose Härte zu legitimieren. Das geschah zur selben Zeit, als sogar im relativ liberalen Tito-Jugoslawien Kritiker der kommunistischen Herrschaft wie Milovan Djilas zu mehrjährigen Gefängnisstrafen verurteilt wurden.

Auch Wollweber sah in Harich und dessen Partnern Konterrevolutionäre, vor allem weil sie die Liquidierung des MfS forderten. Aber im Gegensatz zu Ulbricht hielt er sie weder für sonderlich gefährlich noch gar für Agenten des westlichen Imperialismus. „Ich sagte ihm, daß er Harich weit überschätzt“, erklärte Wollweber. Am 29. November 1956 begannen die Festnahmen von Harich und seiner Verlobten sowie Janka, Just und anderen. Zwei Tage später beorderte Ulbricht den MfS-Chef zu sich und zeigte ihm beschlagnahmtes Material - darunter die 50 Seiten umfassende „Plattform“ -, aus dem die Agententätigkeit der Verhafteten angeblich kar hervorgehe. Wollweber entgegnete verärgert, er könne nicht über Papiere diskutieren, die er noch nie gesehen hätte. Voller Sarkasmus erklärte er, es sei „außerordentlich interessant, daß ein vom MfS beschlagnahmtes Dokument erst ihm (Ulbricht - d. A.) vorliegt, bevor ich es gesehen habe, ja nicht einmal eine Information bekommen habe, daß es beschlagnahmt ist“. Man müsse sich fragen, wer eigentlich die Staatssicherheit leite. Eine weitere Kontroverse ging auf offizielle DDR-

Pressemeldungen über die Verhaftung der Harich-Janka-Gruppe zurück. Wollweber monierte, daß darin die Ergebnisse von Untersuchungen vorweggenommen seien. Beispielsweise werde Harichs Verlobte als Spionin bezeichnet, ohne daß es dafür Beweise gebe. Ulbricht reagierte „sofort ruppig" und schlug einen Ton an, der Wollweber zu der Erwiderung veranlaßte: „Meine Rekrutenzeit auf dem Kasernenhof habe ich längst hinter mir."

Nach dieser stürmischen Szene ging Wollweber - laut eigenen Worten „sehr schockiert" - in sein Stammrestaurant „Newa". Dort fanden sich auch Schirdewan, Ziller und eher zufällig Ministerpräsident Grotewohl ein. Da letzterer nicht zu den Eingeweihten zählte, verging der Abend mit allgemeinem Schwelgen in Anekdoten. Einige Tage später jedoch wurde Wollweber zu Ulbricht gerufen, der ihm im Beisein von Erich Honecker erklärte, er müsse ihn in seinem persönlichen Interesse darauf hinweisen, daß es zu unterlassen sei, sich mit dem Ministerpräsidenten öffentlich und demonstrativ zu zeigen. Offenbar fürchtete Ulbricht, der einstige SPD-Mann Grotewohl könne als Sympathisant der Schirdewan-Gruppe mißverstanden werden.

Zur Jahreswende 1956/57 schien es so, als suche der Minister für Staatssicherheit geradezu die Konfrontation. Er gab einen Befehl heraus, wonach MfS-Angehörige, die Kontakte zum SED-Zentralkomitee pflegten, ihm vom Inhalt dieser Gespräche Bericht zu erstatten hätten. Die Warnung sowjetischer Berater, der Befehl könne „falsch ausgelegt" werden, ignorierte Wollweber. Kurze Zeit später wurden er und seine Stellvertreter, darunter Mielke, zu Ulbricht gerufen. Der SED-Chef wertete den Erlaß als „Versuch, sich über die Partei zu stellen", eine schwerwiegende Anschuldigung. Weiter warf er Wollweber vor, durch Herausgabe der täglichen Lageberichte des MfS negative Stimmungen zu verbreiten. Diese Informationen enthielten unfrisierte charakteristische Stimmungsberichte aus der Bevölkerung, darunter befanden sich natürlich nicht wenige „negative" Äußerungen. Allerdings war dieses Material nur Mitgliedern und Kandidaten des Politbüros sowie Sekretären des Zentralkomitees zugänglich. Deshalb entgegnete Wollweber, er könne sich kaum vorstellen, daß hochrangige SED-Funktionäre „so wenig politisch gefestigt sind, daß sie nicht die wirklichen Stimmungen kennenlernen könnten". Ulbricht hingegen ordnete an, es gäbe „keine Ursache, solche Berichte weiterzugeben". Damit war der Grundstein zu einem Erbübel der SED-Herrschaft gelegt. Wollweber formulierte es so: „In dem Moment war mir klar: Jetzt gibt es keine objektiven Berichte mehr. Meine Stellvertreter, die das hörten, würden jetzt – gleichgültig, was ich sagen würde – ihren Abteilungsleitern Anweisung geben, aus den Stimmungsberichten alles Negative herauszustreichen. Das hielt ich für politisch außerordentlich gefährlich."

Wollweber dachte zu jener Zeit erstmals ernsthaft an Rücktritt. Ulbricht hatte ihm gegenüber weniger Kritik geübt als Anklagen vorgebracht. Im Kollegium, dem obersten Führungsgremium des MfS, stellte der Minister seinen Stellvertretern und Hauptabteilungsleitern die Frage, ob sie auch der Meinung wären, er stelle sich über die Partei. „Sie alle wichen der Frage aus, und keine Antwort war für mich auch eine Antwort", resümierte Wollweber. Seine politischen Freunde überzeugten ihn indes, daß Rücktritt kein Affront gegen Ulbricht, sondern Kapitulation vor den Stalinisten wäre. Auf dem 30. ZK-Plenum Ende Januar 1957 war es trotz aller Bedenken von Schirdewan, Ziller und Oelßner wieder zur Proklamation gänzlich irrealer Ziele gekommen, u. a. sollte die Bundesrepublik im Pro-Kopf-Verbrauch von Lebensmitteln bis Jahresende überholt werden. Getreu dem Dogma des 30. Plenums über „die Gesetzmäßigkeit des Sieges des Sozialismus in der DDR" wurden sämtliche Einwände von der ZK-Mehrheit abgeschmettert und als „revisionistische Angriffe gegen die Politik der SED" gebrandmarkt. Das war ein Teilsieg Ulbrichts, der es aber noch nicht wagte, seine innenpolitischen Widersacher einschließlich Wollweber offen anzugreifen und aus ihren Ämtern zu entfernen.

Ihre Niederlage auf dem 30. Plenum zwang die Frondeure um Schirdewan, zunächst sehr vorsichtig zu agieren. Die SED-Führung lebte aufgrund der Geschehnisse in Polen und Ungarn ständig in Furcht vor ähnlichen Entwicklungen in der DDR. Politische Zwischenfälle oder auch arbeitsrechtliche Konflikte in den Betrieben sollten deshalb schon im Keim erstickt werden. Es ist bezeichnend, daß sich auch Wollweber ungeachtet seiner Zweifel und Skrupel an einer diesbezüglichen SED-Kampagne im Februar 1957 beteiligte. Die Westpresse hatte ihn mittlerweile fast abgeschrieben. Nach ihren Informationen war der Minister seit Sommer 1956 nur noch sporadisch im Amt erschienen und trage sich aufgrund seines schweren Asthmaleidens mit Rücktrittsabsichten. Davon war augenscheinlich keine Rede mehr.

Am 13. Februar sprach Wollweber vor 300 Studenten der Ostberliner Humboldt-Universität. Das Jahr 1957 stehe, so der Minister, im Zeichen erneuter Konzentration der Feindarbeit. Sein eindringlicher Appell an die Wachsamkeit vermittelte den Studenten den Eindruck, als erwarte er noch im Sommer einen Aufstand. Wollweber warnte: Käme dieser Aufruhr wirklich zustande, würde das „auch Rückwirkungen auf die BRD und den Bundestagswahlkampf" im Herbst haben. Eher die Interessen der Studenten berührte seine kategorische Feststellung, es könne auf keinen Fall geduldet werden, „daß unter dem Deckmantel sogenannter akademischer Freiheit fremde und feindliche Ideologien an die Universitäten getragen" würden.

Völlig überraschend tauchte Wollweber am 19. Februar im Elektro-Apparate-Werk (EAW) in Berlin-Treptow auf. Dieser Betrieb, der als erster den Namen Stalins aus seinem Firmenschild getilgt hatte, war in den Augen orthodoxer Kommunisten verdächtig. Wollweber erschien mit beträchtlichem Begleitkommando; selbst die Werkleitung war aus Sicherheitsgründen erst am selben Morgen informiert worden. Stunden vor dem Eintreffen des Ministers besetzten Stasi-Leute die Fabriktore. Nach seiner Ankunft wurde die Belegschaft zu einer „freimütigen" Aussprache eingeladen. In recht unbeholfener Weise versuchte Wollweber, die Arbeiter von einer „drohenden Putschgefahr faschistischer Elemente“ zu überzeugen und Verständnis für entsprechende Sicherheitsmaßnahmen zu wecken. Seine Rede beschäftigte sich mit Problemen der Abwanderung technischer Fachkräfte und stellte eine Zunahme von Sabotage fest. In der teilweise vom Fernsehen übertragenen Ansprache bekundete der Stasi-Chef, daß die DDR auf festen Füßen stünde, jeglicher Putschversuch scheitern müsse, erhöhte Wachsamkeit aber notwendig sei. Auf einer anschließenden Sitzung der SED-Betriebsparteiorganisation konnte Wollweber vor ausgewähltem Publikum deutlicher werden. Er verkündete, das MfS werde wie früher wieder in die Betriebe gehen. Auch im EAW würde ein geschulter Stasi-Mann eingesetzt. Wollweber forderte die Genossen auf, diesen zu unterstützen und ließ keinen Zweifel, daß im Werk ein größeres Spitzelnetz aufgebaut werden sollte.

Ungeachtet seiner öffentlich bewiesenen Linientreue mußte Wollweber der schrittweisen Entmachtung des MfS tatenlos zusehen. Am 15. Februar 1957 wurden die kasernierte Bereitschaftspolizei sowie die Transportpolizei der Zuständigkeit des Staatssicherheitsdienstes entzogen und dem Ministerium des Inneren unterstellt. Dasselbe geschah am 1. März mit der Grenzpolizei, die seit 1955 dem MfS unterstanden hatte. Wie zum Hohn wurde Wollweber - dessen Militärdienstzeit fast vier Jahrzehnte zurücklag und der als einziger MfS-Chef keinen militärischen Rang bekleidete - am selben Tag mit der „Verdienstmedaille der Nationalen Volksarmee in Gold“ ausgezeichnet.

Gleich darauf setzte nach vier Jahren relativer Ruhe wieder Kritik am Stasi-Apparat ein. Im Politbüro kursierten plötzlich Vorlagen über eine Verbesserung der Arbeit des MfS. „Trotz bedeutender Erfolge in der Aufdeckung von Spionen, Saboteuren und anderen Feinden der DDR“ wurde „eine Reihe sehr ernster Schwächen und Mängel in der Arbeit der Organe der Staatssicherheit“ festgestellt. Die Kontrolle der eigenen Tätigkeit sei nicht ausreichend,

„das Informatorennetz noch immer nicht entsprechend zusammengesetzt". Ab April 1957 fanden mehrere Untersuchungen und Überprüfungen in MfS-Bezirksverwaltungen statt, so in Potsdam und Magdeburg. Danach hieß es, bei der Stasi sei eine ungenügende Beachtung „einer Reihe feindlicher Kräfte und Stützpunkte, vor allem in Großbetrieben, an Universitäten und Hochschulen" zu konstatieren. Wollweber merkte sehr wohl, daß damit der Sack geschlagen wurde und der Esel gemeint war. Wenn das MfS schlecht arbeitete, konnte ja letztlich nur sein Chef daran schuld sein. Doch im Unterschied zu 1953, als Zaisser nicht zuletzt aufgrund des Versagens seines Ministeriums stürzte, agierte die Stasi in den Jahren danach effektiv und erfüllte ihren Auftrag als „Schild und Schwert der Partei". Beginnende Kritik diente allein der politischen Demontage des zuständigen Ministers.

Ende Juni 1957 gewann Chruschtschow den Machtkampf im Kreml. Die „Gruppe Malenkow, Kaganowitsch und Molotow" wurde aus der Parteiführung der KPdSU gestoßen. Das SED-Politbüro begrüßte diese Entwickung eilfertig. Durch solch rasches Umschwenken sicherte Ulbricht sich Chruschtschows Unterstützung bei dessen Berlin-Besuch im August und konnte damit seine Position wieder konsolidieren. Auf der 33. ZK-Tagung im Oktober 1957 bröckelte die Front seiner Gegner, als erster fiel Paul Wandel ab und übte „Selbstkritik"; er verlor seine Funktion als ZK-Sekretär. Eindeutig auf die Seite Ulbrichts stellten sich zwei ehemalige Schweden-Emigranten, Karl Mewis und Paul Verner. Auch außenpolitisch standen die Zeichen für Ulbricht günstig. Die internationale KP-Konferenz vom November 1957, eine Art Erbe der 1943 aufgelösten Komintern, deklarierte den „Revisionismus" als Hauptgefahr. Der Weg zum endgültigen Sieg über die Parteireformer war geebnet.

Durch die freiwillige Rückkehr des Agrarspezialisten Kurt Vieweg in die DDR Anfang Oktober erhielt MfS-Vizeminister Mielke erstmalig Einblick in ostdeutsche Kontakte zu Herbert Wehner und generelle Arbeitsmethoden der Hauptverwaltung Aufklärung. Wenige Tage später mußte Vieweg unter Aufsicht von HVA-Chef Markus Wolf eine Erklärung über sein Verhalten schreiben. Die Sache war so brisant, daß erst der achte Entwurf halbherzig akzeptiert wurde. Dann begannen zahllose Verhöre über die Flucht und den Aufenthalt in Westdeutschland. Vieweg, der Wehner aus dem schwedischen Exil sehr gut kannte, hatte bei diesem Unterstützung gesucht und gefunden. Ihm hatte Wehner über das aus seiner Sicht ambivalente Verhältnis der SED zu seiner Person erzählt. Einerseits betrachte man ihn in Ostberlin als Verräter, Renegaten, gar als von der Bourgeoisie gekauftes Subjekt, andererseits wolle man mit ihm über seine Deutschlandpolitik sprechen. Wehner fragte Vieweg, ob man ihn in der SED-Spitze vielleicht doch nicht für einen Lump hielt oder ob man auch mit einem Lumpen verhandele, wenn er nur über eine genügend starke Position in der deutschen Politik verfüge. Wehner war zu dieser Zeit gerade dabei, eine neue Deutschland-Konzeption auszuarbeiten. Auf Viewegs erstaunte Nachfrage, ob es denn ernsthafte Annäherungsversuche seitens der SED gäbe, legte Wehner einige seiner DDR-Kontakte offen. Sämtliche Personen hätten sich ihm gegenüber als Opponenten zu Ulbricht bzw. als Erneuerer der SED bezeichnet.

Nach der Lektüre von Viewegs Aussagen mußte Mielke zu diesem Kreis scheinbarer Opponenten den 1. stellvertretenden Oberbürgermeister von Ostberlin Waldemar Schmidt (einen alten Bekannten Wollwebers aus Hamburger Zeiten) und den Chefredakteur der bekannten Ostberliner Abendzeitung „BZ am Abend“ Ernst Hansch zählen. Weiter war zu lesen, daß der eigentliche Auslöser für Viewegs Flucht eine eindringliche Warnung des dänischen Deutschland-Korrespondenten der KP-Zeitung „Land og Folk“, Helge Larsen, war. Der enge Vertraute Wollwebers aus Skandinavien sympathisierte offensichtlich mit den Reformern. Für Mielke war schwer nachvollziehbar, was in den Aussagen dieser Kontaktpersonen Legende und was handfeste politische Absicht war. Mit sicherem Instinkt ergriff er aber die Gelegenheit, gegen die relativ selbständig agierende HVA vorzugehen. Der Vorwurf lautete auf Diversion. Die Kontakte zu Wehner hatten unter dieser Konstellation natürlich keine Chance auf Weiterführung.

Nach Lage der Dinge argwöhnte Mielke Ende 1957, Viewegs Flucht und Wiederkehr wären Teil eines Plans der Schirdewan/Wollweber-Fronde. Vielleicht hatte Vieweg im Westen zunächst von Wehner, also von der bundesdeutschen SPD, Unterstützung für die DDR-Opposition eingefordert und danach die Reihen der Ulbricht-Gegner in Berlin stärken sollen. Fortan kam Erich Mielke bei der Konstruktion einer „parteifeindlichen Fraktion“ die Schlüsselrolle zu. Zur Fabrikation der Anschuldigungen gegen Schirdewan und Wollweber nutzte er - zwar nicht öffentlich, aber doch im Zentralkomitee - deren vermeintliche Verbindungen zu Herbert Wehner. Der ehemalige leitende KPD-Funktionär und enge Vertraute Wilhelm Piecks galt in Parteikreisen weiterhin als Verräter und Hauptakteur der ideologischen Diversion; jegliche Verbindung zu ihm schien per se diskriminierend. Mielke warf seinem Chef Wollweber die Unterschätzung der Gefahren einer westlichen Unterwanderung vor und wandte sich besonders scharf gegen die Spionage-Abteilung des Markus Wolf, über die solcherart Geheimkontakte liefen. Assistiert wurde dem Stellvertretenden Stasi-Chef dabei von Ruth Lerche, einer Sekretärin Wollwebers. Sie versicherte Mielke Ende 1957 ihrer Loyalität und berichtete über sämtliche geheimen Kontakte ihres Chefs. Zur Belohnung für diesen Vertrauensbruch stieg Lerche später zum „Offizier im besonderen Einsatz“ auf und arbeitete bis 1989 als rechte Hand des DDR-Devisenbeschaffers Alexander Schalck-Golodkowski.

Die politischen Turbulenzen der letzten Monate hatten Wollweber gesundheitlich schwer zugesetzt. Von seinem Herzinfarkt immer noch beeinträchtigt, fuhr er Anfang Juli 1957 zur Kur ins thüringische Bad Liebenstein. Dort unterrichtete ihn wenige Tage später ein Gewährsmann, daß Ulbricht auf dem 32. ZK-Plenum einen Frontalangriff

18. Besuch der sowjetischen Regierungsdelegation im August 1957
von links: Ernst Wollweber, Hermann Matern, Gerhard Ziller,
Karl Schirdewan

19. Volkskammersitzung im August 1957
von links: Willi Stoph, Walter Ulbricht, Otto Grotewohl,
Nikita S. Chruschtschow
2. Reihe: Luitpold Steidle, Hilde Benjamin, Johannes R. Becher,
Ernst Wollweber, Karl Maron, Willy Rumpf, Bruno Leuschner

gegen den abwesenden Stasi-Minister führen wolle. Kurzentschlossen setzte sich Wollweber in einen Zug und fuhr nach Berlin, wo er zu aller Überraschung vom 10. bis 12. Juli an der Tagung des Zentralkomitees teilnahm. So wurde er Ohrenzeuge der Attacken gegen das MfS. Die Anklage lautete u. a., daß die „Tätigkeit konterrevolutionärer Elemente in der DDR . . . von den Organen der Staatssicherheit nicht genügend beachtet“ worden sei, „feindliche Wühlarbeiten wurden nicht rechtzeitig aufgedeckt“ und die Arbeit des Ministeriums habe „sehr oft zu Desinformationen“ geführt. Das war eine ziemlich unverfrorene Entstellung der Tatsachen. Wollweber wurde zwar nicht namentlich genannt, aber fast jeder wußte, wer mit dem Vertreter der Linie „das Gesicht dem Westen zugewandt“ gemeint war, obwohl die HVA-Kontakte zu Wehner den meisten verborgen blieben. Die unerwartete Anwesenheit Wollwebers führte allerdings dazu, daß Ulbricht auf eine Veröffentlichung der inkriminierenden Passagen über die Stasi in den Medien verzichtete. Im ZK fragten sich viele Genossen, was dieses seltsame Hin und Her zu bedeuten habe.

Hinter den Kulissen, das wurde Eingeweihten zunehmend klar, intrigierten hochrangige Stasi-Offiziere gegen ihren Chef. 1991 plauderte ein MfS-Oberst a. D. aus der Schule. Mielke habe 1957 Wollweber gegenüber Ulbricht als notorischen Alkoholiker dargestellt, der Sturz des MfS-Chefs sei ein „lang angelegter geheimer Plan“ gewesen; so habe Mielke u. a. die Behauptung verbreiten lassen, Wollweber plane „den Abbau des Ministeriums um mindestens 10000 Leute“. Dafür existieren zwar keinerlei dokumentarische Beweise, aber es ist sehr wahrscheinlich, daß der Klüngel um Ulbricht solchen Gerüchten nur zu gern Glauben schenkte. Vieles spricht dafür, daß schon im Herbst 1957 vom Sekretariat des Politbüros eine Schubladenverordnung erarbeitet wurde, wonach der Leiter des Ministeriums für Staatssicherheit „aus gesundheitlichen Gründen“ seines Amtes enthoben werden müsse.

Während dieses Schriftstück auf seine Veröffentlichung

20. Erich Mielke und Ernst Wollweber auf einer internationalen Konferenz in Berlin, 1957

harrte, kam es zu einer wichtigen Begegnung zwischen Schirdewan und Wollweber. Das nächste ZK-Plenum stand vor der Tür, die letzte Gelegenheit einer Abrechnung mit dem herrschenden System. Schirdewan informierte seinen Freund, daß er auf jener Tagung, die am 3. Februar 1958 beginnen sollte, „eine Anklagerede gegen Walter Ulbricht" halten werde. Die Entwicklung habe „ihn leider vor das Entweder-Oder gestellt". Faktisch würden in der DDR „langsam die Beschlüsse des XX. Parteitags der KPdSU liquidiert und die alten Methoden des persönlichen Regimes immer deutlicher". Ziller und Selbmann seien derselben Meinung. Als zusätzliches Argument führte Schirdewan die Unterstützung seiner Positionen durch den Sowjet-Botschafter Puschkin an, der ebenfalls eine Ablösung Ulbrichts befürworte. Wollweber, der mit den Sowjets seine eigenen Erfahrungen gesammelt hatte, gab zu bedenken, daß Puschkins Privatmeinung nicht unbedingt als Plazet zu werten sei; wenn Moskau wirklich einen Machtwechsel in der DDR wolle, hätte man das unmißverständlich zum Ausdruck bringen können. Einig waren sich beide darin, daß die Positionen Ulbrichts in Staat und Partei durch demokratische Kontrolle entscheidend zu schwächen seien und eine konsequente Entstalinisierung erfolgen solle.

Es ist unwahrscheinlich, daß die Kontakte Schirdewans mit Wollweber sowie den Mitverschwörern Oelßner, Selbmann und Ziller den Argusaugen von Mielkes Leuten verborgen blieben. Zum endgültigen Schlag gegen die Ulbricht-Widersacher bedurfte es aber handfester Beweise, die man einer breiten Öffentlichkeit oder zumindest der SED-Mitgliedschaft als „vertrauliche Parteiinformation" präsentieren konnte. Dabei kam der Zufall zu Hilfe. Auf einer Vorstandssitzung des SED-Gebietsleitung Wismut hatten ZK-Sekretär Gerhart Ziller sämtliche guten Geister der Vorsicht verlassen. Beim geselligen Zusammensein am 9. Dezember und nach obligatorischem Alkoholkonsum verkündete er in scheinbar vertraulicher Runde: „Wir schlagen los!" Auf der kommenden ZK-Sitzung würden sich Schirdewan, Wollweber, Selbmann und viele andere, darunter er selbst, gegen Ulbricht erheben und Anklagereden vorbringen. Der anwesende stellvertretende Stasi-Minister Otto Last setzte umgehend Mielke und Ulbricht von dem Vorfall in Kenntnis. Für den 13. Dezember 1957 wurde er als Hauptbelastungszeuge einer angeblichen Parteirevolte zu einer Politbürositzung eingeladen. Nun war das Maß voll, jetzt konnte der Gegenschlag erfolgen.

Der 45jährige Schöngeist Ziller, laut Wollweber „auch ein Husar, immer in der Attacke", durch Veröffentlichungen über die Künstler Honoré Daumier und Frans Masereel hervorgetreten, brach zusammen und erschoß sich am 14. Dezember im Flur seines Hauses. Kurt Vieweg, der bis dahin in einer Art Hausarrest lebte, verschwand über Nacht im Stasi-Gefängnis. 1959 wurde er zu zwölf Jahren Zuchthaus verurteilt, von denen er acht Jahre absitzen mußte. Auch andere noch schwebende Auseinandersetzungen mit aufrührerischen Genossen konnte Ulbricht jäh beenden. General Vincenz Müller wurde noch im Dezember vom Dienst suspendiert. Er hatte bei seinen Kontakten zu Schäffer und anderen Westdeutschen, so jedenfalls schreibt Franz Josef Strauß in seinen Erinnerungen, „sehr weitreichende Andeutungen" über einen bevorstehenden Umsturz in der DDR durch einen Putsch der Armee gemacht, wobei er die Möglichkeit aufzeigte, „daß es ohne sowjetisches Eingreifen, vielleicht sogar auf sowjetisches Betreiben hin, zu einer Machtübernahme durch die Nationale Volksarmee in der DDR kommen, Ulbricht verhaftet und die ganze Regierung abgesetzt werde". Den Putschisten hätte dabei eine Neutralisierung des Landes wie in Österreich vorgeschwebt. Vincenz Müllers tödlicher Fenstersturz aus seiner Villa in Berlin-Schmökwitz am 12. Mai 1961 war vermutlich erzwungener Selbstmord.

Die Absetzung Ernst Wollwebers wurde, datiert auf den 1. November 1957, einer überraschten Öffentlichkeit mitgeteilt. Wie bei allen politisch motivierten SED-Maßregelungen war von angeblichen „Gesundheitsrücksichten" die Rede. Mit der Nachfolge im Ministeramt sah sich Erich

Mielke belohnt, der in den kommenden 32 Jahren das MfS zu einem monströsen Terrorapparat aufquellen ließ. Schirdewan, Oelßner und Selbmann verloren ihre Parteifunktionen. Wie die Geschichte der kommunistischen Bewegung lehrt, mußten die Genannten und selbstverständlich auch Wollweber, wenn schon nicht um ihr Leben, so doch um ihre persönliche Ehre kämpfen.

Zunächst behandelte man den Gestürzten noch schonend, zumal unklar blieb, inwieweit er eine Lobby unter den MfS-Offizieren besaß. Ministerpräsident Grotewohl hatte schon am 31. Oktober 1957 vorsorglich ein Schreiben verfaßt, worin er Wollweber für seine „erfolgreiche und aufopferungsvolle Tätigkeit“ dankte und anerkennende Worte über dessen geleistete Arbeit fand. Doch Wollwebers Stellvertreter Last hatte dem Politbüro am 13. Dezember eindeutig erklärt, daß „man mit Wollweber nicht länger arbeiten könne“. Erst mit Beginn des neuen Jahres waren die Fronten geklärt. Ministerpräsident Grotewohl konnte es sich leisten, weiter betonte Zurückhaltung zu üben. In der Parteiauseinandersetzung wollte er eine Sache sehen, in der man „biegen muß, nicht brechen“. Politbüro-Kandidat Erich Honecker, Ulbrichts hoffnungsvoller Kronprinz, ging dagegen sehr resolut gegen den ehemaligen Minister für Staatssicherheit vor. Wollweber hätte nach seiner Rückkehr aus Warschau die dortige Entwicklung als „gesund“ bezeichnet und die Sicherungsmaßnahmen in der DDR, die nicht zuletzt unter Aufsicht Honeckers eingeleitet worden waren, abgelehnt. Er warf Wollweber vor, „Fraktionsbildung im Apparat der Staatssicherheit mit dem Ziel der Änderung der Parteiführung“ versucht zu haben. Mehrere Zeugen hätten bestätigt, daß Wollweber in seinem Ministerium wiederholt Schirdewan als den „kommenden Mann“ bezeichnet hatte. Das war das Ergebnis einer Untersuchung der Zentralen Parteikontrollkommission unter Matern, die Mitglieder des Kollegiums des MfS befragt hatte. Einstimmig beschloß das Politbüro, die sowjetische Bruderpartei zu „konsultieren“. Eine entsprechende Delegation sollte jedoch nur Ulbricht-Treue umfassen. Gegen den Antrag, dem Zentralkomitee vorzuschlagen, Schirdewan seiner Funktion zu entheben, stellten sich indes nicht nur Schirdewan und Fred Oelßner, sondern auch Grotewohl. Um die Entwicklung voranzutreiben, wurde auf hektisch einberufenen örtlichen SED-Konferenzen das Verdammungsurteil über „die opportunistische Entartung der Gruppe Schirdewan/Wollweber" gesprochen. Mielke, der ambitionierte Erbe im Stasi-Ministeramt, hastete von Versammlung zu Versammlung, berichtete über das schändliche Treiben seines Vorgängers und gelobte künftige Besserung.

Die 35. Tagung des Zentralkomitees bildete schließlich den Auftakt zur eigentlichen Kampagne. Honecker hielt am 3. Februar 1958 ein Referat, das sich u. a. der „fraktionellen Tätigkeit der Gruppe Schirdewan/Wollweber" widmete. Die Rede Honeckers vor der entsetzten Parteigemeinde enthielt nicht nur politische Vorwürfe, sie war auch gespickt mit persönlichen Beleidigungen. Schirdewan und Wollweber hätten „kleinbürgerlichen Größenwahn", „grenzenlosen Unfehlbarkeitsdünkel" sowie „krankhaften Ehrgeiz" an den Tag gelegt; beide hätten „viel geschwatzt", seien „in provokatorischer Weise" aufgetreten etc. Wollweber speziell wurde von Honecker vorgehalten, er habe „den Kampf gegen feindliche Agenturen sträflichst vernachlässigt", man müsse feststellen, „daß er in seiner Arbeit versagt hat". Ein internes, von Ulbricht unterzeichnetes Rundschreiben für SED-Funktionäre stellte warnend fest, daß die Ziele der Parteirebellen „letzten Endes zur Restaurierung der kapitalistischen Elemente führen müßten". Das war eine maßlose Übertreibung.

Kurz danach wagten sich die Genossen an die Öffentlichkeit. Am 6. Februar 1958 wurde verkündet, daß man Ernst Wollweber aus dem Zentralkomitee der SED ausgeschlossen und ihm „eine strenge Rüge" erteilt habe. Eine strenge Rüge – das war die zweithöchste Stufe im System der Parteistrafen; schlimmer traf Abtrünnige nur noch eine Ächtung durch Parteiausschluß. Die offizielle Begründung im Zentralorgan „Neues Deutschland" vom

21. Der gestürzte Minister für Staatssicherheit

8. Februar lautete nebulos „Verstöße gegen das Parteistatut“. Zwei Wochen später forderte die Volkskammer Wollweber auf, sein Abgeordnetenmandat niederzulegen, was de facto einem Hinauswurf gleichkam.

Was jetzt noch fehlte, war das Geständnis der Täter und ihre möglichst effektvolle Reue. Bei Wollweber biß man vorerst auf Granit. Nach der Februar-Entschließung des ZK ließ er verlauten, er werde „auf der von mir eingenommenen Position beharren“. Danach gingen noch vier Monate ins Land, bis er sich unter erheblichem Druck bereit fand, eine Erklärung an die Parteiführung zu verfassen. Wollwebers zweieinhalbseitiges Schreiben vom 11. Juni 1958 liest sich wie ein Dokument der Charakterlosigkeit, es steht jedoch gänzlich im Kontext kommunistischer Riten von Kritik und Selbstkritik. Durch den unterwürfigen Ton schimmert gelegentlich ungebrochenes Selbstbewußtsein. So etwa, wenn Wollweber fast trotzig bekundet: „Das Tempo des sozialistischen Aufbaus führte bei mir zu der Meinung, daß wir uns zuviel auf einmal vornehmen.“ Nachgerade ironisch klingt der Selbstvorwurf: „Einer meiner Fehler bestand darin, rückwärts zu schauen.“ Als hätte nicht die SED von ihren Mitgliedern stets gefordert, Lehren aus der Vergangenheit zu ziehen. Ansonsten betete Wollweber folgsam das Repertoire parteitypischer Verfehlungen herunter, bezichtigte sich des Opportunismus und Revisionismus sowie des Versuchs, die Generallinie der SED zu ändern. Auch ein offenbar notwendiger Hinweis auf „Nichtbeachtung der berechtigten Hinweise des Genossen Ullbricht [sic!]“ findet sich.

Auf dem V. SED-Parteitag vom 10. bis 16. Juli 1958 ließ man der Wut gegen die Opponenten noch einmal ungehemmten Lauf. Um Schirdewan, Wollweber, Ziller, Selbmann und Oelßner, so war zu hören, habe sich eine Gruppe gebildet, „die mit Fraktionsarbeit versuchte, die Parteiführung und die Politik der Partei zu ändern“ und somit die DDR „in große Gefahr“ gebracht habe. Alles, was unter Genossen als verpönt galt, wurde aufgelistet; die Anschuldigungen reichten von Dogmatismus und Schematismus über Selbstbeweihräucherung bis zu Opportunismus und Revisionismus. Schirdewan und Wollweber vor allem hätten es darauf angelegt, „unsere staatlichen Machtorgane zu schwächen". Ihre Unterschätzung der „Notwendigkeit des ständigen Kampfes gegen die Feinde des sozialistischen Aufbaus" habe schließlich zum schwersten aller Verbrechen geführt: „eine Unterstützung der feindlichen Tätigkeit, die auf Unterminierung der Deutschen Demokratischen Republik gerichtet war". Erst ganz zum Schluß der beredten Klage gelangte man zum eigentlichen Anlaß. Die Schurken um Schirdewan und Wollweber hätten es gewagt, „Angriffe gegen den Arbeitsstil des Genossen Ulbricht" vorzunehmen. Nun aber, frohlockten die Genossen linientreu, seien Ulbrichts Gegner „endgültig geschlagen".

Der SED-Chef behandelte die Ausgestoßenen demütigend, aber sie mußten nicht um Leib und Leben fürchten. Das war keinesfalls selbstverständlich unter kommunistischen Regimen. Noch am Abend des 6. Februar, die 35. ZK-Tagung ging gerade zu Ende, hatte Schirdewan seinen Leidensgefährten Wollweber leise und in sehr gedrückter Stimmung gefragt, ob Ulbricht die Abweichler wohl abends nach Hause gehen lassen würde. Offenbar fürchtete er seine Verhaftung. Wollweber antwortete ihm nach eigener Darstellung: „Du kennst ihn nicht. Geh ruhig nach Hause. Es wird dir nichts passieren. Das dicke Ende kommt später." Dieses Ende bestand darin, daß Wollweber und seine Mitverschwörer aus sämtlichen Parteifunktionen entfernt wurden. Der 50jährige Schirdewan fand sich auf dem Posten eines Leiters der Staatlichen Archiv-Verwaltung wieder, den er 1965 räumen mußte. Wollweber wurde vorzeitig in Rente geschickt.

Die Abrechnung mit der „parteifeindlichen" Gruppe Schirdewan/Wollweber bildete den Ausgangspunkt einer Welle von Repressionen. Vom März bis Juni 1958 wurden überall reformfreundliche Funktionäre abgesetzt. Als Beispiel sei Prof. Werner Artzt genannt, Direktor des Instituts für Zivilrecht an der Akademie für Staats- und Rechtswissenschaften. Ihm wurde Vernachlässigung der „allseitigen Führung des Klassenkampfes“ vorgeworfen. Damit sei Artzt (wohlgemerkt einer der renommiertesten Juristen der DDR) „bewußt oder unbewußt zu den Positionen von Schirdewan, Wollweber, Oelßner gelangt“. Am 4. April 1958 mußte der Professor seine Funktion als Direktor niederlegen. Fast ein Drittel aller hauptamtlichen Mitarbeiter in den SED-Bezirksleitungen wurde ausgewechselt. Es folgten weitere Verhaftungen, Schauprozesse, Parteiausschlüsse, Rügen, berufliche Disziplinierungsmaßnahmen. Kollektive und individuelle Demütigung der Opfer, meist mit erzwungenen Selbstbezichtigungen einhergehend, brachen einer ganzen Generation des moralische Rückgrat.

1957/58 rollte über die DDR jene letzte „Säuberungs“-Woge, die als Ergebnis ihrer negativen Selektion den Typus des farblosen Nickesels mit Parteiabzeichen hervorbrachte, mausgraue Einheitsfiguren wie Krenz, Sindermann, Hager und Herrman. Durchaus folgerichtig blieben auch unter Honecker genau dieselben Leute im SED-Politbüro, die einst Ulbricht aus Feigheit oder Opportunismus unterstützten und gegen jede Reformbewegung Sturm liefen. Nicht zufällig wurde nach dem Sieg über die letzten ernstzunehmenden innerparteilichen Opponenten das ohnehin rigide politische Strafrecht der DDR verschärft. Am 1. Februar 1958 trat das Erste Strafrechts-Ergänzungsgesetz in Kraft, wonach auch „Sammlung von Nachrichten“ zum Verbrechen erklärt wurde. Die Verbindung zu „anderen Staaten und deren Vertretern oder Gruppen, die einen Kampf gegen die Arbeiter-und-Bauernmacht führen“, also faktisch Kontakte zu jeder nichtkommunistischen Organisation, waren mit Gefängnis bis zu drei Jahren bedroht.

Grundsätzlich änderte sich an diesen Gegebenheiten auch nach Ulbrichts Sturz im Jahre 1971 nichts. Sein Nachfolger Erich Honecker konnte sich mit wachsendem zeitlichen Abstand partielle Großzügigkeit leisten. Einstige Rivalen wie Fred Oelßner oder Karl Schirdewan erhielten zu

Protokollgeburtstagen hohe Auszeichnungen. Offiziell firmierten sie als „Arbeiterveteranen“, die sich Verdienste um die DDR erworben hätten. Konkretere Ausführungen zu ihrer Vita gab es nicht, geschweige denn irgendwelche Hinweise auf politische Rehabilitierung. Womöglich wäre auch Wollweber, hätte er lange genug gelebt, in den Genuß einer „Ehrenspange zum Vaterländischen Verdienstorden“ gekommen. Doch die Toten, da ging es ihm ebenso wie seinem Vorgänger Wilhelm Zaisser, behielten das Stigma von Parteifeinden, an die man sich nicht zu erinnern hatte.

Während der letzten neun Jahre seines Lebens versank Ernst Wollweber in völliger Vergessenheit. Er verkörperte das klassische Beispiel der Unperson. Einer altrömischen Tradition der „Damnatio memoriae“ folgend, tilgten die Kommunisten Namen von in Ungnade gefallenen Mitkämpfern aus sämtlichen Schriften, retuschierten sie aus Fotografien, verbannten ihre Artikel und Reden in Geheimarchive. Auch Wollwebers Name verschwand aus allen offiziellen Darstellungen zur Parteigeschichte. Jener Mann, der immerhin schon 1921 Zentralausschußmitglied der KPD war, vier Jahre dem SED-Zentralkomitee angehörte, die Ämter eines Ministers und Staatssekretärs bekleidete, war keiner Erinnerung mehr wert. Weder die achtbändige „Geschichte der deutschen Arbeiterbewegung“, unentbehrliches Kompendium für jeden SED-Funktionär, noch das Hochschullehrbuch „Geschichte der DDR“ von 1981 oder Bücher über den antifaschistischen Widerstandskampf verlieren irgendein erklärendes Wort über den einstigen Stasi-Chef. Die Gruppe Schirdewan/Wollweber durfte namentlich nicht genannt werden, euphemistisch sprach man von „parteifeindlichen“ oder „revisionistischen“ Kräften. Selbst interne Jubelschriften über die Historie des MfS verschweigen die bloße Existenz der beiden ersten Minister, dafür sorgte schon die stets wachsame Eitelkeit des Erich Mielke.

Der private Abstieg Wollwebers ging zunächst mit seinem politischen konform. Nach den vernichtenden Vorwürfen des ZK-Plenums im Februar 1958 trennte sich seine Lebensgefährtin Clara Vater von ihm. Auch Adoptivtochter Tamara, die inzwischen als Ärztin praktizierte, vollzog diesen Schritt. Der gestürzte Minister blieb allein in seiner geräumigen Wohnung Karl-Marx-Allee 110 zurück; gelegentlich hielt er sich auch in einer Nebenwohnung Arberstraße 16, Berlin-Karlshorst auf. Dort arbeitete er an umfangreichen Memoiren. Viele Erinnerungen hatte er noch als MfS-Chef niedergeschrieben; diese Bleistiftnotizen waren von Clara Vater einst mit der Schreibmaschine getippt worden. Das 343-Seiten-Manuskript endet abrupt im Jahre 1947. Anfänglich hoffte Wollweber wohl, seine Reminiszenzen noch zu Lebzeiten, quasi als politische Rehabilitierung, veröffentlichen zu können. Das Werk bewegt sich deshalb in den starren Formeln kommunistischer Parteidiktion, sämtliche heiklen Punkte (etwa seine Ausbildung durch den sowjetischen Geheimdienst oder die Vernichtung von Handelsschiffen) sind ausgespart. Der Verfasser stellt sich als felsenfesten Klassenkämpfer dar, den selten Zweifel plagten. Es finden sich allerdings auch etliche privatime Passagen, die ein wenig von der Person des Autors verraten: unprätentiös, kameradschaftlich, geradlinig tritt er vor den Leser; die Selbstgerechtigkeit des Memoirenschreibers fehlt natürlich auch nicht. Erstaunlich ist das präzise Gedächtnis Wollwebers für Orte, Namen und Ereignisse. Im Text ist darüber hinaus nicht nur von proletarischen Lichtgestalten die Rede, sondern auch von Versagern. Wenn diese Memoiren 1947 unvermittelt abbrechen, so deutet dies darauf hin, daß sich der Verfasser unter Ulbrichts Herrschaft keine Chancen mehr für eine Veröffentlichung ausrechnete.

Eine zufällige Begegnung sollte Wollwebers Privatleben nochmals eine Wende bescheren. Er traf auf der Karl-Marx-Allee eine alte Freundin wieder. Mit den Worten: „Du willst wohl auch nichts mehr mit mir zu tun haben", wollte er ihr eigentlich aus dem Weg gehen, doch statt dessen blieb man zusammen. Die 27 Jahre jüngere Frau war 1950 aus Frankfurt/Oder nach Berlin gekommen und dort seine Sekretärin in der Generaldirektion für Schiffahrt geworden. Jung verwitwet, begann sie eine heftige Affäre mit ihrem Chef. Das Ganze mußte gemäß den strengen Normen der SED-Moral verborgen bleiben. Die heimlichen Treffen zwischen beiden fanden in der Wohnung einer Freundin statt. Im Büro der Generaldirektion rätselten die Kollegen, wer der jungen Sekretärin zum Geburtstag im November immer 15 Orchideen übersandte. Obwohl Wollweber bei seinen Mitarbeitern als „kein Kind von Traurigkeit" galt, blieb er frei von Verdacht. Eher tippten Eingeweihte auf den als Schürzenjäger bekannten Hermann Matern.

Nachdem Wollweber Chef des MfS geworden war, holte Richard Stahlmann die junge Frau regelmäßig von der Arbeit ab und fuhr sie im Dienstwagen zum Treffpunkt. Spanienkämpfer Stahlmann („Partisanen-Richard"), der während der 30er Jahre die Wollweber-Organisation mit ausgebildeten Saboteuren unterstützt hatte, war inzwischen zum Oberst des MfS avanciert. Seine Rolle als Liebesbote hinderte ihn nicht daran, mit Mielke gegen den Minister zu intrigieren. Kurz vor dem Eklat im Februar 1958 hatte Stahlmann versichert, „wenn die Vorwürfe gegen Wollweber stimmen, ist unsere Freundschaft gestorben".

Am 19. April 1960 heiratete Ernst Wollweber seine Geliebte. Das war möglich, weil seine 1935 in der Sowjetunion geschlossene „Parteiehe" mit der Norwegerin Ragnhild Wiik nie offiziell anerkannt wurde. Die 1940 verhaftete Ragnhild war in ein deutsches KZ eingeliefert worden, hatte dem Kommunismus abgeschworen und war inzwischen mit einem norwegischen Arzt verheiratet. Das Ehepaar Wollweber zog von der Karl-Marx-Allee in ruhigere Gefilde nach Berlin-Hirschgarten, Sternallee 4.

Die letzten Lebensjahre soll Wollweber als „sehr stiller Mensch" verbracht haben. Oft saß er grübelnd in seinem Garten. Der überzeugte Kommunist nahm vom Weltgeschehen interessiert Kenntnis und bezeichnete beispielsweise den Bau der Berliner Mauer 1961 als „eine absolute politische Notwendigkeit". Intensiv und emotionell beschäftigte ihn nach wie vor die Geschichte der SED während der 50er Jahre. Hellsichtiger als viele seiner einstigen Führungskollegen, war ihm die Fehlentwicklung der DDR-Gesellschaft bewußt. Im Frühjahr 1964 fuhr er mit seiner Ehefrau zur Erholung ins Harz-Städtchen Alexisbad. Dort diktierte er innerhalb von 14 Tagen aus dem Stegreif ein Manuskript, das zu seinen interessantesten Äußerungen gehört. Diese 55 Seiten beinhalten eine scharfe Abrechnung mit Ulbricht („Der Fehler war, daß er nicht die Grenzen seiner Fähigkeiten sah.") und seinen Methoden, den Sozialismus in der DDR durchzupeitschen. Im vorliegenden Buch werden sie mehrfach als Geheimpapiere bezeichnet. Wie brisant derartige Aufzeichnungen unter den Bedingungen wachsenden Personenkults um Ulbricht waren, wußte Wollweber. Schließlich hatte er die DDR-Realität des Jahres 1964 höchst kritisch eingeschätzt: „Zwei Fehler bleiben und sind noch nicht überwunden: 1. Der Personenkult, der sich u. a. zeigt im Verschweigen von Fehlern und Mängeln, 2. die oft schönfärberische und damit wirkungslose Propaganda." Auf solche Töne pflegte die SED sehr allergisch zu reagieren. Deshalb beauftragte Wollweber seine Frau, das Manuskript geheim zu halten und „einem neuen Parteichef zu übergeben, wenn die Lage in der Partei es zuläßt". Wieder zu Hause in Berlin angekommen, packten beide den Schriftsatz in Ölpapier und vergruben ihn an einer abgelegenen Ecke im Garten.

Nach dem Machtwechsel 1971 meldete sich Frau Wollweber beim neuen Parteichef Erich Honecker. Sie wußte zwar, daß ihr Mann „von Honecker eine schlechte Meinung besaß", hoffte aber dennoch auf Rehabilitierung des Verstorbenen. Der SED-Chef nahm das Manuskript scheinbar interessiert entgegen und ließ es so „gründlich" verwahren, daß es bis heute verschwunden ist. Die Witwe war indes so klug, zu Hause eine Abschrift zu verstecken.

Seit 1965 verschlechterte sich der Gesundheitszustand Wollwebers ständig. Vor allem Herz- und Kreislaufschwäche sowie eine Diabetes-Erkankung machten ihm schwer zu schaffen. Hingegen erfreute sich der fünf Jahre ältere Ulbricht offenbar bester Gesundheit und ließ seinen 70. Geburtstag im Juni 1963 wie einen blasphemischen Gottesdienst zelebrieren. Presse, Rundfunk und Fernsehen, Dichter, Historiker und Gesellschaftswissenschaftler feierten ihn nicht zuletzt als kühnen antifaschistischen Widerstandskämpfer. Niemand besaß den Mut, daran zu erinnern, daß Ulbricht die Nazis vom relativ sicheren Moskau aus attackiert hatte, während ein totgeschwiegener Mann wie Wollweber mehr als ein Jahrzehnt Tag für Tag sein Leben im Dienst der kommunistischen Idee aufs Spiel setzen mußte. Daß Ulbricht, eitel und herzlos wie er war, keine Anstalten machte, einstigen Widersachern wenigstens im Alter die versöhnende Hand zu reichen, versteht sich von allein. Ministerpräsident Grotewohl, selbst schwerkrank, besaß immerhin soviel Anstand, im Oktober 1963 ein Glückwunschschreiben zum 65. Geburtstag des einstigen MfS-Leiters zu schicken.

Im Frühjahr 1967 fühlte der 68jährige den Tod nahen; während seiner letzten Tage bewegte ihn die Frage, wer wohl eher diese Welt verlassen werde, er selbst oder der hochbetagte Ex-Bundeskanzler Konrad Adenauer. Letzterer verlor den makabren Wettlauf um zwei Wochen. Am 3. Mai 1967 starb Ernst Wollweber im Klinikum Berlin-Buch. Zwei Tage später erging ein Schreiben vom Sekretariat des SED-Politbüros an die Friedhofsverwaltung Berlin-Friedrichsfelde. Darin wurde die Grabinschrift festgelegt, sie durfte nur den Namen des Toten sowie Geburts- und Todesdatum enthalten. Weiter hieß es: „Ihrerseits ist dafür zu sorgen, daß der Stein rechtzeitig bereit steht und auch das Übrige zu veranlassen, wie Bereithalten des Urnensockels, Beschaffung der Urne, einer guten Überurne, 25 Blumensträußchen. Kostenträger: ZK der SED.“ Das Parteiorgan „Neues Deutschland“ ließ sich eine Woche Zeit, um dann das Ableben des einstigen Ministers in einer lakonischen Neun-Zeilen-Notiz zu vermelden. Der konservativen „Frankfurter Allgemeinen Zeitung“ war Wollwebers Tod immerhin einen vierspaltigen Nachruf wert, in dem der „widerwillige Respekt seiner Gegner“ hervorgehoben wurde. Weiter hieß es: „Ernst Wollweber war der letzte deutsche Kommunist von Statur und, wenn man will, der letzte spezifisch deutsche Bösewicht von Format.“

Die Urnenbeisetzung ging am 15. Juni auf dem „Friedhof der Sozialisten“ in Berlin-Friedrichsfelde unter Beteiligung einer Ehrenwache des MfS vonstatten. Zuvor hatte Ulbricht an Wollwebers Witwe ein Beileidsschreiben geschickt mit der Bemerkung, „wir verlieren einen aufrechten und klassenbewußten Kämpfer“. Der SED-Führer sandte dem Toten auch noch eine Lüge ins Grab: „Wir werden seiner immer in Ehren gedenken.“

22. Als Rentner, Ostern 1966

ANHANG

Quellen- und Literaturverzeichnis (Auswahl)

ungedruckte:

Bundesarchiv, Außenstelle Hoppegarten
Polizei- und Gestapo-Akten ab 1920

Stiftung Archiv der Parteien und Massenorganisationen der DDR, Zentrales Parteiarchiv
KPD-Akten, Kaderunterlagen, ZPKK-Akten, Unterlagen der Abteilung Sicherheit, SED-Parteitags- und ZK-Protokolle, Nachlaß Ernst Wollweber

Der Bundesbeauftragte für die Unterlagen des Staatssicherheitsdienstes der ehem. DDR
Personendossiers, Akten aus dem Bestand Sekretariat des Minsters 1953–1957

Reichsarchiv Kopenhagen
Prozeßunterlagen 1940–41

Reichsarchiv Stockholm
Personendossiers der Staatlichen Ausländerbehörde, Akten des Sicherheitsdienstes, Unterlagen der Parlamentarischen Untersuchungskommission zur Arbeit des Sicherheitsdienstes während des Krieges und zu Flüchtlingsfragen (Sandler-Kommission)

Ernst Wollweber: Autobiographie für die Zeit bis 1947, 343 Seiten. (Manuskript)

gedruckte:

Reinhold Andert/Wolfgang Herzberg: Der Sturz. Erich Honecker im Kreuzverhör. Berlin und Weimar 1990

Carl-Olov Bernhardsson, Spionpolisen går på jakt. Stockholm 1952

Biographisches Handbuch der deutschsprachigen Emigration nach 1933. Bd. 1, München; New York; London; Paris 1980

Erik Bohemann: På vakt. Stockholm 1964

Klaus Richard Böhme: Svensk polis och Gestapo. In: Bo Hugemark (Hrsg.): I Orkanens Öga. Stockholm 1992

Martin Broszat/Hermann Weber (Hrsg.): SBZ-Handbuch. München 1990

David J. Dallin: Sowjetische Spionage. Köln 1956

H. Dankaart: Die Wollweber-Organisation. Amsterdam 1982 (Diss., Manuskript)

Karl W. Fricke: Die DDR-Staatssicherheit. Entwicklung, Strukturen, Aktionsfelder. Köln 1989 (3. Aufl.)

Ders.: „Jeden Verräter ereilt sein Schicksal". Die gnadenlose Verfolgung abtrünniger MfS-Mitarbeiter. In: Deutschland Archiv, 1994, H. 3

Reinhard Gehlen: Der Dienst. Mainz 1971

Geschichte der deutschen Arbeiterbewegung. Chronik Teil II. Von 1917 bis 1945. Berlin/DDR 1966

Geschichte der deutschen Arbeiterbewegung. Chronik Teil III. Von 1945 bis 1963. Berlin/DDR 1967

Tim Greve: Spionjakt i Norge. Oslo 1982

Max Gunzenhäuser: Geschichte der geheimen Nachrichtendienste. Literaturbericht und Bibliographie. Frankfurt/M. 1968

Heinz Höhne: Der Krieg im Dunkeln. München 1985

Kerstin Jackob: Zur Arbeit des Sektors MfS der Abt. Sicherheitsfragen im ZK der SED in den 50er Jahren. In: „Zwie-Gespräch. Beiträge zur Aufarbeitung der Stasi-Vergangenheit". Berlin 1992

Bernd Kaufmann (u. a.): Der Nachrichtendienst der KPD 1919–1937. Berlin 1993

Mert Kubu: Gustav Möllers hemliga polis. Stockholm 1971

Hans Jürgen Küsters: Wiedervereinigung durch Konföderation? Die informellen Unterredungen zwischen Bundesminister Fritz Schäffer, NVA-General Vincenz Müller und Sowjetbotschafter Georgij Maksimowitsch Puschkin 1955/56. In: Vierteljahrshefte für Zeitgeschichte, 1992, H. 1

Einhart Lorenz: Exil in Norwegen. Baden-Baden 1992

Kathrarina Lübbe: MdR, die Reichstagsabgeordneten der Weimarer Republik in der Zeit des Nationalsozialismus: politische Verfolgung, Emigration und Ausbürgerung 1933–1945. Düsseldorf 1991

Carl Madsen: Flygtning 33. Kopenhagen 1972

Per Meurling: Spionage och sabotage i Sverige. Stockholm 1952

Armin Mitter/Stefan Wolle: Untergang auf Raten. Unbekannte Kapitel der DDR-Geschichte. München 1993

Erik Nørgaard: Drømmen om verdensrevolutionen. Komintern og de revolutionære søfolk. Lynge 1985

Ders.: Truslen om krig. Komintern, Folkefront og 5. kolonne. Lynge 1985

Ders.: Krigen før krigen. Wollweber-organisationen og skibssabotagerne. Lynge 1986

Ders.: Krig og slutspil. Gestapo og dansk politi mod Kominterns „bombefolk". Lynge 1986

Ders.: Richard Jensen – myten om en mand. Viborg 1992

Alf Lövenborg: Wollweber Affären. Historien om en antinazistisk kampgrupp. In: Norrskensflamman, Nr. 1–4/1993

Hans-Uwe Petersen (Hrsg.): Hitlerflüchtlinge im Norden. Asyl und Politisches Exil 1933–1945. Kiel 1991

Walter Schellenberg: Aufzeichnungen. Unter Verwendung bislang unveröffentlichter Dokumente neu kommentiert von Gerald Fleming. Wiesbaden; München 1979

Karl Schirdewan: Aufstand gegen Ulbricht. Im Kampf um politische Kurskorrektur, gegen stalinistische, dogmatische Politik. Berlin 1994

Carola Stern: Ulbricht. Eine politische Biographie. Köln 1964

Franz Josef Strauß: Die Erinnerungen. Siedler 1989

Horst Günter Tolmein: Partisanen unter uns. Der Kommunismus probt den Aufstand. Mainz 1972

Egil Ulateig: Raud krigar, Raud spion. Oslo 1989

Jan Valtin (i. e. Richard Krebs): Tagebuch der Hölle. Köln; Berlin 1957

Vom Höllenmaschinisten zum Staatssekretär. Hrsg. v. „Freiheit"-Aktion der Jugend. Bonn, Bundesstelle (1953)

Walter Voß: Sabotage als Waffe. In: Berliner Linke, H. 42/1993

Hermann Weber: Die Wandlungen des deutschen Kommunismus. Bd. 1 und 2, Frankfurt/M. 1969

Ders.: Geschichte der DDR. München 1985

Ruth Weihe: Bibliographie zur Geschichte der Gewerkschaftsbewegung der Seeleute (Manuskriptdruck 1989)

Wer war wer in der DDR. Berlin 1992 (2. Aufl.)

John Baker White: Sabotage. Uddevalla 1961 (Sabotage is suspected, 1957)

Markus Wolf: In eigenem Auftrag. Bekenntnisse und Einsichten. München 1991

Ernst Wollweber: Aus Erinnerungen. Ein Porträt Walter Ulbrichts. In: Beiträge zur Geschichte der Arbeiterbewegung, 1990, H. 3

Ders.: Aktionseinheit an der Wasserkante 1931–1933. In: Die Arbeit, 1957, H. 12

Ders.: Parole: Feuer raus! In: Jahrbuch der Schiffahrt 1968. Berlin 1967

Zeitungsausschnittsammlungen (Berlin, Stockholm, Uppsala, Kopenhagen)

Bildnachweis

Erik Nørgaard, Krigen før krigen. Wollweber-organisationen og skibssabotagerne. Lynge 1986, S. 70 (Abb. 7)
Per Meurling, Spionage och sabotage i Sverige. Stockholm 1952, S. 44 (Abb. 8)
Privatarchiv (Abb. 1–4, 9, 10, 14–16, 19–22)
Norrskensflamman, Nr. 3, 21–27. Januar 1933 (Abb. 13)
Reichsarchiv Stockholm (Abb. 11)
Stiftung Archiv der Parteien und Massenorganisationen der DDR im Bundesarchiv (Abb. 5 und 6)
Ullstein-Bilderdienst (Abb. 17)

Personenregister